U0016858

台灣理論
關鍵詞

史書美、梅家玲、廖朝陽、陳東升
———— 主編

編輯助理———— 蔡林縉

EYWORDS
TAIWAN THEORY

序言

史書美、梅家玲、廖朝陽、陳東升

　　這本書是「知識／台灣」研究學群共同著力思考的第二個成果。我們學群成立於2012年，是自發性的研究群組，因理念相同而聚在一起。因此，我們所關心的和所討論的有很大的自由度、機動性和靈活性。不是由體制出發，而是以理念出發。

　　我們共同思考的出發點是和「理論」相關的各種問題，發掘「理論」與「台灣」之間的可能關係，以作為台灣知識學的一個方法。我們如何界定理論？只有西方引進的才能算是理論嗎？台灣有沒有理論？如果有，那它的內容、範疇、系譜為何？如果沒有，台灣在全球的知識分工制度下，是否無法超脫依賴者和模仿者的角色？那又應該如何抵制這個被分配的角色，轉而變成理論生產者？捷克作家米蘭・昆德拉曾經指出，大國有大國的狹隘觀，過度自信不理別人，小國有小國的狹隘觀，認為自己沒有東西可以貢獻給世界，他說這兩種都是需要克服的謬論。[1] 如此看來，台灣對世界的理論場域，是否可以有所貢獻？或者，台灣本

1　Milan Kundera, "Die Weltliteratur," in Theo D'haen et al. eds., *World Literature: A Reader* (London: Routledge, 2013), 289-300.

有理論，但看理論怎樣定義，只是因為「認可機制」[2]的桎梏，而沒有被看到，甚或自己也看不到？那要怎樣才能看到自己，也被別人看到？特殊化和普遍化之間台灣理論的位置在哪裡？台灣在地經驗的概念化可以提升為普遍的理論嗎？

　　就著這些相關的問題意識，我們共同召開了數次研討會和工作坊，邀請學群成員及相關研究者一起思考。部分研究成果，已結集為《知識臺灣：臺灣理論的可能性》（台北：麥田，2016）一書，以專題論文的形式探討了台灣作為理論場域和生產者的多種可能。如：認識「理論」的歷史性格，「理論家族」建構的重要性和方法，科技知識的「自我後進化」問題，台灣學院內知識生產的回溯，理論的虛空本質的探討，海洋論述和「後中國」理論的可能性，農業知識和殖民主義的關係等。

　　有了上一本書論述層次上初步的成果之後，我們的理念很自然地帶著我們走到下一步，也就是大膽地自創理論。我們邀請學界的朋友們從台灣的世界史經驗出發，以在地人或外地人但都是關切台灣的角度，由知識與情感來連結概念，一方面將「台灣」對象化和陌生化以便概念化和抽象化，一方面將「台灣」內在化和情感化以便使這些概念可以兼具理性與感性，遐思一組從台灣汲取但可以反身用來理解台灣的理論關鍵詞。我們更進一步希望這樣的關鍵詞，從小國出發但是可以超脫小國的狹隘觀，對世界上的理論國度有一點點的貢獻。

　　「台灣理論關鍵詞」因此以創造為訴求，盡量擺脫陳舊的術

2　史書美著，紀大偉譯，〈全球的文學，認可的機制〉，《清華學報》34卷1期，
　　2004年6月，頁1-30。

語、慣用語以及外來的理論概念，發明新的詞彙——關鍵詞——來探討台灣本身的獨特性。我們以為無論是多麼奇特的想法，只要能為台灣的現實提供新的視角和論點，都會有用。而如果必須沿用舊詞，則特別說明這些舊詞如何在台灣情境中自成脈絡，和世界其他地方同樣的理論關鍵詞相連卻又獨特。依據在地就是全球的主張，「台灣理論關鍵詞」除了探討台灣的特殊性之外，也希望提供從特殊性跨越到一般性的途徑，以期對世界情境下更廣闊的理論對話有所貢獻。

我們認為從理論關鍵詞切入，可以發揮的優勢是很高的可攜性，比較沒有負擔，由下往上，可以激發不受約束的想像，可以跨越不同的邊界，讓來自不同學科的學者與有心人可以進行對話，提出建構台灣理論可能的方向。在這三十二個關鍵詞當中，我們大約可以看到幾個類別。第一類是舊詞的陌生化以及翻轉之後帶出各種問題，如「正義」、「基進」、「酷兒」等。第二類描述台灣社會展現出來的具有理論意義的樣態，從矛盾衝突當中展現出來，或從思維及經驗的跳躍突破當中，做出理論的連結，如「後戰爭」、「政治玄學」、「文體秩序」、「接面」和「前沿地帶」。第三類掌握台灣社會變遷的歷程與結構，分歧複雜多元的動態發展，從經驗當中導出理論的觀察，如「拼裝」、「摹仿」、「漂泊」、「超越」、「逆轉」、「譯鄉人」等。透過這樣的關鍵詞組合，在活潑運用當中，理論進入實際的歷史經驗，使它不會維持固定的內容，但是也不會完全散漫無章，而是彼此呼應、相互對話，形成類似理論家族的具體方向。

為了彰顯這種多面向的理論思維，這本書的組織希望衝破一貫的辭典分類法，所以有多個切入點，複數的目次，包括華文筆

畫順序目次、注音目次、拼音目次，以及英華雙語目次，顯示台灣知識形成中多重歷史、語言、政治、經濟等的瓜葛。注音是中華民國的產物，慣用拼音則是在中國崛起之後以中國式的拼音取代台灣之前沿用的 Wade-Giles 拼音的產物，而英文的主導權和台灣冷戰經驗、美援、以美國為帥的全球資本主義和知識分工等有關。每一種知識分類，都有它一段意識型態史，包括原住民語言在此的缺席，需要大家有所認知。因此這本書不僅是一種建構，也是一種自我反省。當我們了解意識型態如何主宰我們時，我們才能想像如加勒比海思想家法農（Frantz Fanon）所期許的一種以「行動」（actional）為主的心態和思維，而不是以反應（reactional）為主的心態和思維，獲得全面的知識解殖。[3]

我們希望這本書可以提供給年輕學子和讀者大眾一些可以使用的理論詞彙，也希望這本書只是一個開頭，希望以後不斷補充和改進這些關鍵詞並增添新的詞彙，在適當的時機發行增訂版。

3　Frantz Fanon, *Black Skin, White Masks* (1952). Trans. Richard Philcox. New York: Grove Press, 2008, p. 197.

目次

一、筆畫順序

二、注音

三、拼音

四、英華雙語

台灣理論
關鍵詞

內建斷層
（De/fault）

蕭立君

　　De/fault這個詞擷取自至少兩股思想資源：其一是當代法國哲學家史蒂格勒（Bernard Stiegler）於 *Technics and Time, 1* 一書中的提法；[1]其二是發想自台灣在地的地景與文化特殊性。這第二項指涉的既是台灣位處板塊運動頻繁的斷層帶（fault zone）與地理政治上的關鍵戰略位置，也是在此客觀條件下形成的當代台灣文化形態：不斷快速變動、多方文化與世界觀角力、能迅速適應其集體未來充滿高度不確定性，和缺乏穩固文化基底之存在情境——姑且稱之為「斷層文化」。當然，任何詞彙都無法事先排除對同一詞的其他聯想；發明新詞都難以避免意義意外衍生之可能，更不用說使用既有的詞了。[2]本文也將說明，數位科技用語中

1　史蒂格勒的défaut這個法文字在英譯本裡其實是被譯為de-fault這個新造詞的，凸顯出它在default與fault之間的互涉，以及匱缺、錯誤、不足、失敗、缺陷等意涵。見譯者於注釋中的說明，*Technics and Time, 1*，頁280。

2　筆者對「內建斷層」（de/fault）此關鍵詞的思考，並非以提出一個能納含default各種可能意義之圓融定義或說法為目標。「破產」這意涵或有些許關聯，僅是純屬巧合。

的內建值或預設值（default）如何被挪用到「內建斷層」（de/fault）一詞中，以及前述的斷層文化如何可以是內建的。

台灣文化的內建斷層（de/fault），應從「無縫接軌」的夢想或世界觀談起。台灣長期以來熱切擁抱、迅速吸納、轉譯外來文化的傾向，形塑了前述的斷層文化，然而此種斷層不（只）是殖民者或外來強勢文化攔腰橫斷了傳統與當下，而更像是我們不曾有，也不在乎有一個穩固、方便且不須辯詰（立即可代表整體）的在地文化與智識傳統可以回歸。這裡對自身文化的預設應該是我們已熟悉的自我否定：我們是不足的、難登大雅之堂的、錯的、甚至我們什麼都沒有，只好外求——而外來的通常代表是好的、進步的，召喚著我們去迎頭趕上並尋求接軌。這樣的預設也可以史蒂格勒的de-fault來解釋。De-fault就字面上以及史蒂格勒所援引的希臘神話中Epimetheus（Prometheus的兄弟）所代表的意義來看，當然是一個fault，是一種缺陷、不足或錯誤，促使我們去補充（先天上或事後發覺的）不足，去修正缺陷及錯誤。De-fault因而可被視為一種驅力，驅動技術和後來整個科技工業文明的進展，也見證了技藝（technics）這看似附加、添補、輔助的特質，是無法與人的初始存有樣態脫鉤的。然而就台灣文化的脈絡而言，de-fault帶出的一個重要的問題是——補得足嗎？以整個科技發展來看，de-fault的驅力似乎從不停歇，因為科技的進展是無止境的。

筆者認為，探討相關問題也需要思考de-fault/default較少被討論到的面向：Default也是一種**補償式的回歸**，[3]特別是在劇烈變動

---

3 補償式的回歸必然是事後的、有時差的（après-coup）回歸，但不是回歸到事

或失衡之後，對某種超平衡（metastable equilibrium）或安逸狀態（comfort zone）的慣性回歸。驅力不會熄火，但「不足」所形成的張力不可能永續賁張在高點——至少這種繃緊狀態無法一直被容忍，**它需要被暫時遺忘**。前述斷層文化的群體內外部關係衝突和變動不會是台灣所獨有，但台灣人對此種長期不確定性的適應能力之強，在流變、衝突與不確定中維繫一種微妙的平衡，應該是台灣文化的特殊性之一。筆者主張，這種回歸平衡狀態的default除了由「現狀」的權力秩序與知識價值體系所支撐外，亦是靠「（暫時）遺忘」這項史蒂格勒所言的de-fault重要因子來維繫，並以趨近「自我清空」（self-emptying）的文化姿態，往無縫接軌的目標邁進。本文將以兩個台灣在地文化現象的實例來揭示此種接軌的弔詭，而這兩個對照事例也可能幫助我們深入了解default與de/fault的分疏及其可能的交疊：其一看似主動尋求接軌，卻反而被動地在安駐於某一巢臼（comfort zone）內或原地打轉；另一例則被動地讓大環境剝奪其主動權，卻反而因此啟動了de/fault的驅力，主動完成了以往難以想像的深度跨文化接觸和主體的再造。

前一類的事例或現象涉及在台灣凸顯、甚至完整複製各種異國特色風情的建築與景點。這樣的「山寨」景點及仿真建案（例如局部建築外觀經常呈現歐洲古典主義風格的各家豪宅）其實在台灣屢見不鮮，但規模之大、企圖心之強烈與嚴肅、影響之深遠，莫過於2015年初甫落成即吸引絡繹不絕人潮的奇美博物館新館。筆者絕無意貶抑奇美博物館整體的文化、教育上的意義與價

前的原點，而是趨向（另）一平衡狀態的回返力道。相關討論可參考史蒂格勒的 *Technics and Time, 1*，頁186-194。

值，或將其等同於其他炒短線、抄襲或撿現成賣點，以期以最小成本在現有全球資本體系下創造最大**在地利潤**的案例。然而，奇美博物館的建築外觀，尤其是館外幾乎完全模仿自凡爾賽宮前水池雕像之阿波羅噴泉，已引起若干文化批評家與學者的非議。[4]筆者認為，問題不全在於「模仿」本身，因為不同程度的模仿本來就是各個不再能於真空狀態下發展的在地文化表現必然的發展趨勢（當然，誰模仿誰往往涉及全球化資本與權力的位階，也少見平等的「互仿」），建築史上從「擬洋風」到「和洋折衷」建築的演化，乃至於「和洋」料理的自成一格，皆是顯例。問題也不在於這個「台版」的阿波羅噴泉如一些山寨景點與建築那樣模仿得不夠真：事實上，除了因為「太新」而與原作品有明顯「色差」、少了「古蹟味」之外，兩座雕像本身的細微差異大概只能經專家仔細比對才能發現。換言之，對前往奇美博物館參觀的人來說，奇美似乎真的做到把凡爾賽宮前的水池雕像「完整複製」到台灣的壯舉了。這樣一種與凡爾賽宮及其代表的歐陸古典主義美學「無縫接軌」的企圖與認知圖像（說到底是一種誤識）才是筆者認為更值得我們省思的重點。無疑地，凡爾賽宮本身不可能完整複製，奇美也未嘗試複製難度與成本皆甚高的凡爾賽宮建築外觀——這也就是為什麼以奇美阿波羅噴泉雕像為前景的雄偉壯麗景觀所呈現的背景建築，與凡爾賽宮的原始場景有明顯差異。但退一萬步來說，即使凡爾賽宮的內外建築與典藏都百分之百地

4　在奇美新館開幕前後的幾個月內，有不少針對奇美新館的批評文字引起網民熱議。其中見諸主流媒體並引述學者觀點的，可參考一篇引述學者榮芳杰，刊登於《自由時報》的報導，〈台灣山寨景點多　學者分析：國人對自身文化自卑〉，2015年4月19日。

重現於台灣，這樣的接軌仍是建立在「自我清空」的假設上，遮蔽了文化脈絡上的反差，消抹了既有文化的痕跡與自覺。尤其弔詭的是，這樣的自我清空姿態並未夾帶出它對於模仿者之在地社會文化的衝擊、斷裂、飄移或失序，反而更傾向肯定、鞏固既有的社會文化位階（無論是本土或外來的）。誠然，長期而言，博物館具潛移默化之美學教育功能，或能啟發個人發展出歐洲經典框架之外的創意；然而，如果說奇美創辦人素有關懷、提升台灣本土文化之使命感，奇美新館的起手式在前述台灣文化中山寨與仿真景觀的脈絡下，似乎仍重複陷入同樣的窠臼。「截長補短」的改革動機和美意在商品消費邏輯下容易流於淺碟式的填補空缺，無助於對本土文化的再造以及對外來文化之深刻體認。

　　另一類的事例則更為少見，一般台灣人甚至可能未曾聽聞，一方面因為處於主流社會邊緣或底層人民的生命經驗甚少有人去關心（即使他們的生活方式因外在大環境發生重大改變時也不見得引起大眾注意）；更重要的原因是，在一般的認知中，這群人是最不可能有接觸外來文化的機會與能力的，例如不同國家脈絡下的原住民族群，低階技術與最低薪之台灣本地勞工、派遣工、甚至不定時打零工餬口的臨時工。在台灣部分原住民族主動尋求與菲律賓境內同屬南島語系的原住民族之跨洋接觸和交流，以及部分台籍底層勞工有機會與來自東南亞的移工近距離、長時間共事（不同於常見的本地雇主／外籍勞工關係）的實例愈來愈多的情況下，上述的假設所受到的挑戰值得觀察。筆者在此要特別提到的則是有關一個凋零的礦村自我更新再造的故事：[5]在新北雙溪

5　這個實例取材自民視《異言堂》的深度專題。單元名稱為〈柑腳俏阿嬤〉，首播日期2010年1月9日。

鄉柑腳地區長源村的人口從1960至70年代礦產全盛時期的上萬人，到礦業沒落、台灣整體經濟轉型後的現今僅剩一百多名的老弱婦孺。凋零的礦村誠然是台灣幾十年來工業發展中一個重要面向的縮影，也是新自由主義經濟全球化浪潮下必然的趨勢，見證了資本主義高度發展——亦即不均衡發展（uneven development）——必定有的輸家，在不同的「在地」重複出現。三、四十年來的青壯人力嚴重外移的現象是長源村（以及眾多相同命運的礦村）調適、回應這股不可抗拒之外力的方式。然而，長期以來默默地留守該地，被動地接受大環境安排，即將跟著村子一起凋零的阿公阿嬤們卻在約十年前投入一波為社區重新注入生命力、並為個人找回活力的集體努力當中。除了上中醫和瑜珈課程這種常見的「活到老，學到老」之自我更新法門之外，他們最令人驚奇的社區再造方式是集體學習森巴舞，並且最後成功地在社區展演。森巴舞的選擇可能帶有一些偶發的因素，與協助社區成員的講員之個人偏好與技能多少有關聯，但無論在台灣或起源地巴西的脈絡下，這樣的台版兼「長青版」森巴舞所呈現出的「違和感」不可謂不大，阿公阿嬤們須克服的身體與心理上的障礙更是難以想像。一方面，這個案例的自我革新方式仍是依循台灣慣有的「取徑外來」模式，而不是像一般主流社會對偏遠地區無文化資本之庶民的想像那樣，往在地文化內部回溯至「民間智慧」或民俗傳統求取資源。另一方面，雖然社區成員對森巴舞起源地的歷史文化脈絡認識有限（當然，跨國傳媒的去脈絡化與商品化挪用也不見得較高明），雖然他們對此異文化形式的熱切擁抱也不是社區新生活的全部，但這個自我清空過程之後所回歸的安身立命情境，已然是一個無法回頭的、改變過的存在樣態（altered mode of existence）。

　　就跨文化接觸而言，default作為對平衡或安逸狀態的回歸，可說是一種流變中的保護傘，在**預設**的有限範圍內嘗鮮、冒險；然而，de/fault的斷層文化底蘊是**內建**的，就如同技藝是內建於人的初始存有樣態中。**台灣文化的「自我清空」取向**似乎可以很容易清空資產，以納入新增異文化元素，但它卻鮮少清理或清點資產，更遑論整理、重新建構在台灣留下片斷痕跡的在地或外來文化素材。然而，這樣的文化資源回收場不管如何被清空或遺忘，仍會形成斷層文化的底蘊，以某種不自覺——**因此無法算計與預設**——的方式起了作用。本文主張，從異己到「亦己」的過程，即使到了看似「接軌」的狀態，這樣形塑出的台灣文化仍不能擺脫其「內建斷層」（de/fault）的型態。跨文化接觸唯有在造成（暫時）無法比較的**認知震盪瞬間**，才有可能真正騰出主體內部的空位，讓異己不僅是類似工具的「身外物」，因為主體已清出舊有的comfort zone，回返的已不是原來的default狀態。

　　說到底，上述的兩種實例或類型都顯示出無縫接軌的失敗，也都見證了斷層之不可跨越。然而後者相對地容易打開這種墜入深不可測（不可預設）之斷層可能性，也因為他們從被迫清空的自身與社群內部出發，在清點與被清點過程中去尋求（內建）異境與外來異己的連接點，所以較能在回歸default之際，到達一個主體再造後的新預設值。另一方面，前者所展演的跨文化接軌多半遵循default的平衡現狀邏輯與力道，在自我清空的開放姿態中，它悅納某些並排除其他異文化元素的條件，往往就連同不可縫合之斷層一起被遮蔽。這種狀況下所產生的新的文化預設值或所宣示的新主體位置（例如，受歐洲18世紀古典主義美學薰陶的

有氣質的台灣人）容易予人一種一切歸零、重新來過的假象，而
（暫時）遺忘此預設值與沉積之文化底蘊間的反差，也較不會被
挑戰。當然，前述這種類似殖民學舌或亦步亦趨的擬仿的例子，
在壁壘分明、極端二元對立的殖民體制下，被殖民者當然有可能
像法農（Frantz Fanon）筆下被同化、已經白人化的黑人一樣，
其自我虛構的主體有一天在鏡子前、在皮表層次（epidermal）終
於內爆，因而從內建的斷層中釋放出更大能量的主體再造契機，
變成更接近、甚至超越前文所提的第二類實例所促成的結果。不
過，台灣儘管常常劍拔弩張，但敵我分明、全面開戰的情況較少
見，而是較偏向互相滲透、界線模糊的內外部關係，所以像法農
那樣的例子，在台灣應該難以在集體的層次出現。

參考書目

西文

Bernard Stiegler（1998）. *Technics and Time, 1: The Fault of Epimetheus*. Trans.
　　Richard Beardsworth and George Collins. Stanford: Stanford University
　　Press.

Frantz Fanon（2008）. *Black Skin, White Masks*（1952）. Trans. Richard Philcox.
　　New York: Grove Press.

華文

榮芳杰。〈台灣山寨景點多　學者分析：國人對自身文化自卑〉。《自由時
　　報》，2015年4月19日。

分子化翻譯
（Molecular Translation）

張君玫

分子化翻譯的概念

在關於文化翻譯的思考上，我採取一個身處台灣的漢字使用
者的立足點。[1] 無可諱言地，一般所言的中文、漢語，甚至漢字，
作為意符都無法達到百分之百的政治正確或語意清晰，而充滿了
爭議的空間，並展現出語言的譬喻性格。百年以來的漢字危機，
始終緊扣著對「世界」的執迷。如何思考世界，如何在世界歷史
中維持並成就一個堅實的立足點，乃是「非西方」現代性計畫的
關鍵意識。生在並身處台灣這個多重殖民的島嶼，構成了另一重
曖昧的處境。正如史書美近年提出「華語語系」（Sinophone）的
批判概念所強調的，「語言群體是一個處於變化之中的開放群
體」。[2]

1　本文關於漢字翻譯論述的研究，主要引用並修改自張君玫，《後殖民的陰性情
　　境：語文、翻譯和欲望》（台北：群學，2012）。
2　史書美，《反離散：華語語系研究論》（台北：聯經，2017），頁48。

　　身為一個位處台灣的社會學者及當代華語語系的書寫者，我的學術日常生活包含了多重層次的翻譯工作，不僅是思想的介紹和援引，也包括理論的轉化和闡述。我因此主張，理論的動態思考並不僅是應用，而在於回歸活生生的處境，從思考者及其所在的有機連結出發，在動態的現實中進行轉化與開展。而這必然涉及思想的分子化翻譯（molecular translation），以及從中對現實的重鑄，包括文化脈絡的縫合。這些都是綿密深遠的身心勞動，不斷體現著思想和書寫的物質性。

　　語言和文化的翻譯是分子化的，不斷在跨越既定的疆界，對意義物件進行拆解、消融、解構、雜糅、轉造與重組。此一過程也跨越了文化和自然的虛構對立。當代科學研究早已指出，分子層次的動態過程非常複雜，且永不休止地進行著。分子生物學家用轉錄（transcription）、轉譯（translation）和複製（replication）等詞彙，來描述有機體的遺傳分子訊息轉化成蛋白質訊息的繁複過程。此種「跨科際」的「詞語誤用」（catachresis）別具啟示。事實上，「分子轉譯」（molecular translation）等「專有名詞」早已借用「書寫」的比喻，以資料訊息的處理、書寫、編碼、解碼等過程來理解「生命」的運作。誠如唐娜・哈洛威（Donna Haraway）所言，DNA儼然成為一種「符碼中的符碼」（the code of codes）。[3]

　　「詞語誤用」是在使用一項比喻時溢出了表面的字義。蓋雅麗・史碧華克（Gayatri Chakravorty Spivak）指出，「詞語誤用」

---

[3] Donna Haraway, *Modest_Witness@Second_Millennium.FemaleMan_Meets_OncoMouse: Feminism and Technoscience*（New York: Routledge, 1997）245.

的操作內涵必然受限於「經驗」（the empirical），唯有謹記這點，才能避免陷入理論與實踐（或經驗）之間的二元對立。[4]倘若把概念抽離到經驗以外，就可能造成概念的物化。一項詞語誤用，可以具有思考方向的引導性，前提是慎防概念的物化，否則很容易陷入哈洛威借用哲學家阿弗列·懷海德（Alfred Whitehead）所指出的「錯置具體性的謬推」（fallacy of misplaced concreteness），甚或淪為一種概念拜物教，如同我們在當代科普文章中常見的「基因拜物教」（genetic fetishism）。[5]

翻譯作為一種「譬喻」或「隱喻」，乃至於「隱喻」的「隱喻」，恰好能夠凸顯出翻譯實踐，尤其是有意識透過翻譯來轉化語言與文化時所具有的分子流動性。科學社會學家布魯諾·拉圖（Bruno Latour）指出，科學家眼中的「客體」從來就不是「客體本身」，甚至也不是對於客體的「呈現」，而是經過一連串質變（chain of transmutation）所形成的暫時凝聚品。[6]卡琳·諾爾—塞蒂娜（Karin Knorr-Cetina）則指出，在當代物理學的知識生產過程中，客體的「建構」或「形象化」，充分仰賴儀器的「表現」

4　Gayatri Chakravorty Spivak, *A Critique of Postcolonial Reason: Toward a History of the Vanishing Present*（MA: Harvard University Press, 1999）251. 史碧華克，《後殖民理性批判：邁向消失當下的歷史》，張君玫譯（台北：群學，2006），頁287。

5　Donna Haraway, *Modest_Witness@Second_Millennium.FemaleMan_Meets_OncoMouse: Feminism and Technoscience*（New York: Routledge, 1997）146, 141-148.

6　Bruno Latour, *Pandora's Hope: Essays on the Reality of Science Studies*（MA: Harvard University Press, 1999）64, 67-73.

（performance）。[7]

　　同樣地，文化意義與知識的生產有賴行動者手邊與腦中概念機器的演出。此外，行動者及思考者的「發言位置」和「概念機器」之間的交織與共構，也具有不容忽略的作用。

　　「詞語誤用」在科學知識中的普遍存在，提醒我們更加留心語言的譬喻性。科學不僅無法完全根清隱喻，甚至往往透過隱喻來指引研究的方向。「一個具有解釋力的隱喻乃是湯瑪斯・孔恩（Thomas Kuhn）所言的『典範』的核心精神」。[8]換言之，我們必須更重視詞語的使用脈絡與實踐過程，而這樣的實踐往往是跨界與分子化的。在文化翻譯的實踐場域中，核心的行動者乃是掌握或爭奪發言機器的文化闡述者或知識生產者。我們必須憑藉概念機器的演出，去生產知識與意義。我們眼中所呈現或想像的「現代性」或「西方」，無不已歷經一連串複雜的翻譯、轉化與形象化的過程，發生必然的質變與形變，從而取得特定的再現模態。而且，意義不會就此固定下來，而是進入拉圖所說的「循環的指涉過程」（circulating reference）[9]，永遠有可能重新進行商榷，除非意識型態的框架致使我們被迫或主動放棄這個可能性。

　　「分子化翻譯」的概念，想要注視的是異質元素在頻繁文化

7　Karin Knorr-Cetina, *Epistemic Cultures: How the Sciences Make Knowledge* (Cambridge: Harvard University Press, 1999) 111-137.

8　Donna Haraway, *Crystals, Fabrics, and Fields: Metaphors of Organicism in Twentieth-Century Developmental Biology* (New Haven:Yale University Press, 1978) 9.

9　Bruno Latour, *Pandora's Hope: Essays on the Reality of Science Studies* (MA: Harvard University Press, 1999) 24-79.

翻譯活動中的動態，它想要抵抗的是各種概念的物化及其所掩蓋
的權力布局。

漢字翻譯的創造與轉化

翻譯不僅是不同語言和文化之間的溝通工具，也不僅是關於
思想的引介。翻譯乃是一個創造與轉化的過程，改變了既定語言
與文化的視界。巴西前衛詩人岡波斯（Haroldo de Campos）曾
說，翻譯是一種「轉造」（transcreation），同時包含轉化與創
造。岡波斯並用「輸血」（the transfusion of blood）來比喻翻譯對
既定書寫與文化的深刻影響。[10]而當代印度的英語作家也經常用
「轉造」一詞來強調原著與譯作之間的共生關聯。[11]然而，這兩種
不同脈絡之下的「轉造」，有一個重大差別，岡波斯所談的是如
何從歐洲語文翻譯成巴西式的葡萄牙文，亦即他的書寫母語，而
印度作家所談的是如何將印度經典翻譯成英文，即「殖民者的語
文」（language of the master），以及印度式英語的創造過程。

就翻譯的方向來說，現代華語語系廣泛翻譯西方或歐美文獻
的例子比較像前者，但就現代漢字系統的轉化來說，相當程度上
也具有後者的「轉造」意涵。許多學者指出，20世紀以來眾多的

---

10 Else Ribeiro Pires Vieira, "Liberating Calibans: Reading of Antropofagia and
  Haroldo de Campos' Poetics of Transcreation," *Post-colonial Translation: Theory
  and Practice*, eds. Susan Bassnett and Harish Trivedi.（London: Routledge, 1999）
  95-113.

11 Susan Bassnett and Harish Trivedi, eds., *Post-colonial Translation: Theory and
  Practice*（London: Routledge, 1999）.

翻譯作品,對於現代漢字系統的語法和詞彙,都產生了深遠影響。基本上,作為一種轉化與創造的實踐,翻譯必然產生一種分子化的效應(molecular effects),從而干預了「西化」、「現代化」或「世界化」等鉅觀的計畫。這些效應之所以是「分子化的」,在於其運作潛入鉅觀的二元化論述底下,因此也跨越所謂「西方文化」或「東方文化」等整體概念的表面界線。這些越界創造的分子化意義與干預,往往透過語文展現出來,但並不限於語文的層次。

在翻譯的過程中,除了政治與社會結構的差異,漢字書寫系統和「歐洲變型語法的拼音書寫」在文法上的差異,也始終是核心議題。尤其在20世紀初,面對漢字文法「不足」、「不精確」的常見說法,以「歐洲變型語法的拼音書寫」為目標的語文改革,以及把「主詞、動詞、賓詞」的歐洲語序視為普遍文法及邏輯範本的論述場域,致力於創建「新文化」與「新書寫」的文人,必然會在實際投入翻譯的過程中面臨許多挑戰。

最能代表這種論述氣氛的,莫過於音韻學家錢玄同主張徹底廢除漢字的立論:「中國文字字義極為含混,文法極不精密,本來只可代表古代幼稚之思想,決不能代表 Lamark,Darwin 以來之新世界文明」。[12] 這種語言「代表」思想的語文再現論,忽略了語文本身的創造性空間,亦即,語文不僅是「再現」思想與現實的工具或媒介,語文的運作也參與了「思想」與「實在」的建立,以及「思想作為一種實在」(thoughtas reality)的建構。然

---

12 錢玄同,〈通信——中國今後之文字問題〉,《新青年》4(4)(1918),頁350-356。352。

而，一個很弔詭也極具啟發的事實是：儘管在表面論述上抱持著靜態觀點的語文再現論，魯迅等新文化運動者主張以「文法改造」來修正漢字的思想模式，所彰顯的正是在語文活動介入思想方式與實在界的分子化創造。

比如，傅斯年很明確指出，歐美作品的翻譯不僅為了引介西學或西方思潮，更是一種建構「新書寫」的有效方法。要引介「歐洲先進的思考方式」，就必須以「直譯歐文句法」為方法來改造「中文的句法」與所謂「中國的思考方式」。因此，要翻譯一個句子，最好的方式是一字不漏地逐字對譯。傅斯年甚至把「直譯」與「意譯」之爭加以道德化，賦予「直譯」一種道德上的真實地位，而批評「意譯」的做法是虛偽。[13]比傅斯年的直譯更徹底，魯迅主張，在必要時不妨「硬譯」。

> 但因為譯者的能力不夠，和中國文本來的缺點，譯完一看，晦澀，甚而至于難解之處也真多；倘將伪句拆下來呢，又失了原來的語氣。在我，是除了還是這樣的硬譯之外，只有束手這一條路了，所餘的惟一的希望，只在讀者還肯硬著頭皮看下去而已。[14]

對於魯迅來說，翻譯的困難所彰顯的是漢字作為一套書寫系統的「本來的缺點」，尤其當它被用來翻譯比較「進步的」與

---

13 傅斯年，〈譯書感言〉，《翻譯論集》，黃嘉德編（上海：西風社，1940 [1919]），頁55-68。

14 魯迅，〈「硬譯」與「文學的階級性」〉，《魯迅全集》第4卷（北京：人民文學出版社，1981），頁195-222。

「精確的」文字文本時。因此，直譯歐文句法是一種改善或「醫治」漢字語法的「方法」。而早在魯迅寫這些話的前兩三年，1929年時，現代知名翻譯家梁實秋就開始對魯迅的「硬譯」提出嚴厲批評，認為根本已經走到「死譯」的地步。他描述，魯迅譯文讀起來「就如同看地圖一般，要伸著手指來尋找句法的線索位置」。[15]然而，對魯迅來說，「順」的翻譯與閱讀幾乎無異於「糊塗」的翻譯與閱讀。而「硬」的翻譯與閱讀，將迫使漢字讀者去思考，進而同化原著的句法與思考方式。魯迅賦予翻譯者一個艱辛的歷史任務，亦即，要改造漢字整體的轉化任務。也唯有如此，直譯歐文句法的做法才取得正當性。但同時，魯迅和錢玄同一樣陷入文化整體論和文法決定論的謬推，從而低估了文化翻譯的轉化和創造空間。

　　事實上，所謂的直譯，並不表示不需要經過跨越、轉化、詮釋與創造。在結構差異極高的語文系統之間運作，直譯異樣句法的實踐必須擴展目標語文的既定疆界。或是借用吉爾・德勒茲（Gilles Deleuze）的話來說，把語文推向「一個非句法、非文法的極限」，迫使它和自身的外在進行溝通。[16]或許，正是在追求「文法」的過程當中，漢字被推向了一個「非文法」的語境。但同時，也得以進入了華特・班雅明（Walter Benjamin）所說的，一個「更確切的語文領域」。班雅明主張，和魯迅等人一樣，翻

---

15 梁實秋，〈論魯迅先生的「硬譯」〉，《梁實秋文集》第1卷（廈門：鷺江，2002［1929］），頁347-350。

16 Gilles Deleuze, "Preface to the French Edition," *Essays: Critical and Clinical*, trans. Daniel Smith and Michael Greco（Minneapolis, MN: University of Minnesota Press, 1997［1993］）lv-lvi.

譯的基本分析單位應該是「字」而非「句」。

> 字面直譯所確保的信度，其意涵在於，譯作反映了對於語
> 文互補性的偉大渴求。真正的翻譯是透明的，而不掩蓋原
> 著，不遮蔽原著的光，而是讓純粹語文，透過它自身媒介的
> 強化，更充分地照耀原著。而這一切，可以透過句法的字面
> 直譯來達成，這證明了，翻譯者的首要單位是字而非句子。[17]

換言之，班雅明認為翻譯者應該關心的，並不是原著所承載
的意義，而是「語文本身」。從一個語文普遍主義的理想性出
發，班雅明主張，翻譯者的「任務」在於，透過句法的字面直
譯，把原著提升到「更高與更純的語文氛圍」。根據「普遍語文
／書寫」（a universal language/script）的理想，每一個語文都是
不完整的，未完成的，必須在互相翻譯的過程中邁向完成。更重
要的是，每一個語文的「意義」也是不完整的，尚在成形中。因
此，作為一種跨語文的實踐，翻譯的過程同時也是語文本身越界
與創造的演化。

透過文化改造的集體企圖，語文的變異性與可塑性被凸顯出
來。當語文的彈性被拉扯到極點時，語文句法的人造性格也得以
更充分顯露。在文體「歐化」與文化「西化」的大旗之下，確實
有著無數關於文化物件和語意轉折的分子化創造。但也因此，

---

17 Walter Benjamin, "The Task of the Translator," *Illuminations*, trans. Harry Zohn; ed. & intro. Hannah Arendt（New York: Harcourt Brace Jovanovich, 1968）69-82. 78-79.

「歐化」或「西化」的概念亟需拆解，這正是晚近後殖民論述的核心問題意識。因為，在文化翻譯的過程中，來源本身都必然歷經了轉化與創造。事實上，「歐洲」作為一個文化整體的想像乃是歷經了數百年來內部不同語言系統的翻譯和轉造。比如，黑格爾（G. W. F. Hegel）在1805年寫給把古希臘荷馬作品翻譯成德文的沃斯（J. H. Voss）的信中提到，自己一生所努力的是「要讓哲學說德語」，更進一步承襲與發揚了早先哲學家在翻譯經典中擴展德語思考視界的志業。[18]

台灣文化的內部翻譯

翻譯過程中所必然產生的分子化效應很重要，打破了整體的框架，讓思考者得以進入跨界連結與轉化創造的空間。這種創造性的轉化不僅發生在文字的翻譯，或思考的轉介與闡述，也發生在更廣義而多重的文化過程當中。在台灣多重殖民歷史所造成的分裂自我意識當中，我們對於本土的文化資源與歷史內涵或許同樣必須進行一種分子化的翻譯和轉化，就像我們在面對全球或外在位置的作品時所必須進行的理解、挪用和轉造。

我們必須願意重新進入在地的文化體，真正去理解與重新發明，而不是像殖民者面對受殖者，或強勢者面對劣勢者，在尚未充分理解時就已經提前取消。這項工作就是史碧華克在她倡議「感受力教育」時所強調的欲望的重新安排以及想像力的訓

---

18 John Sallis, *On Translation* (Bloomington and Indianapolis: Indiana University Press, 2002) 16.

練。[19]我們需要進行文化哀悼與文化縫合的工作。哀悼並非埋葬，而是重新認真看待那些在現代化計畫中被貶低與取消的文化實踐與價值系統，並從在地生活的立足點去進行全面的價值重估。唯有如此，才可能在被撕裂的文化織路中找到縫合的路徑。同樣重要的是，在關於台灣主體性的探索中，我們絕對不可能發現或建構出單一的全觀位置，而必須同時容納多樣化的發言位置，這些位置的基礎乃是建立在歷史與物質的生存處境，並可能橫跨了性別、階級和族群等分界。在這些多樣化的發言位置之間，我們同樣需要不斷進行跨界的分子化翻譯，同時也對彼此進行一種解構的閱讀，以期從中負起重建界線的責任。[20]

　　以近年來的歷史課綱爭議來說，無論在教學方向或研究方法上，都極度欠缺原住民族的發言位置。或者該說，沒有能力面對，不知道如何擺放。而民族教育的主權和傳統領域的土地自治之間有著密切的有機連結，都是現在進行式的抗爭與思考。對於台灣這座島嶼來說，原住民族的人口目前雖然僅佔百分之三不到，但在歷史意識與本土教育的意義上舉足輕重。台灣各種多元的發言位置都不可或缺，但原住民族尤其深具歷史意義。要有內容豐富與歷史厚度的「台灣史觀」，必然涉及島嶼內部的文化翻譯工作。我們必須在不同的人民群體或族群，亦即不同的生存處境與發言位置之中與之間出發，去進行跨界的文化翻譯與意義協商。在這座島嶼上，每一個可以或有待被表述出來的生存處境與

---

19 Spivak, Gayatri Chakravorty, *An Aesthetic Education in the Era of Globalization* (Cambridge, MA: Harvard University Press, 2012).

20 張君玫，《後殖民的賽伯格：哈洛威和史碧華克的批判書寫》（台北：群學，2016），頁249-270。

發言位置都是一個潛在的台灣位置。我們可以透過「多重台灣位置」（multiple Taiwanese positions）的闡述，以及他們之間的意義協商，去進行打破界線框架的分子化文化翻譯，從對他者群體的歷史理解中去打開自身群體的社會時間性，並從中思考共同生活與面對創傷的歷史可能性。[21]

　　身為後殖民的知識分子，亦即所謂「非西方」的學者，偶而會面對歐美學者質疑「為什麼你們沒有自己的思想傳統」。此類質疑，在某方面透露出中心學者善意的無知，但也指向一個更深的矛盾。一方面標舉著普世價值的追求，另一方面卻質疑或憂懼非歐洲出身者的「西化」。透過現代歷史的複雜動態和弔詭處境，「西化」和「普遍化」的概念換置早已不再是思想的滑坡，而在百年後成為處境的現實框架，並需要不斷地批判與解構。這當然並不是說歐洲的啟蒙傳統已經成為普遍性，而是說現代源自歐洲的啟蒙運動與批判理性確實已然成為全球的思考資源，正如迪佩什‧查卡拉巴提（Dipesh Chakrabarty）所指出的。[22]

　　但若我們不能好好梳理內在的族群壓迫與文化殖民，就無法釐清更大範圍的在地與全球的拉扯。在台灣這座島嶼上，不同族群的原住民族團體和漢人移民群體之間的關係包含了許多必須正視的歷史衝突。任何關於台灣主體性的建構論述，倘若漏缺了這一塊，都無法充分認知掌握「台灣人」多重複雜而矛盾的肖像。

---

21 張君玫，〈思考歷史能動力——原住民立足點與批判的展演政治〉，《臺灣社會學刊》61（2017），頁185-221。

22 Dipesh Chakrabarty, *Provincializing Europe*（New Jersey: Princeton University Press, 2007）.

參考書目

西文

Bassnett, Susan and Harish Trivedi. eds. (1999). *Post-colonial Translation: Theory and Practice*. London: Routledge.

Benjamin, Walter (1968). "The Task of the Translator." *Illuminations*. Trans. Harry Zohn; ed. & intro. Hannah Arendt. New York: Harcourt Brace Jovanovich. 69-82.

Chakrabarty, Dipesh (2007). *Provincializing Europe*. New Jersey: Princeton University Press. Deleuze, Gilles (1997 [1993]). "Preface to the French Edition." *Essays: Critical and Clinical*. Trans. Daniel Smith and Michael Greco (Minneapolis, MN: University of Minnesota Press). lv-lvi.

Haraway, Donna (1997). *Modest_Witness@Second_Millennium.FemaleMan_ Meets_OncoMouse: Feminism and Technoscience*. New York: Routledge.

Haraway, Donna (1978). *Crystals, Fabrics, and Fields: Metaphors of Organicism in Twentieth-Century Developmental Biology*. New Haven: Yale University Press.

Knorr-Cetina, Karin (1999). *Epistemic Cultures: How the Sciences Make Knowledge*. Cambridge: Harvard University Press.

Latour, Bruno (1999). *Pandora's Hope: Essays on the Reality of Science Studies*. MA: Harvard University Press.

Sallis, John (2002). *On Translation*. Bloomington and Indianapolis: Indiana University Press. Spivak, Gayatri Chakravorty (2012). *An Aesthetic Educationin the Era of Globalization*. Cambridge, MA: Harvard University Press.

Spivak, Gayatri Chakravorty (1999). *A Critique of Postcolonial Reason: Toward a History of the Vanishing Present*. MA: Harvard University Press.

Vieira, Else Ribeiro Pires (1999). "Liberating Calibans: Reading of Antropofagia and Haroldo de Campos' Poetics of Transcreation." *Post-colonial Translation: Theory and Practice*, eds. Bassnett, Susan and Harish Trivedi. London: Routledge. 95-113.

華文

史碧華克（Spivak, Gayatri Chakravorty）。2006。《後殖民理性批判：邁向
　　消失當下的歷史》。張君玫譯。台北：群學。

史書美。2017。《反離散：華語語系研究論》。台北：聯經。

梁實秋。2002〔1929〕。〈論魯迅先生的「硬譯」〉，《梁實秋文集》第1卷。
　　廈門：鷺江。頁347-350。

張君玫。2012。《後殖民的陰性情境：語文、翻譯和欲望》。台北：群學。

———。2016。《後殖民的賽伯格：哈洛威和史碧華克的批判書寫》。台
　　北：群學。

———。2017。〈思考歷史能動力——原住民立足點與批判的展演政治〉。
　　《臺灣社會學刊》61。頁185-221。

傅斯年。1940[1919]。〈譯書感言〉。《翻譯論集》。嘉德編。上海：西風社。
　　頁55-68。

魯迅。1981。〈「硬譯」與「文學的階級性」〉。《魯迅全集》第4卷。北京：
　　人民文學。頁195-222。

錢玄同。1918。〈通信——中國今後之文字問題〉，《新青年》4（4）。頁350-
　　356。

化人主義
（Anthropomorphism）

黃宗慧

　　化人主義（anthropomorphism）是從動詞「化人」（anthropomorphize）衍生來的，而這個動詞又是由希臘文的「人」（anthrōpos）與「變形、變化」（morphē）兩字組合成。[1]根據《動物權與動物福利小百科》一書的定義：「就廣義而言，化人主義指的是從人類的角度對非人的客體所做的思考。把人的特質比附到非人的身上」（73-74）。至於為什麼我們會有賦予其他物種人的性格此傾向？哈爾・賀札格（Hal Herzog）在《為什麼狗是寵物？豬是食物？：人類與動物之間的道德難題》一書中曾援引演化心理學的說法，認為這是因為對人類的祖先而言，能夠

---

[1]　以上出自牛津字典的解釋。最初是因為某些神學觀點認為神也具有像人一樣的特色，只是比人擁有更強大的力量，因此會以「化人的」（anthropomorphic）來形容這些特質（Fisher, "The Myth of Anthropomorphism" 96）。在中文的語境裡，化人主義也常被譯擬人論，但因為如此有時會與「擬人化」（personification）一詞難以區隔，無法凸顯化人主義在動物研究的領域中特殊的意義，故以下根據 *Encyclopedia of Animal Rights and Animal Welfare* 一書的中譯本《動物權與動物福利小百科》，譯為化人主義。

推測他人的想法是一項很大的優勢，而「延伸我們的心理理論到另一個物種」的化人主義亦然——例如能夠「如同野豬一般思考的獵人，通常都會帶回鹹肉」，因為這種感知方式「給予獵人一個理解、參與，和預測獵物行為的架構」（96），不過這種傾向也同樣成為我們「對其他動物產生道德困惑的根源」，畢竟若是把野豬當成同樣具備某些人類特質與感受能力的動物，準備殺牠時，同理心就會讓人產生罪惡感（95）。其實，不管是基於演化理由的「知己知彼」，或是情感需求下的想像投射，乃至作為文學藝術的表現方式，化人主義所帶來的困惑以及激起的論辯，始終不曾停歇；以下將化人主義引起的爭議置於台灣的情境討論，一方面釐清這個詞語在西方動物研究領域的意涵，一方面也將參照思考台灣關於化人主義的論辯是否有其在地的特殊性。

從扭曲的刻板化到嚴謹的化人主義

　　如約翰·安德魯·費雪（John Andrew Fisher）所指出，一般在使用化人主義這個詞的時候，幾乎都是取其負面意涵，特別是在一些哲學家及科學家的眼中，化人主義更是「天真、原始，並且錯誤的思考方式」（"Anthropomorphism" 70），例如「迪士尼化」（Disneyfication）便是一例。所謂動物的迪士尼化是指「把人類的特色與文化的刻板印象加諸動物身上」，在早期的迪士尼動畫中，我們不時可見動物具有像人一樣的臉部特色、像人類使用雙手般使用牠們的四肢，而不同的動物角色也被投射了不同的種族或性別刻板印象（Milekic 133）；這種將動物化人的行銷手法，還可見於肉品廣告中。凱蘿·亞當斯（Carol Adams）觀察發

現，不少肉品廣告會將動物與誘人的女體形象結合，以便傳遞非人動物自己想要被人消費的訊息：「受苦？屠宰？非人道處理？沒有的事，是牠們自己想要的」（111）。她為此創造了「人類本位色情主義者」（anthropornographers）一詞，認為這種將動物化為人形的做法非但是人類中心主義式的，也同時是消費女體的一種色情。亞當斯指出，相較之下，動物權主義者反而沒有犯下把人類特質強加在動物身上的問題，他們關於動物會受苦的種種主張並非化約的化人主義式想像：「他們知道動物就像人類一樣是因為人類**就是**動物」（114；原標重點）。

關於化人主義，亞當斯的觀點所提醒的是，並非所有的化人主義都是負面的，也有所謂「嚴謹的化人主義」（critical anthropomorphism），是建立在「我們對物種的自然歷史、知覺與學習能力、生理結構、神經系統以及先前的個體歷史都有所知的基礎上」（Burghardt 71-72）。嚴謹的化人主義非但不能算是一種誤導，反而有助於我們進一步理解動物。一直以來化人主義都被污名化為「用人類的語彙思考非人的對象」（Fisher, "Anthropomorphism" 70），其實這樣的定義不盡公允，因為如果我們「將某些人類特質歸屬於非人類，是因為那些非人類的確也有這些特質，那麼我們就並沒有犯錯」（Fisher, "Anthropomorphism" 70）。

情感投射的污名連結：化人主義恐懼症

但是當動保人士主張動物和人類共享某些心智能力，並以此爭取動物的福利時，上述亞當斯的觀點卻未必真能替化人主義去除污名，原因就在於長期以來化人主義與善感、想像投射之間的

連結過於緊密。例如當台灣動物社會研究會（EAST，以下簡稱動社）在2017年母親節前夕，以母豬是「最偉大卻最不堪的母親」這樣的訴求來為母豬爭取符合動物福利的飼養空間時，立刻引來「擬人化＝無腦＝煽情」的批判。根據動社的調查報告指出，台灣每年有60萬隻母豬終生被迫不斷懷孕產子，卻在狹欄中連轉身的空間都沒有，因此出現緊迫、沮喪與不正常站立或不斷啃咬欄杆等行為，他們因此呼籲政府和民間應重視經濟動物的福利，考慮逐步廢除以狹欄飼養的方式；然而想趁母親節「造勢」的動保行動不但被譏為「豬餓已餓，豬溺已溺」、無用的慈悲心（Lin bay好油），文青別鬼扯（劉志偉）更以諷刺口吻重砲抨擊動社濫情、無腦：

> 動保人士為何突然要替母豬請命呢？他們說這些母豬很可憐，除了要負責生小豬以外，還要住在「母豬狹欄」及「分娩欄」內。……且生小豬後，母豬也沒放產假的福利。簡單來說就是，母豬很可憐，母豬母豬，夜裡哭哭。
>
> 相信很多人都能感受到，女人懷孕時情緒起伏是很大的。因為身體不舒服，所以脾氣心情也很糟。同樣的，母豬懷孕時的心情也是高低起伏，時常會看其他母豬不爽。兩頭母豬互看不爽，馬上又會幹架，到頭來又會搞到彼此受傷流產。……你如果真心愛母豬、真心關切母豬福利，你還會如此無腦地讓母豬送死嗎？

姑且不追問文中一面反對「用人類世界的觀點去理解動物的世界」，一面又要讀者想像母豬發情懷孕時與懷孕女性的情緒起

伏如何相似，是否自相矛盾？在此首先必須進一步探討的問題是，將整個運動詮釋為動保人士過度濫情的結果，這種解讀立場是否透露出某種「化人主義恐懼症」（anthropomorphophobia）？動物學家當諾德・格理芬（Donald Griffin）將化人主義與恐懼症二字結合，創造了化人主義恐懼症這個新詞，他發現化人主義幾乎成為一種很普遍的禁忌，人們害怕一旦認同「非人動物也能經驗如恐懼這類的主觀情感，或能有意識地思考，即使是最簡單的那種，例如會認為食物被置放在某處」，就可能被指控為過度感性，除了科學家們對此避之唯恐不及，一般人多少也認為只有無判斷力的人才會主張動物具有主觀情感與思想意識（xiii）。倡議動物權的女性主義者曾提醒人們注意這種恐懼背後的笛卡爾式二元論與父權思想，因為其中有著過度崇拜理性的傾向，打壓了被視為女性化的感性特質（Baker 175-76）。在前例中，即使動社的調查報告參考了國外科學文獻與國內學者針對母豬群飼所提出的研究，反對者仍因母豬被以「化人」的方式連結到母親，斷言如此的訴求出自「盲目關愛」（劉志偉），此現象或亦可放在化人主義禁忌的脈絡下思考。

感性的正向功能

其實已有愈來愈多的論者為化人主義與感性特質平反，追溯感性被污名化的原因，指出善感及關心動物並非一直被認為是負面的，但在科學剛興起，特別是活體解剖出現之後，因為對動物的關懷或反虐待的聲浪顯然會妨礙當時科學與醫學實驗的進展，才使得善感及愛護動物逐漸被貼上負面的標籤（Parry 120, 131；

荷曼斯277-79）。在化人主義的討論上，也有類似的聲音，認為即使化人可能帶有情感投射的成分，但這種感性的面向也有正面的效應，因為它「提供了一種與動物接觸的機會，雖然是一種經過中介（mediated）的機會」（Aloi 102），還是勝過連這種中介都沒有的狀況：假使當我們想理解動物的行為時，非得親身經驗才能稱得上理解，又或是只有說同樣語言才能溝通，那麼人和動物之間注定將存在巨大的鴻溝，但這種鴻溝，卻可能透過化人的方式被填補（102）。「如果當我感受到狗的哀傷時，卻不能如此形容，那麼我要說牠是處於什麼狀態呢？」艾莉卡・法吉（Erica Fudge）透過以上的質問所透露的，也是同樣的立場——「沒有化人主義，我們無法理解與再現動物的存在」（76）。

　　證諸台灣社會，確實化人主義也曾在動物議題上帶來正面影響，就是「阿河的眼淚」所傳遞的，動物像人一樣會痛會流淚的訊息。2014年12月，天馬牧場的河馬阿河在運送過程中從貨車上摔落，流著眼淚跌坐路上，影像經過媒體放送之後，引起了極大的關注，甚至讓生態農場的管理、展演動物的問題、動物運輸的規範，都一度成為討論的話題：「他的眼淚觸動了台灣社會，眾人彷彿現在才開始意識到原來不是只有動畫電影裡的動物會哭會笑，原來動物真的會痛苦，並為他揪心，為他難過，想救他，想幫他」（阿潑）。當法吉試圖將化人主義從煽情的污名中解放出來時，曾表示雖然把動物化人的做法看似過於善感，但若沒有化人主義，我們和動物的關係可能會變得非常遙遠，甚至可能不認為動物是需要倫理對待的他者（Fudge 76）。而阿河確實也是透過牠的眼淚，才拉近了人們與牠的距離，讓動物倫理的議題有了被考量的機會。

可愛主義下的保育排他性

　　化人主義雖然有「動之以情」從而產生倫理意義的時刻，但並不意味著對化人主義的排斥全都是基於化人主義恐懼症，因為化人主義也可能為物種歧視背書，讓我們在保育上獨厚那些較容易擬人化的動物，例如像是能把人「帶進一種自戀的沉思之中」的貓狗（Aloi 102-3）；[2]關心生態保育的作家吳明益與獼猴保育人士林美吟都曾提醒過這樣的問題。吳明益觀察到在關於石虎保育的相關報導中，幼生石虎的照片出現的頻率遠高於成年石虎，因為幼生石虎無辜的大眼睛，符合以可愛來吸引民眾注意的需求，但他認為若只是以「可愛就是力量」的角度去幫助石虎面對生存危機，「一旦有一天是瑪家山龜殼花這類的生物面臨危險時，牠們或許將等待不到等量的援手」。而林美吟則在壽山的獼猴遭大量毒殺之後，感嘆獼猴受到的關注不如2015及2016年間被臺大僑生陳皓揚虐殺的兩隻貓——大橘子與斑斑，以及電影《十二夜》裡收容所中的浪犬：「面對獼猴被毒殺，更多人選擇的是漠視，甚至是幸災樂禍。」這類的提醒讓我們意識到，在以化人主義來拉近人與動物間的距離時，其實我們會想選擇靠近的對象還是非常有侷限性的，一般來說，確實較可愛的，也較容易有機會透過化人主義被人們關心。

　　但在台灣，對「可愛主義」的批判與針對關心同伴動物者的不滿卻經常勾連在一起——儘管致力同伴動物保護者未必是沒有

2　這裡援引的是德勒茲與瓜達希對於隸屬於家庭結構的寵物，他們所謂「伊底帕斯動物」（Oedipal animals）的批判。

理念、只在乎動物「可愛」與否的一群人。「可愛動物保護主義」
與「毛保」的連結似乎拆解不開，都用來意指所關心的對象只限
於毛茸茸的貓狗或貓熊等可愛動物。喜愛同伴動物者，正如人類
與動物關係學家詹姆士・什沛爾（James Serpell）所觀察到的，
往往被責難為過度善感，而他們對同伴動物的情感則被視為「軟
弱的象徵，標示著智慧的匱乏甚至精神障礙」（引用自 Baker
176），在台灣此現象似乎更為明顯。例如2016年6月，海軍陸戰
隊中傳出以鐵鍊將狗活活吊死的虐殺案件時，亦是在群情激憤之
後，隨即出現對於台灣動保「大小眼」、只愛貓狗這樣的責難
（法操司想傳媒），動物虐待此議題本身反而被置換掉了。又如
2017年4月11日立法院三讀通過禁吃貓狗肉，台灣因此成為亞洲
第一個立法禁食貓狗的國家，但「消息一出，反應卻是兩極」，
「在反對的聲音中，獨厚貓狗的批判亦再次出現」（黃宗潔，《牠
鄉何處？城市・動物與文學》120）。由於台灣動保運動的天秤
「長期以來彷彿故障般總歪向貓狗的一邊」，但又鮮少人認真思考
「它有它歪斜的背景和理由」（黃宗潔，〈給下一輪亂世的備忘錄〉
166），於是每當台灣社會出現上述這些與貓狗權益相關的大事件
時，總是先引起不少動保人士關注，但繼而又會出現對這些「毛
保」團體的強烈批判，兩方就如此重複對立的言論，至於對同伴
動物的情感是否確實會造成排他效應，還是也可能成為起點，進
一步延展為對其他動物的關懷，反而較少被嚴肅探討。動物研究
者荷西・培瑞（José Parry）曾主張，要讓關心同伴動物者的感性
延伸出去應非難事，例如讓他們去見證工業化農場對經濟動物的
剝削使用，這種對視覺感知即時性的刺激，有可能讓他們啟動想
像力，去填補原本他們認為存在於被寵愛的「人化的動物」

（humanized animal）與其他「動物化的動物」（animalized animal）之間的距離，[3]如此將會對其他動物的苦難更有感、更願意回應（129-30）。視「毛保」為最容易動員的同盟者的這種觀點，或許也值得對立不休的台灣動保界參考。

結語

如果說化人主義引起爭議的癥結點，往往在於與主觀情感投射的連結，那麼如何讓情感元素成為推展動物倫理觀念的動力，而非僅以萌化的動物形象滿足心理需求、甚至助長排他的物種歧視，應是化人主義能否被接受的關鍵。但在理解化人主義的不同樣貌之際，我們也不應忽視，即使是無涉化人的情境裡，人類依然可能用自己的符號與論述所構成的霸權去強行解釋動物的沉默，例如「每天要動物從實驗室中傳遞出牠們『客觀的』訊息——解剖學的、生理學的、遺傳學的」（Baudrillard 137）。這種「為動物代言」的做法顯然不能讓我們更認真地對待沒有語言的動物他者，也未必就比化人主義的呈現更正確客觀。化人主義如果只是用來遂行人類的腹語術，當然值得批判，但在有些情況下，化人主義與其說是投射，不如說是還動物一個公道，是去承認那些牠們原本就擁有、卻被人類否定的能力。事實上，何以擁

3　培瑞此處的用詞參考的是動物研究學者凱瑞・沃夫（Cary Wolfe）所提出的「物種網格」（species grid）之說。沃夫認為人類的文化中存在著一套關於物種分類的網格，專斷地區分出動物化的動物（animalized animal）、人性化的動物（humanized animal）、動物化的人（animalized human），以及人性化的人（humanized human）並給予不同的對待方式（100-1）。

有某些特質，就叫做「化人」？這背後是否預設了「人」是獨一無二的特殊存在？或許我們更應該積極探問的，正是化人這個詞彙本身的可商榷性。

參考書目

西文

Adams, Carol (2004). *The Pornography of Meat*. New York: Continuum.

Aloi, Giovanni (2012). *Art and Animals*. New York: I. B. Tauris.

Baker, Steve (2000). *The Postmodern Animal*. London: Reaktion.

Baudrillard, Jean (1994). *Simulacra and Simulation*. Trans. Sheila Faria Glaser. Ann Arbor, MI: U of Michigan P.

Bekoff, Marc, and Carron A. Meaney, eds (1998). *Encyclopedia of Animal Rights and Animal Welfare*. Westport, CT: Greenwood.

Bekoff, Marc, and Dale Jamieson, eds (1990). *Interpretation and Explanation in the Study of Animal Behavior, Volume 1: Interpretation, Intentionality, and Communication*. Boulder, CO: Westview.

Burghardt, Gordon M. "Critical Anthropomorphism." Bekoff and Meaney 71-73.

Donald R. Griffin. "Foreword." Bekoff and Jamieson xiii-xxvii.

Fisher, John Andrew. "The Myth of Anthropomorphism." Bekoff and Jamieson 96-116.

_____ . "Anthropomorphism." Bekoff and Meaney 70-71.

Fudge, Erica (2002). *Animal*. London: Reaktion.

Milekic, Slavoljub. "Disneyfication." Bekoff and Meaney 133-34.

Parry, José (2011). "Sentimentality and the Enemies of Animal Protection." *Anthrozoos* 24.2 (Jun. 2011): 117-33.

Wolfe, Cary (2003). *Animal Rites: American Culture, the Discourse of Species, and Posthumanist Theory*. London: Chicago UP.

華文

Lin bay好油。〈母豬的母親節〉。自由評論網，2017年5月13日。網路，
　　2017年7月31日。

文青別鬼扯（劉志偉）。〈關愛母豬請用大腦〉。自由評論網，2017年5月
　　10日。網路，2017年8月17日。

台灣動物社會研究會。〈為六十萬母豬（親）請命要求農委會制定期程，
　　廢除殘虐母豬身心的「狹欄」〉。社團法人台灣動物社會研究會，2017
　　年5月10日。網路，2017年8月17日。

貝考夫‧馬克（Bekoff, Marc）編。2002。《動物權與動物福利小百科》。錢
　　永祥、彭淮棟、陳真等譯。台北：桂冠。

吳明益。〈可愛才不會被放棄？〉。臉書，2014年4月18日。網路，2017年
　　7月29日。

林美吟。臉書，2016年8月28日。網路，2017年8月1日。

法操司想傳媒。〈不是貓狗、不夠可愛的動物，就不需要保護？從法條看
　　台灣動保人士的自私〉，2016年7月20日，風傳媒。網路，2017年8
　　月3日。

阿潑。〈阿河的眼淚：動物不是用來娛樂你的〉，2014年12月27日，鳴人
　　堂。網路，2017年8月1日。

荷曼斯‧約翰（Homans, John）。2014。《狗：狗與人之間的社會學》。張穎
　　綺譯。新北市：立緒。

賀札格‧哈爾（Herzog, Hal）。2012。《為什麼狗是寵物？豬是食物？：人
　　類與動物之間的道德難題》。彭紹怡譯。新北市：遠足文化。

黃宗潔。2014。〈給下一輪亂世的備忘錄〉。《放牠的手在你心上》。黃宗慧
　　與志工小組合編。台北：本事。頁163-68。

＿＿＿。2017。《牠鄉何處？城市‧動物與文學》。台北：新學林。

文體秩序
(Order of Literary Form)

陳國偉

翻譯中生成的台灣大眾文學

　　過往對於台灣大眾文學的研究，主要有兩種路徑，其一是將其定義為「暢銷」與「廣受歡迎」的作品，因此著重於分析市場機制的運作，如何創造出商業上的成功；或是從文學社會學（sociology of literature）的角度，探究文本所反映的社會集體意識，勾勒出作品與社會互動的軌跡。然而「暢銷＝大眾」其實存在著極大的盲點，許多純文學作家或經典性的作品，可能因為作者的高知名度，或是作品被影像化而受到矚目，前者如具有文化人光環的龍應台、蔣勳，後者像是白先勇的《孽子》、《臺北人》。正如採取此觀點的楊照在〈四十年台灣大眾文學小史〉一文中，將余光中膾炙人口的詩集《蓮的聯想》、張愛玲的反共書寫《赤地之戀》與《秧歌》，甚至是證嚴法師《靜思語》也都納入「大眾文學」的範疇中，便可見此定義其實無法提供有效的解

釋，遑論折射出一個具主體性的文學系譜可能。[1]

　　第二種路徑，則是以「類型」（genre）的角度來定義大眾文學，回到文學本體的層次來界定，雖然仍是因應於商業市場生產出來的文學形式，但正因為商品邏輯對於分眾消費者的需求造就出的「區隔性」，因而勢必走向「類型化」，並發展出角色設定、故事結構與情節上的標準化，也就是所謂的「公式」（formula）。在發展已超過百年的西方大眾文學中，至今仍廣受歡迎的幾個重要類型，像是愛情（Romance）、推理／犯罪（Mystery/Crime）、間諜（Spy）、科幻（Science Fiction）、奇幻（Fantasy）、驚悚（Thriller）、懸疑（Suspense）、恐怖（Horror）、冒險（Adventures）等，都可以從文學史的角度，考察出它們所具備的內在公式。

　　若從類型的脈絡來看，台灣最早出現「大眾文學」此一概念應屬日治時期，從相關研究也可以了解，當時至少已出現推理、科幻、愛情等多種類型。[2]更值得注意的是，台灣大眾文學其實並非「本土種」，而是在殖民現代性的跨國脈絡下，藉由至少雙元

---

1 楊照，〈四十年台灣大眾文學小史〉，《文學、社會與歷史想像：戰後文學史散論》（台北：聯合文學，1995），頁25-69。

2 詳參黃英哲、下村作次郎，〈戰前台灣大眾文學初探（1927年～1947年）〉，收入彭小妍編，《文學理論與通俗文化（上）》（台北：中央研究院中國文哲研究所，1999），頁231-254。呂淳鈺，〈日治時期台灣偵探敘事的發生與形成──一個通俗文學新文類的考察〉（台北：國立政治大學中國文學系碩士論文，2004）。黃美娥，〈關乎「科學」的想像──鄭坤五〈火星界探險奇聞〉中火星相關敘事的通俗文化／文學意涵〉，李勤岸、陳龍廷主編，《台灣文學的大河：歷史、土地與新文化》（高雄：春暉，2009），頁387-415。林芳玫，〈日治時期小說中的愛慾書寫──帝國凝視、自我覺醒、革新意識〉，《中國現代文學》17期（2010.06），頁125-160。

的旅行途徑：「西方—中國—台灣」、「西方—日本—台灣」，透過翻譯「入境」台灣。也正因為如此，大眾文學在台灣自發展之始，便具有強烈的「跨國性」與「翻譯性」，更可以說台灣大眾文學是在跨國翻譯的生產脈絡下而成立。

而這正是東亞國家在20世紀初期所擁有的共同經驗，劉禾（Lydia H. Liu）在考察中國現代文學如何處理西方文學典範的在地化問題時，提出了「跨語際實踐」（translingual practice）的概念。她認為在翻譯時，不同語言之間的歧異性會在意識型態鬥爭或政治協商的過程中被解決或生產出來，直到新的詞語概念與意義在主方語言（host language）的內部被發明與創造，所以翻譯並非只是單向接受，而是具有主動改寫以符合在地脈絡的能動性。對劉禾而言，中國的現代性也就在這種有著本地文化干預的翻譯過程中生成，因此將其稱為「翻譯的現代性」（translated modernity），並強調只要是跨越不同語境，便會有矛盾被製造或解消，但也就是透過這樣的過程，不同文化所具有的不同現代性形式就會被體現。[3]

從這個角度來觀看原本被理解為「接受者」的台灣大眾文學，便產生了積極的意義。19世紀末到20世紀初紛紛從西方出發的各種沾染了「現代意識」的大眾文學類型，經由翻譯的途徑繞境中國或日本，最終「入境」台灣而發展出屬於在地的書寫系譜。在此過程中，西方敘事典範並非單向的輸入，而是與本土的文學傳統、文化、社會、政治話語進行種種的鬥爭與協商，建構

---

3 Liu, Lydia. *Translingual Practice: Literature, National Culture, and Translated Modernity—China, 1900-1937*. CA: Stanford University Press, 1995, pp. 25-32.

出在地的類型主體,並催生了台灣大眾文學自身的「翻譯的現代性」,一組關於類型的「現代話語」,而這套現代話語究竟為何?如何運作?本文以下將透過不同類型的案例予以展開。

作為類型現代話語的「文體秩序」

在所有的台灣大眾文學類型中,推理小說出現的時間最早,在台灣納入日本殖民版圖後的第三年,就出現署名さんぽん的作者以日文撰寫的〈艋舺謀殺事件〉(1898)刊登於《臺灣新報》,此後更同步發展出以古典漢文、白話文等多種語言載體的書寫,一時蔚為風潮。然而隨著日本殖民時期結束,推理小說的發展也為之中斷,此後歷經1980年代林佛兒創立《推理》雜誌,效法日本社會派寫實主義導向的「推理復興」,到2000年後由網路崛起的新世代作家群,追求回到古典推理(Classic Mystery)書寫美學的「本格復興」。[4]百年來的台灣推理小說發展,其實可以說是對於歐美與日本書寫典範的「翻譯史」,而這種對母體的欲望,正是來自歷史發展斷裂下對於自身書寫系譜不完全的焦慮,希望能夠更完整地「複寫」推理類型的複雜知識體系以及演化軸線。其中特別是進入21世紀後的本土推理書寫,集體性地出現屍體分割、錯位與重置等前所罕見的犯罪手法作品,正體現了台灣推理小說在形構自身主體形貌的過程中,對於「類型本體」敘事秩序的譯寫實踐。

4　陳國偉,《類型風景:戰後台灣大眾文學》(台南:國立臺灣文學館,2013),
　　頁195-252。

　　眾所周知，推理小說往往「從一具屍體開始」，而屍體（死者身體）的存在方式，則是犯罪者身體行為的結果，因此當另一個身體——偵探登場之後，死者身體會成為犯罪者身體與偵探身體對決的場域，所有犯罪者身體遺留在死者身體上的軌跡，不僅灌注了犯罪的意圖，更可能成為隱蔽犯罪者身體的裝置，也就是推理小說中常說的「謎團」與「詭計」。因此偵探必須以其身體所具備的知識或肉體能力，破解犯罪者身體對死者身體的所有「作為」，回復「前」死亡身體的狀態與秩序，有時甚至要因應被隱蔽的犯罪者身體可能的介入與干擾，來開展之後的偵察。而死者身體、犯罪者身體與偵探身體的互動，便成為推動推理小說敘事「案件發生→偵探登場→偵察線索→真相大白」[5]的重要動能，其間甚至必須依循著環環相扣的鑑識科學、警察體系、法律制度等各種秩序，而對於這整體具有高度現代性意義且涉及美學標準的類型敘事結構，已經遠遠超過傳統「公式」能夠指稱與概括的範圍，我將其稱之為「文體秩序」。

　　而包括藍霄《錯置體》（2004）、既晴《魔法妄想症》（2004）、冷言《上帝禁區》（2008）這些以身體裂解與錯位為題材的作品，集體性地出現在21世紀初期的代表性意義，便在於當時的台灣推理作家，希望透過身體秩序的極端破壞以及回復，完成「文體秩序」的寫作實踐，以達成正統推理小說的「本格」需求。因為既然「身體」成為犯罪者與偵探角力的場域，死者「身體秩序」的回復成為偵探解謎的要務，那麼為求能夠完成最細緻、完整的推理小說「文體秩序」書寫，就必須存在著一具秩序

5　詹宏志，《詹宏志私房謀殺》（台北：遠流，2002），頁68。

被破壞殆盡的身體，如此才能啟動作品的後續走向：偵探身體的在場與偵察程序，對於死者身體被裂解與錯位的回應，身體秩序的重新回復，以及最終的真相大白，也就是「文體秩序」的整體運作。[6]

　　因此，從推理小說的例子來看，「文體秩序」的成立其實與類型自身所既存的「身體秩序」息息相關。而透過德勒茲（Gilles Deleuze）對尼采（Friedrich Wilhelm Nietzsche）的詮釋，我們可以清楚理解此處的「身體」其實是一種「力的關係」，是由「多元的不可化簡的力構成的」，「每一種力的關係都會構成一個身體——無論是化學的、生物的、社會的還是政治的身體。任何兩種不平衡的力，只要形成關係，就構成一個身體」。[7]不論是外來的推理書寫知識，或類型背後的社會制度、法律正義、科學理性等西方現代性產物，甚至是在地語境中的政治、文化等現實秩序，都以各種「力的關係」交匯、形構出推理小說中的各種身體。而更重要的是，這些「身體」不僅是作家創作理念與意識的呈顯，其與所構成的「文體秩序」，更是共同承載了作家身處的特定歷史時空，推理類型書寫典律與美學意識等各種「翻譯驅力」的欲求，因而充斥著在地脈絡干預後的再生產動能。[8]

6　關於「身體秩序」與「文體秩序」的對應關係，請參見我在《越境與譯徑：當代台灣推理小說的身體翻譯與跨國生成》一書的第二章〈被翻譯的身體——跨語際實踐下的身體錯位敘事與文體秩序〉，其中有詳細的論證與說明。詳參陳國偉，《越境與譯徑：當代台灣推理小說的身體翻譯與跨國生成》（台北：聯合文學，2013），頁89-133。

7　德勒茲（Gilles Deleuze）著，周穎、劉玉宇譯，《尼采與哲學》（北京：社會科學文獻，2001），頁59-60。

8　陳國偉，《越境與譯徑：當代台灣推理小說的身體翻譯與跨國生成》，頁22。

情感現代性：愛與死的類型敘事驅力

　　除了推理小說外，愛情（romance）與恐怖（horror）這兩種充斥著情感與慾望拉扯的敘事類型，其實也存在著不同模式的「身體秩序」與「文體秩序」生成關係。

　　愛情小說雖然總是以強烈的情感衝突，以及對愛情的永恆許諾作為號召，但在文本中推動著敘事的，其實是一個個「美形」的身體。以瓊瑤為例，無論是她以既定悲劇作終的1960年代早期創作，還是1970年代開始的公式化美滿結局，[9]無一不是要透過這些美好健康身體在追求自由戀愛的過程中，所造成他們與父母輩象徵的傳統家庭倫理衝突，帶出青春解放身體與道統禁慾身體的對決，甚至是必須與國族協商的革命身體。[10]因此無論交匯在這些身體之上的，是文化中國的千年道統，還是瓊瑤所信奉的《紅樓夢》式的悲劇意識，但驅動著這些青春身體的，其實是翻譯自西方的「現代愛情」，一套奠基於一夫一妻制，將結婚立基於自由戀愛之上，以壓抑肉體慾望而完成婚姻純潔性的「戀愛結婚至上主義」。[11]而這種愛情類型的「文體秩序」，在晚近掀起風潮的「穿越」次類型中，有著更積極的實踐。以席絹《交錯時光的愛戀》（1993）為代表，在這類小說中從現代穿越時空回到古代的女主角，往往以她承載著大量現代知識與性別意識的「現代身

9　林芳玫，《解讀瓊瑤愛情王國》（台北：臺灣商務，2006），頁64-65、256-265。

10　林芳玫，〈民國史與羅曼史——雙重的失落與缺席〉，《台灣學誌》2期（2010.10）。

11　小谷野敦，《日本恋愛思想史：記紀万葉から現代まで》（東京：中央公論新社，2012），頁4-28。

體」，吸引著男主角略帶傳統保守的「古典身體」，而最終讓兩人在現代之愛的「自由主體」意識下結合，走向一夫一妻的現代婚姻生活。

然而在訴諸另一種極端情感的恐怖小說那裡，文體秩序展現為身體與空間的互動與逃逸。由於恐懼的對象往往來自於兩者：「異質地方」（heterotopias）——諸如學校、軍營、醫院、精神病院、監獄或是鄉野等，它們往往是「放逐的空間」，具有「需要或等待被規訓的空間」特質，主體因而可以將恐懼的對象物「賤斥」（abjection）到這些地方。[12] 或是「異變身體」——像是活屍（zombie）、殭屍、妖怪、魔鬼、吸血鬼、狼人，端看書寫者引渡怎樣的在地與異文化，交匯出其所需要的「非正典」身體。而無論在小說中，角色被拋擲到必須面對哪一個情境與對象，都會在那過程中意識到自己的「身體秩序」與「異質地方」、「異變身體」格格不入或產生衝突，因而引發恐懼情感與逃逸欲望。其根本原因，正在於主體是以現代性的尺度，去感知與測度這些空間與身體，致使讓它們被定義為需要被規訓的空間與不標準的身體，而不符合現代性尺度的存在，正是它們誘發恐懼的關鍵原因。像是在九把刀「都市恐怖病」系列中的幾部作品，包括《恐懼炸彈》（1998）、《冰箱》（1999）、《陽具森林》（1999）中的各式身體異想，以及《樓下的房客》中公寓的現代居住空間形式，所意圖規訓但仍不斷溢出的人性慾望與身體暴力，便是這種

---

12 金儒農，〈恐懼主體與異質空間的再生產——臺灣戰後恐怖小說系譜的生成〉，梅家玲編，《臺灣研究新視界：青年學者觀點》（台北：麥田，2012），頁265-295。

透過「身體秩序」與所生成的「文體秩序」最好的說明。

結語：從台灣出發

　　在「翻譯」中生成，從「身體」出發的「文體秩序」論述框架，可以說是在台灣的特殊性上，發展出來的理論思考，因為它奠基於台灣大眾文學百年以來的生產經驗，擺脫了位居類型母體的西方，所習於觀看接受者的既定視角：像是以科學理性與社會體系的現代化程度，作為判斷推理小說發展成熟度的主要標準；或是將愛情小說中的在地傳統倫理，視為古老野蠻的封建殘存，因此等待著自由戀愛的文明開化；又或者是以東方主義式的思維，將恐怖小說中本土文化的介入異國情調化。台灣大眾文學透過翻譯所生成的現代性，與其說是一種移植西方的標準體系，不如說是以自身的主體，透過推理、愛情、恐怖，甚或是本文因篇幅無法論及的科幻、奇幻等類型去回應現代、重寫現代的過程，甚至提供重省全球大眾文學系譜、史觀與地緣政治的可能，而這正是從台灣出發的「文體秩序」思考，所具備的珍貴積極性意義。

參考書目

（一）文學文本

九把刀。2006。《冰箱》。台北：蓋亞文化。

＿＿＿。2003。《恐懼炸彈》。台北：蓋亞文化。

＿＿＿。2001。《陽具森林》。台北：成陽。

冷言。2008。《上帝禁區》。台北：白象文化。

既晴。2004。《魔法妄想症》。台北：小知堂文化。

席絹。1993。《交錯時光的愛戀》。台北：萬盛。

藍霄。2004。《錯置體》。台北：大塊文化。

（二）專書

Liu, Lydia（1995）. *Translingual Practice: Literature, National Culture, and Translated Modernity-China, 1900-1937*. CA: Stanford University Press.

小谷野敦。2012。《日本恋愛思想史：記紀万葉から現代まで》。東京：中央公論新社。

林芳玫。2006。《解讀瓊瑤愛情王國》。台北：臺灣商務。

陳國偉。2013。《越境與譯徑：當代台灣推理小說的身體翻譯與跨國生成》。台北：聯合文學。

———。2013。《類型風景：戰後台灣大眾文學》。台南：國立臺灣文學館。

詹宏志。2002。《詹宏志私房謀殺》。台北：遠流。

德勒茲（Gilles Deleuze）。2001。《尼采與哲學》。周穎、劉玉宇譯。北京：社會科學文獻。

（三）單篇論文與學位論文

呂淳鈺。2004。《日治時期台灣偵探敘事的發生與形成：一個通俗文學新文類的考察》。台北：國立政治大學中國文學系碩士論文。

林芳玫。2010。〈日治時期小說中的愛慾書寫——帝國凝視、自我覺醒、革新意識〉，《中國現代文學》17期（2010.06）。頁125-160。

———。2010。〈民國史與羅曼史——雙重的失落與缺席〉，《台灣學誌》2期（2010.10）。

金儒農。2012。〈恐懼主體與異質空間的再生產——臺灣戰後恐怖小說系譜的生成〉，梅家玲編，《臺灣研究新視界：青年學者觀點》。台北：麥田。頁265-295。

黃美娥。2009。〈關乎「科學」的想像——鄭坤五〈火星界探險奇聞〉中

　　火星相關敘事的通俗文化／文學意涵〉。李勤岸、陳龍廷主編。《台灣
　　文學的大河：歷史、土地與新文化》。高雄：春暉。頁387-415。

黃英哲、下村作次郎。1999。〈戰前台灣大眾文學初探（1927年～1947
　　年）〉。收入彭小妍編。《文學理論與通俗文化（上）》。台北：中央研
　　究院中國文哲研究所。頁231-254。

楊照。1995。〈四十年台灣大眾文學小史〉。《文學、社會與歷史想像：戰
　　後文學史散論》。台北：聯合文學。頁25-69。

正義[1]
(Justice)

謝若蘭

有關「正義」

　　正義（justice）這個觀念一向是哲學的核心之一，而在當代法律與社會研究領域中，正義更是一個必須探討的議題。美國司法部稱為 Department of Justice，英國司法部稱為 Ministry of Justice，台灣司法部的英文翻譯與英國相同，明顯地彰顯 Justice 一字具有「正義」和「司法」在用字上的關聯性，也顯示出司法的本質面向即是正義。在傳統哲學領域裡，正義往往被看作超越時間與空間，不受時間與空間改變或不同文化之差異性也受影響的價值理念。例如，從柏拉圖開始論述正義概念開始，在他的對話錄《理想國》中主張用單一正義解釋同時含括個人和公共領域層次，正義指的是一個人或公領域他者與自我部分處於協調平衡

1　本文部分內容曾發表於作者受邀撰寫文章，刊登於《人社東華電子報》第3期〈以修復式正義觀點談正義〉（2014）。http://journal.ndhu.edu.tw/e_paper/e_paper_c.php?SID=47。（瀏覽日期：2015/10/11）。

的狀態。就個人層次而言，柏拉圖認為一個人的靈魂有理智、心
靈和慾望三個部分，而一個正義的人是由理智控制其他兩部分去
各盡其責。就公共領域而言，愛智者、士兵和工人為主要三部
分，一個充滿正義的公領域是由愛智者帶領其他兩者去個別善盡
其責。

　　到了亞里斯多德提出正義為「相同的用立足式平等方式來對
待，不相同的則用不同的方式來對待」，但是，到底是否有（或
有哪些）可界定的特性，例如哲學中所論述的「倫理」（ethics）
或是「美德」（virtue）標準等，以及其伴隨而來的位階排序高
低，或是這些所謂相同或不相同的依據與準則成為「對待」方式
上的決定，包含個人基因、家族血緣、性格特質、努力程度、社
會背景、成就等向度，都曾經被視為是這些標準的選項，也一直
都是哲學大哉問。若從亞里斯多德的界定來看，正義被視為是一
種分配模式（distributive model），也就是依據對象所具有的被許
可認定之特質來進行如何加以對待的分配。這樣的倫理哲學思考
也成為有關於正義辯論之主軸，後來並成為有關於社會資源分配
的準則，以及解決社會問題或進行刑罰的考量。

　　不論是在分配正義（distributive justice）中所談論的資源分
配，或是應報正義（retributive justice）中所有關「惡行」的處置
概念，例如「以眼還眼、以牙還牙」等刑罰，正義論到了19世紀
初的啟蒙運動思潮有了更多面向的辯證。但是，即使是從單一的
君權神授走向社會契約的形式，在論述與實踐仍是以分配模式為
導向。換言之，雖然是漸漸地從抽象的社會契約轉變到明文的法
律制定，但是在本質上幾乎還是從個人將權利受害的申訴判決交
由一個主權機關來處理，並據此判斷如何進行刑罰。舉例來說，

Cesare Beccaria（1764）的著作《犯罪與刑罰》（*On Crimes and Punishments*）提出法律為人類提供和平與安全需求的社會自由契約，而人類為了確保此理想狀態，喪失部分個人自由而制定法律，並且使不遵守規範者受到刑罰。此種以實踐正義或是維護正義的做法，基本上還是建立在和平與安全的人類基本需求準則，將法律的制定歸因為規範與刑罰，而刑罰是為了確保人類和平與安全，透過刑罰成為正義的具體實踐。這些觀念的演變，在本質上似乎脫離不了柏拉圖「理想國」境界中的公領域維持平衡的正義治理觀點。

　　正義和倫理或美德之間的區分，是一個探討正義論的重要途徑。就法律社會學者的觀點，正義之與倫理或美德的不同，在於正義必須被視為「必要性」與「相對的重要性」，而非只是被鼓勵的特質與情操的展現（例如博愛、善心、慷慨、禮讓等）。也就是說，正義與倫理或是美德的差別在於我們必須清楚正義是什麼（what is justice？）以及具體作為去回應不正義（response to injustice）。而在「定義性」的範疇上，正義和倫理以及美德相同，有些是不具有爭議的普遍性價值，有些則必須在不同時間與空間下進行探討。再者，正義論述與辯護（defense）相關，針對正義所產生的後果或行動（例如資源分配或刑罰輕重等），必須透過辯護其在當時時空下的合法性與正當性來當成理由，也因此正義不再只是一套標準流程下的產物，而是透過不同領域在相對性與絕對性的思考辯證下所產生的價值。關於這些討論，Michael Sandel 的 *Justice: What's the Right Thing to Do?*（中文譯本：《正義：一場思辨之旅》或《正義：什麼是該做的對事？》）有許多精彩的舉例可以參考。

有關「公平正義」

　　由上述看正義一詞，在哲學脈絡中的解釋或許可以簡要地以道德（moral）或宗教的「對」或「錯」，或是類等同於倫理或是美德。但在東方哲學與西方哲學的脈絡下，雖然有著一些解釋上的共通性，但卻因著包含政治、經濟、社會組織等差異的不同文化下的運用，產生不同的效果。台灣社會背負著東方價值與西方論述的雙重洗禮下，我們究竟如何看待與了解正義？而正急於邁向轉型的台灣社會，究竟應該在具有特殊的社會歷史脈絡中，如何想像正義的修辭？

　　正義，還是必須針對「公平」（fairness）略述，畢竟這是一個常常被綁在一起討論的概念。公平有時會與一般所在意的「平等」（equality）交互使用，但無論如何，似乎都在指涉「你一個，我一個」的分配概念。這個概念所延伸的議題主要是「齊頭式公平／平等」以及「實質公平／平等」的辯證，而這些討論，剛好就牽涉到本文的關鍵：正義。

　　公平正義，於是成為一個1+1等於無限多解釋的集合詞，「公平正義」被蔡英文用來當成2012年的競選主軸。蔡英文當年沒有選上，2016年幾乎大局已定地將被選為台灣總統，則使用「點亮台灣」當作競選主要視覺口號。「點亮台灣」呼應的是蔡英文的五大改革，分別是「實踐世代正義」、「改革政府效能」、「啟動國會改革」、「落實轉型正義」及「終結政治惡鬥」。光從字面上，就出現兩個「正義」（謎之音：沒有的事就要一直講），

為進一步來具體說明「正義」之意涵，摘錄媒體報導[2]如下：

【公平正義　效能提升】

針對五大改革，蔡英文指出，第一，公平正義。因為台灣的年輕人處境愈來愈艱困，國家財政也日漸衰敗，「前人享用卻債留子孫，社會失去世代正義。」蔡強調，政府的首要任務是掃除青年就業和創業的障礙，推動社會住宅；此外，更要規劃財源以建立平價優質的長照和托育服務；推動年金改革，讓退休基金的財務健全化，也讓退休制度更公平。

第二，政府效能的改革。蔡英文再度主張，「我的政府會是史上最會溝通的政府。」未來將願意對在野黨公開透明，分享資訊；「更有效率」，針對迫切問題建立單一窗口、一站式服務，把部門之間的橫向關係連接起來，加快速度。

第三，國會改革。蔡英文說，她將推動憲政改革，「將選舉制度改成聯立制，並降低政黨門檻，讓更多代表民意的政黨進入國會。」蔡強調，適度增加不分區立委的席次，來提高國會議員的專業性和代表性。

【轉型正義　終結對立】

第四，推動轉型正義。蔡英文承諾，「我在擔任總統後，會代表政府向原住民族道歉，並對這些歷史遺留的不公不義，給予合理的彌補。」蔡還說，她所領導的政府會勇於面對過去、還原

---

2 《台灣醒報》（2015/8/16），張禹宣。〈推動5大改革蔡：我們都是「英」派〉。
　 https://anntw.com/articles/20150816-iI9V（瀏覽日期：2015/10/12）。

歷史真相，「絕對不會用黑箱的方式，把有爭議的歷史和意識型態，強加在學生身上。」

第五，終結社會對立，擺脫政治惡鬥。蔡英文說，就算民進黨在國會過半，也不會贏者全拿，她將結合所有改革的力量組成「進步大聯盟」，讓「穩定多數」成為執政後盾。她承諾，在她的任內，絕對不會坐視台灣社會繼續被政黨的鬥爭所撕裂。她要團結整個國家，因為只有內部團結一起，才能一致對外，「從現在開始，我們都是英派。」

就上面的解讀，包含經濟、族群、社會、政治面向，所指涉的都與「公平正義」相關。然而，人們真正想要的「公平正義」是否切合所提出的政策？再者，是否透過「轉型正義」可以達到公平正義？這些辯證，有待觀察，但是值得提出的是，「正義」的目標，可能包含了「轉型」以及關係的「修復」，因此，討論修復式正義有其必要性。

如何在「轉型」與「修復」中獲得正義？

如果我們可以同意「正義」是建立在維護人類和平與安全的基礎需求上，回應「不正義」行為除了應報正義中所著重的刑罰外，積極的回應作為應該還包含修復式正義（restorative justice）。雖然一般認為修復式正義源自80年代的司法改革潮流，然而其論述的背後哲學與倫理意涵早已在諸多傳統文化中運作，其價值與理念的根源上溯及希臘羅馬文化，遍布在各地區的傳統社會習慣法則（common law practice），也與神學中的慈悲、寬恕與復和的倫理教導相呼應。修復式正義自1980年代起因著司法改革聲浪而

被重視，[3] 然而在原住民族世界觀中，修復式正義的理念早就是傳統的生活智慧與態度。面對修復式正義，首先要問的是所謂的修復式正義到底是對正義的定義有了新思維，還是對於正義的態度維持，但卻需要改革以回復正義的理想境界？如果是一種改革，如何具體實踐正義的修復？

若我們納入了「多元」觀點，例如個人人權、集體權、族群／性別／階級等面向的思考，正義與其連帶的「修復」所包含的向度為何？本文討論無意處理司法系統中的「修復式正義」，但必須將「轉型正義」的爭辯提出，說明兩者相輔相成的必要性。在此，以318學運後所組成的第三勢力時代力量不分區立委的提名作業來思考，以符合本次舉辦工作坊的實務面向之意涵[4]。

2015年，隨著選舉日期逼近，國民黨的選前換將、各政黨的區域立委協調以及不分區立委的提名排序，無可避免地處處可見各政黨政治考量。各政黨提出的不分區立委的提名中，只有時代力量首先推出阿美族的高潞‧以用‧巴魕剌，但強調將進行提名後的網路排序。這樣的遊戲規則，看似公平，但很顯然的這一群被視為知識菁英所構成的時代力量主席團成員，完全忽視社會結構性下的族群不正義以及不利因素問題。

台灣原住民族官方認定16族人口數54萬多，佔全國總人口數不到2.5%。台灣的原住民族延續歷代的錯誤政策下區分山原以

3　針對台灣提出修復式司法的試行有諸多問題尚待討論，在此不詳談。

4　本文撰寫背景為2015年，正逢時代力量公告網路投票排名方式（請見官網公告 https://www.facebook.com/newpowerparty/posts/1076746229063399。瀏覽日期 2015/11/15），最後經過一些討論，排序調整（請見新聞 http://www.storm.mg/article/74317。瀏覽日期2015/11/21）。

及平原，再加上一般人民對於原住民的不關切且不理解的狀況下，一個標榜著開放參與民主機制的創舉，會帶來什麼樣的「公平」機制？

舉個人口數的例子來看「民主」的真相。依照內政部統計的2014年資料來看，阿美族20萬604人佔37.1％最多，排灣族9萬6,334人佔17.8％次之，泰雅族8萬5,888人佔15.9％居第三，三族合計為原住民總人口數7成1。這也解釋了為何過去幾屆選舉以來，一直保持平原阿美（3席）／山原泛泰雅（2席）與排灣（1席）的天下。在族群內部都已經呈現「民主」等同「人數暴力」的原理，那麼，在大社會中呢？台灣民主早就已經變成人頭戰役，當政黨提出要將機會移轉給沒有機會的人，透過民主機制的參與來實踐人民力量，若以現有的人口比例因素，再加上許多族群以及區域性差異的結構性問題，「開放透明參與行動」不免成為口惠不實的「沽名釣譽」作為。

各政黨的原住民族區域參與人或許代表某些政治算計與考量的包袱，但若不分區立委的提名也僅以「補償式」的方式考量提名與排序，如何讓我們相信大局幾乎已定的民進黨總統候選人蔡英文以道歉來承諾原住民族的台灣主人地位，或是高調舉出以原住民族為基礎的基本政策主張呢？[5]

台灣至今延續過去各時期不同殖民者「以蕃治蕃」方式來治理原住民族，原住民族至今仍處於殖民結構下的底層掙扎。傳統上的原住民區域因著錯誤的選區以及原住民身分別（山原、平

5　請參考時代力量黨的官網 https://www.newpowerparty.tw/pages/基本主張
　　（2017/3/8）

原）的劃分，立委關注層次的位階在選舉時猶如總統選區般比照辦理的全國性走透透拉票，而選上後的選民服務則猶如地方性民意代表格局，常常僅一直出席各項婚喪喜慶、運動會、祭典等，導致無法分身參與重大攸關族群政策的討論，更遑論有機會以民族主體性的主人以及公民身分積極且有效地參與國家政策制定。也因此，如果不思考結構性的不利因素而採取絕對性權利與差異性賦權的雙重做法，例如修改身分法、選區重訂、選舉辦法、族群比例分配等，無法讓歷史不正義獲得正義的轉型。

樂見時代力量提名年輕優秀有實力的高潞・以用・巴魕剌，[6]同時也理解不提名小族群的考量，畢竟小政黨要爭取政黨票還是要回歸到如何吸引基本盤之務實考量。但是想要讓原住民回歸到台灣主人的身分，在墾殖社會結構性弱勢尚未翻轉之前，也呼籲各政黨直接將優秀的原住民列入不分區的安全名單甚至第一優先，用以提升原住民族的議題主流化。

原住民主體定位下的正義視野之啟發

在近代殖民歷史中，原住民族在市場經濟下受到資本主義的壓制，導致原住民族不只受到資本主義的壓制，更因此導致諸多的傳統智慧的傳承和運作被壓抑與邊緣化後而消失。正義與社會文化是具有關聯性的，是依據信仰、語言與文化形塑而成，原住

6　2016年選舉結果，除了六席區域性立委外，民進黨以及時代力量黨各提一席原住民籍不分區立委並當選，自單一選區兩票制改制後，第一次在原住民立委席次上增加。比較可惜的是，兩黨均未考量人口少數族群的因素，還是以人口多數的阿美族為利多因素考量。

民族的正義觀也是如此，是具動態性的，是由主體定義者而選擇，依循歷史脈絡而有所意義。由此可知，各項立法與政策的轉向以及其「正義」的論證是與整體政治、社會經濟不可分開的，而因為族群、性別、階級的差異性所造成的不同對待，也必須導向以行動的方式解決。

「資本」本身不盡然造成所有的性別／族群／階級對立的情形，但是資本的擴張卻是導致對於生態與社會中的每一個「人」的影響。這當中，牽涉了正義觀點的視野，以及如何修復與轉型的具體正義行動。正義必須是被視為「必要性」以及「相對的重要性」的概念與具體行為。透過上述的例子，回到法律社會學角度來看修復式正義，或許會有不同的視野與角度來思考正義。法律的源頭來自於人類社會的功能性，在西方知識體系架構下所產生的法律觀念，是必須加入多元的觀點，透過思辨不同族群、階級以及性別的觀點，在「普世價值」與「特殊性結構」的雙重考量中，作為一個針對「正義」觀點的認知。

批判性思考與理解「正義」相當重要，因為社會結構裡有許多壓迫與被壓迫現象，因此無法達到人類企圖尋求和平和安全的渴望。正義的轉型與修復必須透過文化上的翻轉來產生，透過哲學思考上的「倫理」、「道德」、「美德」以及「平衡的關係維持」之啟發，因此，當採用法律觀點中的「守法」（被化約等同於正義）概念，「依法行政」可能成為毫無積極作為的藉口。

參考書目

西文

Beccaria, Cesare（2009）. *On Crimes and Punishments.* Trans. Graeme R. Newman and Pietro Marongiu. New Brunswick, New Jersey: Transaction Publishers.

Hsieh, Jolan（2006）. *Collective Rights of Indigenous Peoples: Identity-based Movement of Plain Indigenous in Taiwan.* New York: Routledge.

Michael P. Scharf and Paul R. Williams（2003）. *Functions of Justice and Anti-Justice in the Peace-Building Process*, 35 Case W. Res. J. Int'l L. 161 Available at: http://scholarlycommons.law.case.edu/jil/vol35/iss2/3（2016/7/19）

Teitel, Ruti G（2000）. *Transitional Justice.* UNL Oxford University Press.

Young, Iris M（1990）. *Justice and the Politics of Difference.* New Jersey: Princeton University Press.

華文

謝若蘭。2014。〈以修復式正義觀點談正義〉。網路資料《人社東華》：http://journal.ndhu.edu.tw/e_paper/e_paper_c.php?SID=47。

邁可‧桑德爾（Michael Sandel）。2011。《正義：一場思辨之旅》。樂為良譯。台北：雅言文化。

交錯配置
（Chiasma [chiasm, chiasme]）

黃冠閔

　　以理論關鍵詞為題，意味著一種對理論的肯定與需求。關鍵詞之間的關係並不是按照體系性，而是基於網絡串連而具備開放性。一個概念的普遍內涵源自於一些共通的經驗。在特定地理條件的疆域下有一個更廣大的共通基底，就如同一個疆域是建立在對一整塊廣大土地或海域的界線劃定上[1]。在以世界史與地緣政治為經緯的考慮下，交疊著數世紀以來的各種政治、文化經驗，台灣既傳承了大陸模式，也嵌在海洋生活的模式之中，這一島嶼區塊牽動著周邊的複雜關係網絡，現實交織著想像（政治、經濟、文化）。台灣不能被理解為一個固定不動的實體或狀態，而是一種關係的場域，被歷史、地理的各種要素所牽動。同樣地，台灣人也是承載著各種複雜動態關係的行為者，在這一島域地帶上出現的種種自然風土、社群活動則是關係網絡所編織的行動體系。

　　理論關鍵詞應兼顧兩點原則：（1）關鍵詞具有理論效力，取

---

[1]　借用德勒茲對疆域／土地（territoire/terre）的概念劃分，見 Gilles Deleuze, *Qu'est-ce que la philosophie?*（Paris: Minuit, 1991）, p. 82。

決於論述體系的概念連結；(2)關鍵詞能產生對現象的描述，但不受限於現象的經驗性格，能夠使得不同現象的連結有一理論基礎。它不是將「台灣」當作身分認同的封閉疆界，而是提供一種思考台灣存在條件的論述場域。本文選擇「交錯配置」（chiasma/chiasmus, chiasme）一詞作為嘗試，承認其概念內容中有非同質性元素，進行非認同建構的思考。

交錯配置作為理論關鍵詞

(一) 字源

雖然在希臘文裡 *χίασμα/χιασμός* 或是拉丁文 chiasma/chiasmus 是有區別的，兩者都來自 X（chi, khi）這個字母的形象化，帶有交叉的動作。*χιασμός*，chiasmus 是修辭學上的用法，表示由四個語詞單元所組成的一個複合語句，其單元的交錯配置關係是詞項1：詞項4＝詞項2：詞項3。Chiasma 用在生理學的領域內，指的是人類雙眼的視神經即以 X 的交錯配置來連結傳遞訊息的渠道。

(二) 哲學概念

在哲學上，法國現象學家梅洛龐蒂（Maurice Merleau-Ponty, 1908-1961）將 chiasm（chiasme, chiasma）提到概念層次。交錯配置與肉身、可逆性的概念互通，形成一種自然存有論的重新探問。

感覺中有能感覺者與被感覺者（所感覺者），通常會理解為主動／被動的關係；但若以可逆性（réversibilité）來描述，則是

主動者有其被動的一面。在視覺經驗中，能見者與被見者在可見性的領域連結起來。能見者並不身處於一個外在而抽離的立場，凌駕於所見的事物，既不是透明的、也不是抽離而不可見的（如窺視或觀察）。能見者也必須是可被見者，這種可逆性不像是在鏡中看到自己，不同於鏡中的反射影像；在鏡中，能見者發現自己可以被看見、暴露在他人的眼光中。

　　視覺的可逆性蘊含了交錯配置。第一個層次上，有能見者與被見者的二元性分布。由於能見者的可見性帶入了一個非獨我的狀態，即使在沒有他人在場的事實下，仍然根據可見性而預設一個不同於能見者的他人。第二個層次是類比，觸覺中的能觸者與被觸者之間都根據可觸性有其可逆性的關係。第三個層次是觸覺與視覺之間產生交錯配置，[2] 身體既觀看也觸摸，既可見、也是可觸的，屬於同一個世界。[3] 可觸性與可見性就像是屋瓦交疊的情況，有一部分重疊、穿入，但並沒有完全吻合。由於觸覺不可被化約到視覺，可觸者實際上是一個不可見者；可見者則是一個不可觸者。以交錯配置的圖示來描寫此一關係：

　　由於可見性不會完全重疊在可觸性上，造成了一種「身體

2　Maurice Merleau-Ponty, *Le visible et l'invisible* (Paris: Gallimard, 1986), p. 177.

3　Ibid.

（肉身）的厚度」。可見性、可觸性都帶入可逆性，在同一個身體上就撐開了一種內在的間隙、裂隙、開口，表現出身體各種感覺的分化。身體也連結到身體以外的領域，物體、他人都是以超越（transcendance）的方式存在。身體鑲嵌在世界之中，主體與他人、物體對象都同時屬於此一世界。裂隙、開口、不一致本身就屬於存有、也表達出存有，知覺則是透過身體接近此一世界、共享此一世界。身體的厚度相應於空間經驗的深度，是普遍存有者本身的展示。可圖示為：

身體　　　　　　　　事物、他者

身體所屬的世界　　　身體所接近揭露的世界

在極度的簡化下，我們希望將此一交錯配置的結構擴展到文化經驗上，可稱為「文化的交錯配置」。

衍生的意義

文化的交錯配置是動態的，其蘊藏的概念潛能如下：

（1）交錯配置使得認識論與存有論彼此串連，並且開放出倫理的實踐可能，它是事物秩序本身的一種形態。在主體性（主體／對象）的形式下，可逆性提供了一種反轉的可能，產生非人類中心的主體性，解除了主體性的主動操控，揭示出有被動性的特徵。

（2）交錯配置的存有論使得人類從觀察者變成參與者。不論

個人或群體，人類主體與其他事物的關係是共同運作（co-
fonctionnement）[4]的關係。交錯配置同時挪動了文化與自然的分
野；文化知識必須被自然化，自然知識本身也屬於文化知識的一
環。

（3）數位化過程本身就位於文化與自然的交叉點上。以數據
方式來描述、操控、改變世界，其代價必定是人類藉著其知識型
態成為數據本身。在數位時代中，連續性的變樣與斷裂的間隔重
新配置為新的世界樣貌。

（4）交錯配置透過變樣、間隔促使動態的理解成為可能。內
外區隔、分類進入了流動狀態，各種地方、場所之間的拓樸學連
結也改變。用地圖座標來劃分各種位置的齊一性做法，乃是一種
凌空而抽離的觀點，忽略了觀看者的身體所在的位置，也忽略了
視角面對地平線所蘊含的深度。斷裂、流動表現出場所的差異，
各種差異又都屬於同一個世界。

（5）權力的交錯配置被重新分布，壓迫或解放、賦權或束縛
都不能以同一套邏輯來複製。將可逆性套入主奴關係中，會落入
直接可逆性的盲點中。將主奴辯證放入自由的邏輯中，才能從宰
制的關係轉成自由的關係，使兩者的相互承認轉到自由的共同運
作上，才有辦法面對權力的匿名性（一種不可見性）。

語言層面的現象觀察

只要涉及跨語言際的關係都必須動用到翻譯。在台灣使用的

4　Ibid., p. 268.

現代漢語並非一種同一性恆常穩固的語言，在漢語內部就有北京話與閩南語、客家話的交互拉扯，典型的表現是台灣國語。通用語與地方語之間的拉扯與緊張則覆蓋在身分認同與國族認同的問題上。漢字的發音與情感表達承載著語音內部的翻譯差距。除了原住民語受漢化影響外，漢語也反向地翻譯原住民化語言，例如，高雄舊名「打狗」來自道卡斯社的刺竹林（tako），後來經過日語對takao的轉換才成為日本地名（福岡縣高雄山）在台灣南部大城的再現。在日本五十年的殖民統治下，日語對閩南語或原住民語都有影響的現象。

　　語言上的交錯配置現象也顯現在語言的內部翻譯。當代漢語啟動了內部翻譯，科學性的文字記載已經全面採用白話文，為了承載跨語種的知識概念，也帶入了外語翻譯的風格。世界、自我的理解隨著翻譯詞彙的影響而變動，理論詞彙更是隨著科學知識的大量生產夾帶了全面的翻譯情境。中醫傳統知識（經脈、草藥、補瀉）與現代醫學知識交雜並用，台灣的「民間」醫療便翻譯了這種不同知識體系的詞彙橫跨。對於古代漢語經典的解讀涉及到現代漢語的翻譯，而解讀時所使用的哲學概念更是碰觸到與印度、伊斯蘭、歐洲的哲學對話的邊界。翻譯脫離了唯一的語言秩序，不同語言之間既似臣服，又像是征服。由於不同力量之間的角力對抗，翻譯或許無法馴服異樣性的語言力量，而只是顯露出語言的混沌情境。

　　語言的交錯配置往往可以在敏銳的文學作品中看出來，台灣的文學創作也能夠用語言表達來顯示出曲折層疊的歷史軸線與地理條件。

　　舞鶴《亂迷》呈現一個極端的例子，故意扭曲漢語的字序，

也在漢語寫作中挑戰字的排列秩序與道德秩序、政治秩序的平行關係。有著既在漢語內又在漢語外的交錯身影。舞鶴的文字有一種無可中介的「之間」狀態，無法用辯證法加以統合，在背叛中拉張了漢語的可能性。他的構句故意去除現代漢語的標點符號，但保留分段；混用了英語和翻譯了的白話，並挪移了標準發音，達到了一種特意的戲謔訕笑。[5]漢字的堆疊透過拆解固定的語序、字序，而任由語音、語詞的聯想、連結造成字串的效果，扎進了語言政治中的價值顛覆，[6]其語言比「反」的政治還要造反。文學手法拆開了政治的、文化的肉食者的面貌，作品中的憤怒也射向神聖空間對自然地理的擺布，[7]解構了價值觀的歷史（儒家、佛教、基督教、國民黨、馬列主義等等）。

文字的秩序與地方的命名體系交錯又有帶入歷史記憶編織的效應。朱天心的《古都》解構地挪用川端康成的《古都》，在沉重的記憶疊覆中有種諧擬的戲劇張力。一個場所背負著數層的記憶沉積，這是對當代的悼亡。朱天心筆下的西門町承載了陶淵明的桃花源、佛洛斯特（Robert Frost）的無人之徑，穿過了清代大加蚋堡的艋舺、殖民期的末廣町等諸町、京都的京町、蔣經國時代的世界戲院、國中校舍的木棉⋯⋯。[8]朱天心展示了地名、場所、文化、記憶之間的交錯配置。命名的編寫召喚著無法再現的不存在者；台灣、台北、當代並不存在，只有替代。小說即是對此一不存在者的召喚與哀悼。文化的交錯配置哀悼那一無法重複

5　舞鶴，《亂迷》第一卷（台北：麥田，2007），頁96。

6　同前書，頁97。

7　同前書，頁123。

8　朱天心，《古都》（台北：麥田，1997），頁218-220。

摹寫的身分，也使得召喚、哀悼的場域得以出現。

　　駱以軍所拆碎的七寶樓台既莽荒又精緻，《西夏旅館》執行著「脫漢入胡」的程式編寫。「西夏」只是一個無盡旅程的符號，文明的崩毀消失複寫著碎裂的迷宮，不論是在各種夢境中、在遠方的旅途中，駱以軍啟動著敘事迷宮的程式。流亡的旅程是哀悼，《遠方》以「南京火車站」來恢復「父親的逃難敘事」的原初場景。[9]《西夏旅館》也拆解了身分認同的面具，在「混進別人的族類裡」這一偽裝中，並沒有真正的主體，有的是對主體的哀悼。記憶是迷宮中的逃亡，走上重複千年的逃亡路、重複地偽裝。[10]駱以軍並未扭曲文字構句，卻拆解了故事的所有環節，然後重新組裝。這是一個永遠未離開的迷宮旅程。

　　文學家眼中的歷史時間也有一迷宮特性，台灣的歷史時間也在現實與虛構中處於一種迷宮狀態，有一種詮釋的分歧不斷衍生。如果文學建立在虛構上，那麼在台灣島域居住的人活在哪種現實之中呢？我們到處可以看到以外國地名來命名自己居住地的各種想像，像是高雄印象巴黎社區、台中大雪梨社區、南投普羅旺斯等等的交錯情形。這或許不是一種身分的偽造，而是身分在場所上的投射、是進入故事或保持在旅行狀態中。流亡不是暫時狀態。在世界各地地名所組成的迷宮中，世界本身是個虛構。這類的名稱反映出一種基本而真實的生存狀態，在我自己的地方染上了他人家鄉的色彩，或甚至我在我自己的家鄉流浪以及旅行。在這一迷宮中過著一種人人擔綱的實境秀。現實與虛構就在一種

9　駱以軍，《遠方》（台北：印刻，2003），頁56。

10　駱以軍，《西夏旅館》，頁591-592。

居住的文化中展現出與逃亡、流浪、旅行彼此交錯配置的情形。主體的異化可能已經隨著裂解而同時配置在不同的時空之中，是異化本身在分岔。台灣的現實比小說的虛構似乎更為虛構，包含了對於起源的虛構。在移民經驗不斷複寫的歷史裡，起源的遺失、投射、再製構成了一個交錯的網絡。1949年以後的大量移民迅速地覆蓋了五十年日本殖民的生活經驗，台灣的在地起源被雙重地覆蓋。但是任何新的移民經驗都可能產生新的起源。像是四川牛肉麵、泰國月亮蝦餅、珍珠奶茶等等的命名，這些都是十足的台灣發明。食物的跨疆界混搭充分顯示出單一起源的困難，在地的多樣化變異總是強有力地遺忘了起源的同一性。起源的多樣性連結到的是主體的多樣性。世界、時間、場所就是一個迷宮的網，所有的移民者、移工、外籍配偶也跨足到這一個島域人類主體異化的旅程中。國族的想像本就在承受這類迷失旅邀約的挑戰。跨國、跨文化、跨地域流動已經拔除了那些主體同一性的根。在居住想像與政治想像中，身分認同卻不斷裂解而投射到外部中，按照外部的條件來形塑自己，這樣的身分認同其實是空洞的同一性。從文化的交錯配置來看，與其說這樣的身分認同陷入精神分裂的危機中，不如體認到同質性的身分認同是一種現代神話；要被承認的不是單一民族而是多樣的族群存在。異質的主體性本身就在地方、場所的條件中被整編。

　　交錯配置不是二元論的思考，而是導入多樣性的思考；這一個理論關鍵詞鋪陳出其內部多元性的各種特徵。這種多元性甚至不是受限在人種的、族群的層面上；在地理的、物種的意義上，都有許多台灣的在地特徵。台灣也在多重中心、路線、力量彼此折衝的邊界上。交錯配置能夠描繪出這些在邊界上折衝、交換、

相互承認、彼此改變的特徵，而且有在解體中滋長增生的可能。在文化的交錯配置中，多樣性的模式肯定著有新穎性的創造，也肯定著多重連結。語言、品味、感受、價值都在這些連結的渠道上產生交換或相互承認的作用。在台灣島域上所揭示的交錯配置狀況是一種基本的存在條件，是與世界上其他地區共通的生活方式，容許在高度的差異中辨認出共通的模式。

參考書目

西文

Deleuze, Gilles（1991）. *Qu'est-ce que la philosophie?*. Paris: Minuit.

Merleau-Ponty, Maurice（1986）. *Le visible et l'invisible.* Paris: Gallimard.

華文

朱天心。1997。《古都》。台北：麥田。

舞鶴。2007。《亂迷》第1卷。台北：麥田。

駱以軍。2008。《西夏旅館》。新北市：印刻。

＿＿＿。2003。《遠方》。新北市：印刻。

佔領
（Occupy）

黃涵榆

　　回顧台灣過去半個世紀的社會運動歷程，「佔領」一直都是個核心的行動模式。舉凡反核、農民、無殼蝸牛運動，總統直選、野百合、到太陽花與反課綱運動，都採取佔領行動，對象包括核廢料儲存所、車站、街道、廣場、公署等。不同的佔領行動雖有其各自的脈絡、訴求與策略，都可視為代議政治的例外狀態。佔領者集體進駐具有實質治理效力與象徵意義的空間，提出政治參與、正義、平等或基本生存權利的立即要求。佔領行動是一種空間政治抗爭，或空間的奪權行動，宣示諸眾「在那裡」（being-there）的權力，僭越既有的空間分配與治理模式，重新界定合宜與不合宜、合法與不合法的界限，開展空間的異質性與能動性。我將特別強調佔領行動具有政治改造與藝術表現的動能，可從中思考新的身體、記憶、共群或「生命形式」（forms-of-life）的可能性。我所參照的範本包括太陽花運動與高俊宏藝術行動。

　　從當代理論的視角來看，我們似乎處在一個高風險或例外狀態常態化、但根本性的社會與政治變革愈發遙不可及的世代，這

也是政治冷感、拒絕詮釋、犬儒主義當道的「後政治」世代。然而，在面對這樣的政治困境的同時，我們卻也看到了近幾年來全球各地風起雲湧的抗爭、起義（insurrection）、甚或革命行動：全球正義運動（Global Justice Movement）、反伊拉克戰爭運動、阿拉伯之春、佔領華爾街、歐洲各地的反撙節運動，以及台灣的太陽花運動與香港的佔中行動。這些起義行動的引爆點包括全球資本主義的擴張、警察與軍隊的暴力、政府的不當決策或選舉紛爭；其訴求則有統治權力的移轉、政治與社會結構性的變革、政策的修正、或者基本的生存權利。不論我們如何思考、肯定或批判這些行動的（基進）政治效應，我們都必須面對理論在所謂後政治時代如何定位自身，理論如何能夠「事件化」，因而開啟基進政治的想像。事實上已有不少左派思想家高度關注近幾年全球各地的起義，例如喬姆斯基（Noam Chomsky）、巴迪烏（Alain Badiou）、紀傑克（Slavoj Žižek）、柄谷行人（Kojin Karatani）等。這些思想家雖有各自的哲學與政治路徑，卻都一致對人民的力量保持信念，構思新型態的交換、凝聚力與共群，展望正義與平等得以實踐的解放。從他們的介入我們可以理解，基進政治的意義不在於摧毀政治經濟統治機構，而在於想像與創造新的生命形式。

　　本文所思索的「佔領」具有安那其想像的色彩，不依附在任何一個理論系統或行動宣言，而是事件與行動場域的具體產物。佔領運動實踐「直接行動」，不斷求變、適應、即興演出，釋放社會、藝術與思考的創造性（Graeber, *Revolutions* 53, 60）。它的基進性在於擴大「政治」與「政治性」（the political）之間的裂縫，不受限於「參與」、「對話」等既有的常態性自由民主政治原

則。如同隱形委員會（the Invisible Committee）所宣傳的起義行動，佔領行動與即身的（embodied）、實質的日常生活細節與情感密不可分，將新生命填入佔領的空間，使得政府無法輕易地奪回領土（*To Our Friend* 164）。這樣的行動必須有熱情與想像作為驅動力，消失（匿名）、佔領、居住、進而創造出新生命的空間與環境，也是新的時刻與潮流的到來。梅瑞菲爾德（Andy Merrifield）認為隱形委員會所鼓吹的起義行動不斷激發不被任何主流的整體吸納的剩餘，其基進的力量正是這種「破碎與不可化約」的狀態（*Magical Marxism* 58）。他甚至展望一種奇幻的、更變化萬千的唯物論以及「希望的情動政治」（affective politics of hope）（*Magical Marxism* 10）。他認為全球同盟的可能性不屬於「上層建築」，而是鬥爭與起義、前概念性的身體律動與情動（憤怒、恐懼、痛苦、同情等等）的全面擴散和感染（*Magical Marxism* 75-76）；不確定的、不帶目的論的行動和連結彼此碰撞與衝突，新的歷史現實得以成形。梅瑞菲爾德因此特別肯定都市作為「遭遇的政治」（the politics of encounter）最佳的場域。佔領都市中心不必然是起義，關鍵在於必須創造出節點（node），在那裡群眾得以彼此遭遇和混合，由內生成一種批判力量不斷往外發散（*Politics* 63）。如果有任何認同與共同的表現由此產生，也是因為超度連結的自我組織與親近網絡（*Politics* 65）。

　　以上關於佔領行動的安那其想像的討論導引出以下幾個重要論點，有待進一步闡述。首先，安那其想像脫離計算的迷思或者多數與少數的區分。從這樣的角度來看，近年來佔領運動常使用的口號「我們是百分之九十九！」不應該被誤解或誤用為民主體制的選票計算與多數決的原則。「我們是百分之九十九」真正的

基進意涵是諸多被體制「納入排除」的、被剝奪基本權利的無名分的、非透明的群體，換言之，掌權者和「好公民」眼中的人肉垃圾或殘渣：無業遊民、野宿者、貧民窟居民、無籍移工……這裡所牽涉到的不屬於任何特定的階級，更不依附在特定的政治團體，而是共同行動中的獨特性，是「變成殘餘」的過程（becoming excremental）。他們要求即時的空間使用權，採取佔領行動，褻瀆空間「合宜的」、潔淨的、仕紳化的使用，打破不斷強化、持續加快的勞動與生產節奏與速度，干擾、懸置資本主義生命政治機器的運作，創造出新的「生命形式」（forms-of-life）。佔領行動不僅是發生在實體空間的行動，更重要的是，使我們必須重新檢視知識或理論生產過程中的各種政治、歷史、文化與美學力。

　　主要由反黑箱服貿陣線與黑色島國青年陣線成員於2014年3月18日晚間十點多意外衝進立法院議場，開啟了長達23天的「太陽花運動」。整個運動與「兩岸自由貿易協定」的「黑箱」簽訂與審議過程密不可分，更牽涉到中國主導下的協定對於台灣的經貿、醫療、社福、媒體與出版強力的衝擊，因而引發特別是年輕世代的強烈反抗。大部分有關太陽花運動的評論與田野調查強調年輕世代的社會參與和覺醒、新形態的民主運動等等。然而，以下我將聚焦政治主體與共群、空間、身體與藝術展演，檢視太陽花佔領運動的事件性與運動性。

　　即便在23天的佔領期間（包括324佔領行政院、331大遊行、遍地開花包圍各地國民黨黨部等行動），我們可以指稱主導或涉入其中的海內外實體與網路團體或個人（包括帆廷二人、黃國昌、賴中強、柯一正，甚至「路過」立院製造鬧劇式的緊張場面的白狼與王炳忠等人），即便已有學者針對運動參與者的身分

別、學院科系等做了「基本人口圖像」研究，[1]即便警方宣稱以
「科學方法」計算330示威人數只有主辦單位所宣稱的五十萬的五
分之一……整個太陽花佔領行動所集結的群眾的動態性與複雜
性，並不能簡易地被化約成任何學科或警政所估算、量化與區分
出來的實體。智慧型3C產品與網際網路不僅發揮迅速的動員力
量，更讓運動者本身成了影像、訊息與情動（affect）的載體、製
造者與傳送者。他們不是意識型態或先驗知識的實踐者，更不是
某些反動媒體所宣稱的被特定政黨所操控。從議場內外所進行的
即時／即興的小組審議、民主講堂、肥皂箱、甚至是後來的大腸
花幹譙，我們可以看到知識與話語的生產走出學術與傳媒體制來
到行動現場，與佔領者的生活形成對話與共構的關係。

　　佔領行動所形成的共群主要是透過各種資訊、影像、知識、
聲響的生產與傳遞、各種物資的聚集與共享，而不是任何同質性
的、本質性的行動綱領或意識型態，更別說是傳統的族群區分與
動員。這樣的共群嚴格來說，應該是「變成共群」（becoming-
common），是一個無法被化約成整體、充滿緊張與矛盾的過程或
集合，如同哈特（Michael Hardt）與奈格里（Antonio Negri）所
談的諸眾，是「共同行動的諸多特異性」（*Multitude* 105），是資
本與政體的殘餘物（212）。從黑島青、農民陣線、到愈來愈多的
社運團體的加入，持續到330當天到達巔峰；後來發展出賤民
區、親子共學聯盟、大腸花……撤離立法院之後又有包括公投
盟、基進側翼等十多個團體組成的自由聯合陣線，還有一些自主

1　參見陳琬琪，〈誰來學運？太陽花學運靜坐參與者的基本人口圖象〉，《巷仔口
　社會學》。http://twstreetcorner.org/2014/06/30/chenwanchi-2/

性的、小規模的、遍地開花的行動，持續以分化的方式與那被命名為「太陽花運動」或「佔領立法院」的運動產生連結。這是一種既分又連、具有高度時空複雜性的共在。佔領運動現場更是處在安那其的、不確定的緊急狀態，隨時因議場內外與周邊街道巷弄任何突發事件與國家鎮暴機器的動作重新整裝、產生質變、甚至潰散。

　　佔領運動對於空間政治的意義不僅僅是挑戰空間的象徵意義，要求都市權（right to the city）或空間使用權的重新分配，更是衝撞空間化的根本原則，創造出新的生活經驗與生命情境。這是一種解構性的行動，暴露與牽制國家統治機器的運作規則與規律，形成一種動態的恐怖平衡。佔領同時也是創造性的行動：不論是佔領立法院議場、濟南路與青島東路，甚至「入侵」行政院與「路過」中正一分局，都滲透了既有都市空間路徑與區隔，打開實體空間的裂縫，創造出從生命政治規訓與資本主義政治經濟的角度來看是不具生產效益的、不連貫的空間區塊。遭遇（encounter）取代定位（positioning），各種偶發性的、非目的論的、不確定的行動、力量、身體律動與情緒感染、擴散、連結與碰撞，為新的歷史現實供應必需的物質。而透過智慧手機與電腦網路的即時通訊與傳播，也讓實體與虛擬、在場與不在場之間有了更多的連結與組裝（assemblage）的可能性。

　　當以上的討論觸及身體行動、元素的拆解與組合、形式的創造等等，我們也勢必要接著思考佔領運動裡的藝術的問題。提出群眾運動裡的藝術問題本身就已經是一個充滿政治性的動作。我們必須理解事件產生的條件，抽象的概念如何成為行動的主體，有什麼新的生命形式被創造出來等等。這些思考也意味著藝術被

從博物館化的、雄偉的優位，置換到行動與事件的場域，藝術與
群眾（或者如「人民」、「諸眾」（multitude）、「無產階級」等其
他的命名）不再是對立的範疇。這種置換毫無疑問地具有重大的
政治與倫理意義：藝術創作不再為個別的天才藝術家所獨佔，而
是集體的勞動和欲望的釋放，也不再為市場功能或交換價值所吸
納。用奈格里的話來說，諸眾的藝術「不是天使的作品……而是
肯定所有人都是天使」（Negri, *Art and Multitude* 47）。

　　張小虹在為台新藝術獎提名太陽花運動的理由說明中，也用
了德勒茲式的概念談了本文在這裡談的群眾運動的藝術：

　　　就「藝術美學制域」而言，太陽花運動作為開放全體的
　　「感性形式」，不在於個別創作者，不在於個別創作意圖，也
　　不在於個別創作作品的形式優劣，而在於事件所啟動集體匿
　　名的複數力量，如何流經物質（人事物與時空），給出物質
　　的流變生成，在於身體觸受的強度，如何讓運動給出一個無
　　器官身體的感覺團塊。

　　張小虹所說的太陽花運動「藝術美學制域的複數力量」的兩
個要件是物質的流變與身體與感性的強度。太陽花運動的藝術不
是任何單一的藝術成品，而是諸多即時與即興的「直接行動」：
行為表演、活動劇場、物件、空間裝置、攝影、繪畫活動、影
像、歌曲音樂、語言翻譯等元素與零件的組裝（龔卓軍 13）。而
那些走上街頭的諸眾們的身體共在，勞動的、衝撞的、歌唱的、
呼喊的、驚恐的、亢奮的……身體的共在，在佔領區或移動的抗
議行列中進行資本主義市場邏輯以外的共同勞動與生產，創造出

新的生活形式。佔領諸眾的藝術無關乎數目,而是自我與慾望、人與人、人與物件之間的關係的改造,是在資本主義勞動、生產與消費網絡被切割、被碎片化的生命元素與動能重新的組合,一種自生命政治治理與市場經濟的迴圈解放出來的生命形式。

　　我們無可避免地又必須回到命名的問題。我們不能接受反動者加諸在「太陽花運動」上類似「民進黨策動」、「台獨路線」等標籤,我們甚至要提問那個被我們命名為「太陽花運動」的運動是否可以不是或「非似」太陽花運動。從安那其藝術想像的角度來看整個佔領運動,要打開能指(signifier)與所指(signified)之間的連結或再現的邏輯,抗拒用單一符碼化或影像的定格來指稱這是或不是太陽花運動,對擁抱者和批判者皆然。循此邏輯,我們也不應該讓「這個」太陽花運動壟斷了佔領的藝術與藝術的佔領的想像,我們也許可以從不同的、獨特的佔領行動想像,串連與描繪出共同生命經驗的星陣(constellation)。

　　從安那其的想像來說,佔領行動藝術的運動性或革命性不在於藝術概念本身,而是不斷地透過身體的勞動作為創作的元素,介入、溢出政治經濟發展,成為一種例外狀態。高俊宏的群島藝術三部曲(《諸眾》、《小說》與《陀螺》)提供了我們一些思考的路徑。高俊宏的三部曲企圖串連東京、濟州島江汀村、琉球、香港、武漢、宜蘭以及台灣包括樹林台汽、三峽利豐煤礦等多處的廢墟(用他自己的話來說,是「失能空間」)的野宿者、棄民、抗爭者、佔屋者、新村計畫者、遊蕩者、廢墟佔領者(包括王墨林、陳界仁與高俊宏本人等)眾多安那其的生命軌跡與形式。這些各有殊異的安那其生命都以自身的居住空間、生活、溝通與社群形式、創作場地與素材的置換,反抗新自由主義、國家

機器或軍事戰略的圈地、迫遷、土地私有化、集體失能等。對安那其諸眾而言，都市空間的仕紳化（gentrification）即是私有化，都是為了強化階級與生活方式的區分，以遂行生命政治管控、鎮壓反抗，更根本的是要進行認同與記憶的篩選。諸眾們採取佔領行動進行日常化的、在地性的抗爭的同時，也在實驗與體驗新的溝通、勞動、生產、交換、敘述、記憶、身體與慾望展演方式。同樣重要的是，想像「跨越地方的地方」，即是新貧者與無名者日常抗爭的多樣性（高俊宏，〈臺北〉239）。如南韓金江與金潤煥的「綠洲計畫」藝術佔領行動抗拒藝術商品化與博物館化，甚至拒絕被歸入藝術文獻與檔案（高俊宏，《諸眾》133）。綠洲計畫所留下的照片、物件與佔領行動的場地形成不可分的有機連結，拒絕被納入市場交換體系。而陳界仁、高俊宏與其他廢墟藝術行動者佔領廢墟不外是要重回、站在資本主義的殘骸中，思考影像與記憶再生產的可能性。藝術介入事件的現場，分離出一種非視覺性的空間，讓未發聲／生者得以發聲／生，重繪或見證那些已消失但依然存在的生命痕跡與共同的感性配置。龔卓軍在《諸眾：東亞藝術佔領行動》的推薦序中指出，高俊宏的群島藝術三部曲和《廢墟影像晶體計畫》引領觀者進入「非我」的幽靈場所，經歷生命巨大的裂縫、激烈的自我解組，面對難離諸眾之苦的餘生（8-9）。至此，廢墟的空無並非虛無主義的空無一物，而是一個自我摧毀與重造、得以與諸眾生命連結的處所。

佔領：攻取與進駐，空間、身體、慾望的轉化，新的勞動與生產、生命形式與共群的實驗，抗拒單一化的命名。

參考書目

西文

Agamben, Giorgio (1993). *The Coming Community*. Trans. Michael Hardt. Minneapolis: U of Minnesota P.

_____ (2004). *The Open: Man and Animal*. Trans. Kevin Attell. Stanford: Stanford UP.

Dean, Jodi (2014). "After Post-Politics: Occupation and the Return of Communism," eds. Japhy Wilson and Erik Swyngedouw, *The Post-Political and Its Discontents*. Edinburgh: Edinburgh UP, 261-78.

Graeber, David (2014). *The Democracy Project: A History, a Crisis, a Movement*. London: Penguin.

_____ (2004). *Fragments of an Anarchist Anthropology*. Chicago: Prickly Paradigm Press.

_____ (2012). *Revolutions in Reverse: Essays on Politics, Violence, Art, and Imagination*. Brooklyn: Minor Compositions.

Hardt, Michael, and Antonio Negri (2004). *Multitude: War and Democracy in the Age of Empire*. New York: Penguin.

Huang, Han-yu (2012). "The Crime of Indistinction? The Undead and the Politics of Redemption from an Agambenian Perspective." *Concentric: Literary and Cultural Studies* 38.1 (March 2012): 171-94.

The Invisible Committee (2009). *The Coming Insurrection*. Los Angles: Semiotext(e).

_____ (2015). *To Our Friends*. Trans. Robert Hurley. Los Angles: Semiotext(e).

Jun, Nathan (2012). *Anarchism and Political Modernity*. London: Continuum.

Merrifield, Andy. "The Enigma of Revolt: Militant Politics in a 'Post-Political' Age." Wilson and Swyngedouw 279-98.

_____ (2011). *Magical Marxism: Subversive Politics and the Imagination*. New York: Pluto.

_____ (2013). *The Politics of the Encounter: Urban Theory and Protest under Planetary Urbanization*. Athens, GA: The U of Georgia P.

Negri, Antonio (2011). *Art and Multitude*. Trans. Ed Emery. Cambridge: Polity.

Sloterdijk, Peter (1987). *Critique of Cynical Reason*. Trans. Michael Eldred. Minneapolis: U of Minnesota P.

Smaligo, Nicholas (2014). *The Occupy Movement Explained: From Corporate Control to Democracy*. Chicago: Open Court.

Wilson, Japhy, and Erik Swyngedouw, eds. (2015). *The Post-political and Its Discontents: Spaces of Depoliticisation, Spectres of Radical Politics*. Edinburgh: Edinburgh UP.

_____ . "Seeds of Dystopia: Post-politics and the Return of the Political." Wilson and Swyngedouw 1-22.

華文

高俊宏。2014。〈臺北——從諸眾觀點談台灣空間症狀及抗爭〉。《創意空間：東亞藝術與空間抗爭》。許煜編。香港：圓桌精英。頁224-41。

_____ 。2015。《諸眾：東亞藝術佔領行動》。新北市：遠足文化。

張小虹。〈這不是藝術——提名太陽花運動的理由〉。ARTALKS。http://talks.taishinart.org.tw/juries/chh/2015013102

龔卓軍。2015。〈推薦序一——暗箱中的反叛詩學〉。港千尋。《革命的做法》。林暉鈞譯。台北：心靈工坊。頁12-16。

_____ 。2015。〈推薦序——一具安那其身體，穿越惡所……〉。高俊宏。《諸眾：東亞藝術佔領行動》。新北市：遠足文化。頁5-11。

即身影像[1]
（Embodied Images）

楊乃女

    2004年上映的電影《無米樂》是一部以台灣農業為主題的紀錄片。這部影片的出發點關切的是台灣在加入世界貿易組織（WTO）之後，所謂全球化的貿易對台灣本地農民帶來的並非經濟的利益，國外農產品的大量傾銷，將使得已經獲利甚低的農民，無法與國外農產品競爭。關心農民處境的兩位導演顏蘭權和莊益增試著想理解，即使在獲利極低的情形之下，為什麼仍有一批農民不放棄以耕田為生？耕田對於農民而言，除了經濟上的因素之外是否有著情感上和文化上的因素？導演們採取了貼身觀察的策略，以長達十五個月的時間，記錄四位在台南後壁鄉菁寮村的老農耕田及日常生活的過程。

    這個貼身觀察的策略營造出溫暖樸實的農家景象，美麗的田園與農村景象塑造出懷舊感，導演與老農的自然互動十分地親

1　本文改寫自筆者2012年於 *Concentric* 發表之論文，原題目為 "When Cinematic Time Folds into Embodied Time: Emergence of the Affective Landscape in *The Last Rice Farmers*" （*Concentric* 38.1 ［March 2012］: 223-47）。

切。對許多觀眾而言，《無米樂》召喚了兒時的記憶，觀看影片的過程經歷了一趟懷舊之旅。然而，這個訴諸情感的攝影策略也招致許多學者和評論家的負評。郭力昕（Li-hsin Kuo）就曾經為文批評本片採取人道主義式的策略，將老農的形象浪漫化以塑造懷舊風，卻犧牲了探討台灣農業真實困境的層次，而且也並未提供農業問題的實際解決方式。的確，本片並沒有嚴肅、理性的政策討論，或者各種數據分析台灣加入 WTO 之後對本地各項農作物進出口的衝擊，導演選擇了另一種方式呈現台灣農業政策結構上的盲點，也就是以農夫實際上的生活體驗批評冷冰冰的政策決定，完全忽略農業勞動力實際上必須面臨的困境。所有數字或論述的背後最終關切的都是人的問題，而數字或者所謂理性的論述不可否認的都化約了原本想呈現的問題。

　　本文認為兩位導演採取「即身影像」（embodied images）的策略呈現台灣農夫的勞動力過程以及因為農業孕育而出的生活、文化方式。這種即身影像可說是電影拍攝手法產生的技術影像，兩位導演靈活運用農夫勞動影像特寫、互動式訪談、農田四季景象以及農村生活，創造出特殊的電影時間與空間。電影中所創造時間和空間與觀眾觀影經驗互相摺疊，在摺疊的過程中產生了一個特別的力量，本文借用馬克·漢生（Mark Hansen）的情感力（affectivity）概念，認為這是技術影像對觀影者／觀眾所產生的美學力量。也就是說，觀眾在觀看電影的過程之中，體驗了農夫生活影像所產生的時間與空間即身經驗，即身經驗打開了一個情感力的向度，浮現出一個情感的地貌。而這個情感的地貌並非否定台灣農業政策結構上的問題，而是提供一個更具生活經驗的基礎，以即身性的方式思考數字及理性論述所缺乏的部分。

電影影像、即身性時間與情感力

近幾年來，關切台灣農業困境的學者專家及民間團體，以各種不同的方式呼籲大眾改善農業工作者的處境。吳音寧就曾經在其著作《江湖在哪裡？台灣農業觀察》爬梳台灣農業發展，以抒情夾雜學術論述的方式剖析台灣過去不合理的農業政策，塑造一個強而有力的論述。顏蘭權和莊益增選擇以紀錄片的方式關切同樣的問題，各有其優點及限制之處。電影的再現意味著導演必須依循電影的時間架構及技術呈現。如前所述，這個電影的技術產生了技術影像，打開觀眾的即身性時間意識，串連起觀眾的記憶、情感與美學之感。那麼，電影是如何觸發觀眾的情感力？

電影的觀賞雖說是視覺的經驗，卻又不只是視覺的經驗。以漢生的話來說，電影中移動的影像讓感知的主體部署其「感知動能以創造出不可預期、實驗性的、全新的東西」，他認為因為技術影像而讓觀影主體的身體產生比感官經驗更深層的力量為情感力（7）。漢生的這個概念受到亨利·柏格森（Henri Bergson）感知理論的啟發，而柏格森提出此理論的目的則是討論「意象」（image）的定義，並取代所謂的物質（matter）概念。根據柏格森的看法，唯實論和唯心論對意象的看法都是不盡正確的，前者認為意象是物在我們身上產生知覺，然而後者卻提出物不過是我們的知覺，也就是說物的意象皆是再現。柏格森提出不同的意見修正兩者的看法，他認為意象是「一種存在，介於物與再現之間」（9）。換句話說，意象具有物質基礎，也受到身體感知能力的啟發。柏格森將身體也視為一種意象，他指出，身體這個意象與其他的不同，「因為我不僅從它的外在得到感知，也從

它的內在得到情感。我檢視了這些情感產生的狀況，我發現它們總是穿梭於我從外部獲得的刺激，以及我即將要執行的運動（movement）之間，彷彿這些情感在最後的結果有著難以定義的影響力」（17）。

　　除此之外，柏格森將身體視為「在無中心的宇宙中，無決定性影響力的中心」（36）。對他而言，身體扮演著具創造性力量的角色，因為它可以藉著接收外來的資訊轉變自己，並產生新的東西。根據漢生的詮釋，身體的運作方式如同篩子一般，它從圍繞著自己的宇宙中，根據即身經驗篩選出與己身相關的意象（3）。身體所產生的情感力量將外部力量摺疊進身體之中，並且提供了一個介面讓這兩股力量互相強化，並且賦予身體行動的可能。漢生延伸了柏格森的理論，探討技術的外在力量是否會觸發不同的即身性經驗。漢生相信技術影像與身體的摺疊會浮現出特殊的情感力，換言之，情感力即是感知主體的能動性，也就是轉變內在與外在刺激為新東西的力量。電影的技術影像是一種濃縮時間與空間的特殊影像，這個特性讓觀看影像的主體產生特殊的時間感知。

　　電影的技術影像之所以特殊，套用華特・班雅明（Walter Benjamin）的話，因為影像的拍攝與製作以機器之框架觀察、剪裁並記錄景物，並運用蒙太奇、加速或減緩動作、影像凍結等技術創造影像的韻律與節奏，以及流動感（37）。這個流動感就是機器時間創造出來的電影時間，漢生稱之為「機器運行的密集時間」（intensive time of machine processing），這個「密集時間」存在於機器之中，「人類緩慢的『現在』脈絡就存在於機器之間」（235）。電影時間為人類創造出獨特的時間意識，電影機器融合

了過去時間向度中不同時間下的景物，組合成一個在標準時間框架下約兩小時的連續影像體。在觀影的過程中，雖然觀眾在標準時間框架下看了一場約兩個小時的電影，觀眾在經歷影像的連續體時，一直處於體驗影像呈現的「現在」狀態，即使影像連續體實際的技術時間為真實時間的濃縮或延伸，觀眾觀影時感覺到的都是現在的片刻。除此之外，觀眾將電影時間內化為自我的時間，因此「觀看」影像的這個動作不僅是視覺經驗，用佛蘭西斯科‧瓦瑞拉（Francisco Varela）的話來說，它觸發了觀者的時間意識，而這個時間意識與觀者的情感力互相連結。

　　瓦瑞拉認為人的時間意識雖然受限於大腦神經的結構，然而神經結構的動能賦予其特殊的彈性（252）。瓦瑞拉的觀點以去中心化的時間意識為主軸，他認為我們的時間意識並非由固定的統合中心形成，我們對時間的知覺都是由神經細胞的動態活動組合形成的，而細胞活動由外在時間向度的訊息激發展開，這活動的過程篩選了訊息並且回應時間流動的變化（273-7）。漢生進一步延伸瓦瑞拉的說法，並指出人的身體有一個情感力的層次，這就是人的時間意識與機器時間不同之處，情感力能夠開啟神經細胞動態活動無限可能，即使神經結構有其生理上的限制（252）。人的時間意識因而能摺疊不同的時間向度，開啟時間的厚度，且超越機器的線性時間。因此人的時間意識都是即身性時間意識。以觀影的經驗來說，觀者不僅體驗電影機器的時間，並且以即身性時間意識回應影像的流動，感知電影時間連續體的流動時，篩選與己身相關時間訊息，在回應電影影像形成的技術時間時，創造自己的時間流動體。而這個新的時間流動體也具有新的空間感的層次。其實電影中影像的流動都是空間的敘事，也就是說，故事

的鋪陳都是藉由不同空間的流動或轉換進行的。在觀看電影影像
時，觀者的眼睛隨著影像的流動走在螢幕之中。隨著銀幕流動漫
步的眼睛將視覺的空間感摺進電影時間之中，釋放出電影框架下
的空間，並且賦予這個空間時間的厚度，讓過去、現在和未來不
同的時間向度在流動的空間之中疊合、復活與重組。觀看電影讓
我們在銀幕行走之時體驗其他生命體的歷史與記憶，同時即身性
時間也讓我們的身體在觀看影像時創造了想像空間，這個想像空
間即是情感空間，為電影時間和即身性時間互相摺疊而浮現的新
的想像空間。

　　如果說所有的觀影經驗都能觸發觀者的即身性時間意識，那
麼即身影像有何特別之處？以《無米樂》為例，導演善用兩種技
巧，一為利用特寫鏡頭創造勞動力美學，另一種即是利用鉅細靡
遺記錄農夫日常生活的方式，製造去熟悉化的效果，形塑在地美
學。前者暫時凝結了時間，呈現了農夫的勞動身體，這些臉部或
肢體的特寫影像凝結了許多稠密的情感以及多重時間向度的記
憶，觀者的情感力為勞動力美學所觸動，觀眾於觀看影像時感受
到農夫的勞動濃縮了台灣農業的歷史，個人的記憶與歷史密不可
分；而後者則釋放了時間，將農村地貌與日常生活融合在一起，
用席格佛列德・克羅柯爾（Siegfried Kracauer）的話來說，去熟
悉化美學創造了「生命之流」（a flow of life）（71），觀者的情感
力讓觀者在觀看影像時遊走於情感地景之中，融入了在地生活的
生命之流。這兩種方式都是試圖召喚觀者的鄉土記憶，以樸實但
強而有力的影像美學貼近觀者的即身時間意識。

《無米樂》中的即身影像

如前所述，《無米樂》以四個老農的影像與故事為主軸，記錄農民的日常生活。電影中的影像並非以直線性時間軸的方式流動，除了老農的勞動身影之外，他們的聲音敘述過去的故事並穿插在不同階段的農耕過程之中，帶著地方口音的方言伴隨色澤明亮飽滿的影像，溫暖地貼近觀眾的即身性時間意識。當老農述說自己的故事時，畫面常伴隨著他們歷經風霜的身軀，這些影像常是他們布滿皺紋的臉龐、滿是汗水的雙手或沾滿泥巴的雙腳，這些影像令人想起德勒茲曾以「容貌」（face）的意象談特寫觸發的動情力（affect）[2]（99）。德勒茲認為電影中的特寫影像是從「時空座標中萃取的身體強度以召喚具有表現力的動情力」（99），然而，漢生認為德勒茲的觀點應該加以修正，他指出德勒茲的理論強調特寫的表現力（expression），彷彿身體進入了影像之後就脫離了身體，動情力與身體毫不相關（133）。根據漢生的看法，特寫影像所觸發的是身體與外在異質性事物接觸時互動的動能（133），身體與外在應該互為介面，而情感力則為媒介，讓兩者互相摺疊。電影中的即身影像即是具有明顯且強烈的情感力作用，《無米樂》中的特寫影像就是其中一種即身影像。以片中的其中一幕為例，導演捕捉煌明伯除草的身影，影像聚焦於他使用鐮刀除草的過程，在他滿頭大汗的特寫鏡頭之中，他一邊訴說著為何使用最原始的方式除草，並且感嘆化學除草劑對土地的傷害。他勞動的身軀及汗水觸動了情感力，連結了身體與土地緊密

2　本文中有關德勒茲理論的詞彙參考自黃建宏於《電影 I：運動─影像》的翻譯。

的關係，帶領觀眾回到以勞動力耕作田地的農業社會傳統，也許現代化的方式能更有效率地鏟除雜草並增進耕作的效率，但是身體與土地的關係愈來愈疏離。勞動力的身體是一種土地與身體互動的見證，透過影像，觀眾感知到土地形塑的身體。

　　《無米樂》中的另一種即身影像則是由去熟悉化的日常生活美學所構成。雖然紀錄片在電影的類型光譜中是屬於偏重真實的呈現，但是套句克羅柯爾的話來說，影像的流動感是幻覺（illusion），因為影像中的空間是不同地點的並列、錯置與安排而形成的人造空間（48），而且電影的影像能夠分解我們平常熟悉的事物，呈現以前我們不會注意到的事物關係（54）。也就是說，影像將我們視為理所當然之事物關係以特殊手法呈現，強迫觀眾重新「看見」，這個過程產生一種疏離的效果（Kracauer 55）。克羅柯爾寫道，「假如我們的目光聚焦在這些影像，我們的目光將無法移開」（55），因為看到這些確實存在的事物，我們突然感到震驚，以往的忽略不可思議。在《無米樂》中，兩位導演以各種拍攝技術捕捉日常生活細節，不同人物吃飯、說話、做家事、耕田、記帳、燒香拜佛形成了生命之流。這些看似重複的日程生活瑣事拉長了時間軸，彷彿時間緩慢地流動，隨著日升日落，生活成了既循環又帶著些許不同的詩篇。這些生活著的痕跡對觀者而言似曾相識，卻又帶著疏離感。這個生命之流的疏離美學將觀者的即身性時間意義帶進了農村在地美學，在觀影過程中浮現了情感的地景。《無米樂》的日常生活影像有很大的篇幅記錄了崑濱伯夫婦的生活，其中一個最具疏離感的生活影像紀錄即是崑濱伯每日清晨燒香拜佛的過程，影像呈現了每一個細節，包括擦拭神案、為神明倒水、點香以及祈禱的過程，貼近所有動作

的影像將這些細節去熟悉化，觀眾在香煙裊裊之中伴隨著喃喃禱告詞的影像，看見所有宗教物品和儀式層層堆疊形成的虔誠生活，這個看似瑣碎的細節卻是農村生活的核心。這些影像啟動的情感地景將觀者的即身性時間意識帶入生命之流，讓觀者也融入其中。

結語

《無米樂》的即身影像策略為這部影片吸引了許多觀眾，締造了極佳的票房，但這並不表示我們不需要理性客觀地分析台灣農業處境。即身影像策略的出發點在於提醒所有決策者及關心此議題的學者專家，農業問題必須回到源頭檢視根本的問題，既然農業的源頭為土地和實際的勞動人口，那麼我們應該觀察耕作實際運作的方式，觀看勞動者的身影只是一個起點。當然，如同比爾·尼克斯（Bill Nicoles）所言，紀錄片的呈現有其社會目的（2），在某種程度上，《無米樂》遭受懷舊、感傷主義或去政治化等負評，其實是忽略了情感也可以是說服觀者的力量。然而，在感受電影美學帶給我們的情感力量時，我們不應該耽溺於其中，即身影像應該是行動的起點。

參考書目

西文

Benjamin, Walter（2008）. *The Work of Art in the Age of Its Technological Reproducibility and Other Writings on Media*. Ed. Michael W. Jennings,

Brigid Doherty, and Thomas Y. Levin. Trans. Edmund Jephcott et al. Cambridge: Belknap Press of Harvard University Press.

Bergson, Henri（1988）. *Matter and Memory*. Trans. N. M. Paul and W. S. Palmer. New York: Zone Books.

Deleuze, Gilles（1986）. *Cinema 1: The Movement-Imag*e. Trans. Hugh Tomlinson and Barbara Habberjam. London: Continuum.

Hansen, Mark（2004）. *New Philosophy for New Media*. Cambridge: MIT Press.

Kracauer, Siegfried（1994）. *Theory of Film: The Redemption of Physical Reality*. Princeton: Princeton UP.

Nichols, Bill（2001）. *Introduction to Documentary*. Bloomington: Indiana UP.

Varela, Francisco（1999）. "Specious Present: A Neurophenomenology of Time Consciousness." *Naturalizing Phenomenology: Issues in Contemporary Phenomenology and Cognitive Science*. Ed. Jean Petitot et al. Stanford: Stanford UP. 266-314.

華文

吳音寧。2007。《江湖在哪裡？台灣農業觀察》。新北市：印刻。

吉勒斯・德勒茲。2003。《電影 I：運動─影像》。黃建宏譯。台北：遠流。

《無米樂》。顏蘭權與莊益增導演。公共電視，2005。DVD。

男人魚
（Merman）

夏曼・藍波安

　　海洋如同星空，星空如同海洋，自亙古久遠的混沌起，即是各個群族移動的世界，也是隱埋各自的神話故事的起源。我的群族，我的祖先在水世界也演進了數千年，我們民族的演進，其實不是海洋生物科學家感興趣的，我覺得這是一件好事，畢竟，身世被「解密」也就沒有了神祕感。

　　2007 年 5 月的某夜的海，從陸地上來觀看的話，正是出海捕飛魚的好日子。風從北方徐徐吹來的感覺是乾涼而舒適的，夾雜著鮮嫩葉片的青澀味，是母親陪孩子們在庭院的涼台上說故事，最適宜的夜色，而輕柔的濤聲像是祖母凝視孫兒的面容時，隨性哼著古謠，那股自然性讓人沉靜的感覺，放射出母性慈祥的源頭。這個時候，除了獵魚的高手外，幾乎所有出海捕飛魚的男人，在深夜之前都已經返航回家了，於是黑夜海洋的風，海洋的銀光，天空的眼睛，以及夢境般的寧靜，如此之時空，在日本人來這個島嶼之前就經常發生過的故事，說是「夢境般的寧靜」只留給夜航的獵魚高手，夢想與掠食大魚搏鬥的浮影。

　　深夜之後，地球的自轉，時刻來到了海水緩緩漲潮的時段，

我出游梭巡獵物、覓食，飢餓原來就是星球所有物種，包括我們水世界的魚類不變之鐵律。我是個很老的，孤伶倔強的「魚瑞」（如人瑞之意）。

其實，就我的年紀來說，我已經無力獨自一尾來獵捕飛魚了，然而，就我的經驗，我會尾隨魚群到大島，目的就是吃著達悟漁夫從魚網掉落於海底的飛魚。尾隨魚群到了力馬拉麥[1]海域的時候，飛魚群聚的數量非常少，看來，我是錯過了這個區域水世界裡豐腴的掠魚盛宴。

他們稱我的堂妹為Fuzong（藍鰭鰺），我的靈魂屬於水世界裡的男人，我的堂妹是俏麗的女人。我的肉是白色的，只有男人可以吃，女人不可以吃，這不是說，女人吃了我的肉就不會懷孕，而是我生存的水世界裡的海神托夢給達悟人的祖先，說，男人吃的魚是不好的魚（Rahet），比女人吃的魚醜陋，魚皮色澤也比較單調，肉質較硬，莽撞多於聰明，所以達悟女人不吃我的肉，而，女人吃的魚，達悟人的祖先稱之真正的魚（Uyud）。她們的魚肉鮮嫩，外貌優美，游姿優雅，群聚，很挑食，腥味低，智慧型的，她的肉是紅色，而Fuzong具有以上的特質。

在這個夜晚的飛魚季節，是個mawugto[2]的夜，中潮夜晚，因此洋流流速溫和而宜魚浮升的水溫，我從力馬拉麥海繞過洋流湍急的岬角浮游到在依姆洛庫、依拉岱兩個部落淺海而平坦的海域，在二、三十公尺深的水域覓食，礁岩區域有很多的魚類，如

---

[1] 環繞蘭嶼海岸線之地名，約莫有一百多個，立馬拉麥氏飛魚洄游到蘭嶼時，飛魚群休息的第一站。

[2] 黃曆初八。

agegei（海雞母）、vazenten（斑點紅石斑）、mazavnut（梭魚）、awu（金梭魚）等等的夜食性魚類，以及達悟人視為惡靈，極醜無比的鰻科魚類。

我游遍兩個部落平坦的海域，在礁岩上半片的飛魚鱗也沒有，彼時我飢腸轆轆地沿著往「惡靈貪婪的舌頭」[3]的礁岩，心裡巴望著有一尾沒有被醜陋的鰭魚舔過的飛魚，畢竟我胃裡的飛魚已消化了好幾天。

「惡靈貪婪的舌頭」的礁岩，漁人部落的人稱之Jisivusut，它距離陸地約是兩百餘公尺獨立礁岩，礁岩根底向外延伸三十公尺就是垂直下降四百至兩千公尺深的斷層，這是我們掠食大魚的祕密基地，包含鯊魚。向陸地延伸的礁堡是平坦的，只有幾處的礁岩地形比較複雜，是熱帶魚類、龍蝦，以及鰻科魚類共生的區域，然而這個區域的洋流比較強勁，那是因為「惡靈貪婪的舌頭」的礁岩外面是深淵的海溝所致。在夜間的海面下三、四公尺深的水世界，我目視到許多零星黑翅的、紅翅的飛魚，當牠們看見我的時候，本能就群聚地浮游，時而往東，時而往西，尾數愈來愈多，此景此刻也引來其他的掠食大魚，如鮪魚、金線梭魚，成為我獵魚時的競爭對手。牠們如海豚般的流線體型在群獵的時候，優於我扁平的身軀。我們很有默契地驅趕飛魚群，飛魚也更有默契地群聚浮游，在午夜過後「惡靈貪婪的舌頭」的礁岩外海，飛魚群聚的尾數愈來愈多，時而游移往更遠更深的南方海面，也時而朝北方的陸地海域。天空的月光照射海面，一尾尾的

3　三角形的礁石，突出於海面，有月光的夜晚，煞是黑影舌頭，故稱之「惡靈貪婪的舌頭」。

飛魚從深海仰望宛如由北方遷徙到南方的千百鰹鳥，游移的銀光
井然，可是午夜過後的這個時辰，群聚的飛魚已不如天空的眼睛
那般的多，但游移的身影銀光，也像如層次多樣的雲彩，煞似移
動的幽靈島嶼，此時比我更矯健驍勇的鬼頭刀魚群也參與了群體
獵捕的盛宴。

　　當我們這群不同類科的魚類，從深淵的水世界慢慢地形成一
個圈圈的浮升時，飛魚的群聚就愈來愈密集，牠們的眼珠再次地
放射出驚恐樣，這是宿命，鬼頭刀魚是牠們的天敵。可是此刻的
群聚與恐懼，不同於機動船以繩索圍捕，因為那樣的捕魚方法，
是牠們的祖先沒有過的經驗，沒有傳授過牠們低空凌飛的脫逃智
慧，沒有預警，一網網盡成了當下的飛魚群族更為慘烈的宿命悲
劇，而水世界裡，掠食大魚的圍捕獵殺，牠們飛翔脫逃的機率幾
乎是九成，存活率高。

　　此刻我瞧見雄性鬼頭刀魚群邪惡而詭異的眼珠像放射出心理
素養差的雜食氣味，想在女性鬼頭刀魚眼前矯作的表現雄氣，就
在我調整心臟脈搏準備攻擊的半秒前，牠們已經先進行衝進飛魚
群的中心獵食，撕裂群聚防衛的魚群，飛魚群頓時衝出海面，低
空地向三十二方位騰空飛躍海面遁逃，把局部海面攪拌成比颶風
雲層更為雜亂的粼粼波光，於是掠食大魚群倏忽憑藉各自的天生
本能，滲入混濁的銀光海世界裡獵食，劈啪……劈啪……，不同
類科的大魚騰空吞食獵物的姿態無異，但是急速獵捕的速度、迴
轉的美感是相異的，這是魚類身體流線的關係，也是貪婪與適量
而止的差異，如鬼頭刀魚往往吞嚥四尾以上，鮪魚兩尾，金線梭
魚一尾，旗魚四尾以上，鰺科魚類兩尾，獵食廝殺的壯觀景象僅
維持短暫的數秒鐘，掠食大魚便潛入幽暗的深海儲蓄養分，驚恐

餘悸而潰敗的飛魚群則紛飛遁逃，其飛翔所及的海面，八十米、一百米不等，俟其衝入水裡逃脫後，縮起脆弱已無力的雙翼擺尾游移，默認被大魚吞嚙的宿命悲歌，繼續逆著洋流吸吮更多的浮游生物儲蓄下回遁逃的能量。驚奇的是，六、七尾年輕氣盛的鬼頭刀魚，在月光照明的扶助下追逐著飛魚飛行的影子，影子漂浮在波動海面多遠鬼頭刀魚就追蹤等同的距離，俟飛魚疲累衝入海裡的剎那間，牠們便在此時張大嘴巴，不偏不移的千齒掐住魚頭，之後就騰空飛躍數公尺，魚頭在嘴口，魚尾在嘴外，在空中停留數秒，再次衝入海裡時，就借助海水吞嚙飛魚，牠們這種獵殺的美技，是所有掠食大魚群最為驚嘆的絕技。此後的數十分鐘，此區域的浪沫碎花依然，千億粼粼銀光隨著海流忽沉忽升，此景壯貌過去我是啟動者，是眾將頭領，是最精明驍勇的，四十餘年之後的此瞬間，我卻像是被唾棄的，過時的老邁頭領，還靜止地在浪沫碎花下的三十公尺呆滯不動，我被驚嚇，也被掠食大魚群邊緣化。當掠食大魚群消失，我仰望久久不散的海面碎花時，我已分不清是碎花，抑或是飛魚鱗片螢光，除去我體能的老化，也感嘆水世界的無情。

我繼續地游移，在水世界的夜，沒有我失落喪氣的餘地與時空，此刻心頭巴望遇上體能耗盡而落單的小型飛魚，畢竟我還是要繼續地生存。水世界的戰爭過後，深淵的幽暗是屬於失敗者告解的無垠空間，我遠離了我的群族，這也是老魚的宿命，此刻我想，海神還沒有給我死亡的通告，遠離深淵的水世界，遠離孤寂，我於是再次地游近「惡靈貪婪的舌頭」的礁岩，希望在那兒的淺海可以找到從漁夫的魚網掉落於海底的死飛魚。

我悠然地浮游在二十公尺深的水世界，雙眼觀看著我熟悉的

深淵夜世界，許多的掠食大魚在溫飽後浮升，享受月光的溫暖照射，牠們眼珠的視網膜不斷地喳一喳轉動，環視我比牠們巨大的身軀，我心靈的感受就像部落裡上個世代正在行走的年邁耆老，無人搭理，也無魚問候的落寞樣，彷彿我過去養育下一代的驍勇善戰已化為水的記憶。

我游著游著，想著我的落寞樣，也回想著我年輕時第一次出巡找獵物，誤吃了大魚鉤上的魚餌，與獵魚高手格鬥的精彩記憶，我會心一笑自己當年的勝利，聊表降壓我此刻的失落感，不知不覺的，就在這個時候，我看見一尾紅斑點飛魚忽左忽右地浮游在海面上，海助我也，我說在心臟。這是靠近礁堡區，靠近「惡靈貪婪的舌頭」的礁岩，三十餘年前，我第一次出巡找獵物，相同的地點，相同的午夜過後的二更時刻。當然，獵物當前，我又非常地飢餓，自己也就顧不了否有陷阱，當然我是個「沙場」老將，我扯斷獵魚高手的魚線釣具已數不清了。

深夜的水世界是人類無法想像的漆黑一片，而我們的眼睛視覺感官不分晝夜，這是我們魚類的世界，那條飛魚看得見我，因而牠很努力地擺尾，展開雙翅，牠這個伎倆，是試圖躍出海面凌飛好幾回的驚恐樣，是飛魚群最古老的，也是唯一的遁逃方法，流傳數千年沒有進化過，無奈牠的鰭背被兩個相連的銳利魚鉤鉤上，想飛逃卻飛也飛不出海面。我看得出牠驚嚇的眼神，也看得出牠的鰭背，被魚鉤鉤住的傷痕，而牠的身軀恰好是我一次吸吮吞咽的體型。我也看見兩、三尾巨大的斑點花鰻也想試著由海底浮升海面，貪圖地也想去吃那條飛魚。無奈牠們那粗壯如成人大腿般的身體，只能穿梭在海底的礁岩洞穴裡，而不可自如浮升在水中，貪婪的嘴，海神處罰牠們的代價就是吃腐食。我用男人魚

的微笑看著牠們，斜眼瞧瞧，當牠們看見我的時候，羞愧得趕緊躲進牠們的海底洞穴。「真是沒有靈性的低級動物。」我說給自己聽。

在延繩魚線的不遠處，約是五十公尺左右的距離，我看見有一個似是漂流木，那個漂流木也有一對雙翼，從黑夜的海中仰視，時而展開，時而收起，漂流木便輕快地逆著海流划行，在月光的照明下，煞似海面上更為巨大的黑色飛鳥，比我身軀更龐大。如此巨大的飛鳥在三、四十年前的這個海域，在月盈的美景海面至少有十幾艘左右，他們在銀色的海面經常各自吟唱自創的歌詞，歌聲隨著浪濤的旋律起伏隱沒，深沉渾厚的音色，隱含著祈求的儀式歌詞，令我們掠食大魚群沉醉其中，對於我，我懷念過去純淨的歲月，淳樸的漁夫們的歌聲。達悟人夜航獵魚，源自於飛魚季節男人屬於海洋的傳統信念，最近的三年，只剩三艘繼續熱衷於午夜獵魚，可以想像他們如此的傳統信念在電燈布滿了全島部落巷弄的同時，夜航獵魚的男人也正在急速地退化，或者已經後無來者。

皎潔的月，千萬星辰啟光，微微波浪，浩瀚海面泛起了千億的浮影粼光，先前「獵殺」的水世界戰役，近期也在降緩到原來的寧靜水世界，此時過了午夜的海洋正在緩緩地潮漲，我恰是服從飢餓的需求。

彼時，我疾速地浮衝海面，讓那位心魂沐浴於夜色汪洋的獵魚男人，在寂靜沉浮的海面上不及反應。我瞬間叼著飛魚頭，爾後在非常短的時間卯盡全力，擺動尾翼衝入海裡，就在我開始順著魚餌的魚頭準備吞入口裡的鰓的時候，我感覺我好像被某種東西拉住，連接的連鉤因而立刻鉤住我左邊的嘴鰓，也就是說，我

被鉤住了。顯然這個達悟男人是個經驗豐富的獵魚高手，他知道我何時把魚頭轉順向地吞嚥，我想，就在此刻我再次奮力地擺尾翼衝入海裡，人類你算什麼！我是水世界裡最俊俏最俊勇的男人魚，我咬住魚線，來吧！海面上的那個男人，我想在心臟。此時發覺那個人的力氣非常大，經驗豐富，可是水世界是我的世界，然後我立刻地，在非常短的時間把魚線奮力地往下拉，並把魚線纏繞在礁脊上，讓礁石比我更銳利的礁齒扯斷魚線，可是剎那間我纏在礁石的魚線無法即刻被我扯斷。被我纏繞的腦紋珊瑚礁、鹿角珊瑚礁被魚線傷害，但無法即刻扯斷魚線，而耗盡我的體能，我休息了好一段光景喘氣，準備養足氣力。這個時候我繼續地讓魚線與新生的鹿角珊瑚摩擦，而魚鉤仍然鉤住在我的嘴角，假如我無法扯斷魚線，在此礁脊我將耗盡我的體力，任海流浮動我的身軀，最後的結局就是被數尾海鰻撕裂我的內臟，我的肉體。

　　海底地形的礁脊向太陽升起的方向是向下傾斜的緩坡，百米深的地方是海底沙丘，向外海就是四百米以上深度的大海溝，此時我纏繞的礁脊岩縫裡的小型魚類，如muozouzit（藍線笛鯛）、mahang（金大眼鯛）[4]、talan（紫棘鱗魚）、mavala（貝氏鋸鱗魚）[5]等珊瑚礁魚，被我驚嚇得紛紛從千孔的洞穴探頭探個究竟。這群魚類的習性傾向夜間活動，覓食，牠們知道我不會吃牠們，而後若無其事地在洞穴間，我的周邊游進游出。牠們可愛的體型，無私

---

[4]　Mala wubut no manuk是牠的另一名字，意思是聞起來像雞糞的魚類。

[5]　以上的魚類是達悟人在飛魚汛期過後，夜間垂釣的魚，屬於女人吃的、孕婦吃的魚類。

的眼珠，亮麗的色彩令我驚豔，海神真是個有智慧的神，創造許多如此美豔的魚類，此等魚類在洞穴裡靜止浮游的姿態，是典雅的古典氣質，豔紅藍黃，銀白的鱗片是海神精緻彩繪的畫布，我因而徹底佩服達悟祖先的智慧，總是把最美麗魚分類為女性，孕婦吃的魚。

然是，當我一想到那些低等的海鰻，牠們尖銳的利齒就讓我噁心，這算什麼傷痛，我說在心裡。畢竟我的嘴角還殘留著七個已鏽蝕的大魚鉤，然後我叼著那尾飛魚，吞進胃裡，嗯！好甜的食物，我說。就在此時，三條海鰻已聞出我鰓縫裡流出的鮮血，而紛紛地逼近我身邊，時而探頭瞧我，時而隱沒地逼近，呸……！我說，別夢想撕裂我的肉。三條海鰻粗大而光滑的身軀至少有一米半長，約少年鮪魚身體的粗大，嘴型頭顱是尖型的，是利於喙啄腐蝕的嘴臉造型，牠們的腹部在二十米深的水壓下像是扁平的比目魚，我可以理解，此時段是牠們最飢餓的時候，牠們開始在我身下的礁石上作Ｓ型的穿梭，兩次、三次地來回試探我的能耐，我若是不移動，牠們上下尖銳不齊的齒針，將如閃電似地用力擺尾撐撕我脆弱的腹部，如此一來，我將成為牠們黎明前的盛宴。這，怎麼可能，我想在心內，於是在我使力的同時，我借用鹿角珊瑚的利齒在瞬間扯斷魚線，哇！我再次地逃脫，我再次地戰勝，我勝利的戰利品吞進胃裡的時候，還有一小段的魚線連接魚鉤留在我的嘴角。呸……！想吃我的肉啊！你們這些低等魚類，呸……！最後我用尾翼拍擊礁石上的沙粒，表明我的勝利。

月光在黎明前的水世界，照明的微光深度我熟悉，此時是最寧靜的時辰，我浮升到離海面七、八米的水深，等待晨光的光源給我溫暖，我在遙遠的深海遙望那位漁夫扶正他翻覆的木船，我

感受到他失落的心臟脈搏，當他坐上他的木船之後，他的雙槳葉片輕輕地插入海裡，輕輕舀起的水花像是被追逐疲憊的飛魚，回到他該回去的家，海面上黑色的巨大飛鳥，在我的心脈，我熟悉那位漁夫的歌聲已經三十餘年了，若是我沒有記錯的話，十幾年前，我的伴侶藍鰭鰺是被他釣到的，讓我成為鰥夫十幾年。最後他消失在我的視野的海面世界，而我繼續地生活在水的夜世界。

定居者
(Settler)

蔡林縉

定居者（Settler）：

1. 從別的國土來到新的居所定居並使用土地的人。

——《劍橋辭典》（*Cambridge Dictionary*）

2. 跟隨人群遷徙到某個新的國家或地區居住的人。

——《牛津英語辭典》（*Oxford Dictionary of English*）

定居者（Settler），一個既新且舊的詞彙。「舊」，因為這個詞在英文裡早已存在，而與其扣連在一起的殖民狀況 Settler colonialism，也在上個世紀就被提出，亦累積了相當可觀的論述。「新」則在於，Settler 以「定居者」這個譯名在華語世界裡（主要是台灣）傳播流通，還只是近幾年的事情。本文將聚焦在「定居者」，及其相應的「定居殖民主義」，針對其論述系譜、理論內涵與流通、此論述框架對台灣可能的啟示，以及台灣作為一定居殖民地所擁有的理論潛能等面向，進行初步的爬梳和析論。

「定居殖民主義」論述系譜及理論內涵

　　執教澳洲的學者Lorenzo Veracini曾就定居殖民主義的論述生成進行梳理，將其大致分為幾個不同的階段。[1]他指出，「定居者」在1960年代以前（至少在西方的脈絡中）並未直接和「殖民主義」焊接在一起，而大多被安置在「邊疆研究」（frontier studies）的範疇裡討論。定居者和殖民主義在論述層次上的相遇，要等到1960年代中期乃至70年代所謂「全球去殖民運動」推波助瀾下才觸發，而那也恰好是所謂「殖民研究」開始萌芽的關鍵時期。然而，為了更有效辨識出殖民者與被殖民者間的二元對峙，「定居者」在殖民情境中扮演的角色因此被淡化稀釋，[2]而帝國主義、殖民主義等概念亦尚未被精細地區分而經常被交錯混用。雖有少數論者注意到「定居殖民主義」和「殖民主義」的差異並嘗試將兩者分別理論化，[3]大體而言，兩種殖民模式在此階段仍處於一種

1　Lorenzo Veracini, "'Settler Colonialism': Career of a Concept," *The Journal of Imperial and Commonwealth History*, 41: 2, pp. 313-333.

2　這個現象可在幾個對後殖民論述影響深遠的思想家，如賽澤爾（Amié Césaire）、法農（Frantz Fanon）或者敏米（Albert Memmi）的著作中看到。Udo Krautwurst也指出，雖然法農已經留意到「定居者」在殖民情境裡面所扮演的角色，但由於法農為了將「殖民者」與「被殖民者」之間的差異「極大化」（to maximize the difference between colonizers and colonized），使得不同型態的殖民者（包含一般意義下的殖民者和所謂的定居者）間的區分被低估了（minimized）。

3　Lorenzo Veracini在文章中列舉了如Arghiri Emmanuel、Ronald Horvath和Kenneth Good等學者的著作，皆試圖從各自的角度闡釋「定居殖民主義」的獨特性，以及其與「殖民主義」的不同。

藕斷絲連、若即若離的狀態。70至80年代，論者逐漸將目光投向南半球的定居殖民地（主要以澳洲為焦點），觀察到定居者因人數上的優勢對土地和自然資源發展出不同的開發利用與經濟模式。最後，風起雲湧的世界原住民族運動、原住民研究的興起，以及人類學、歷史學和民族誌學科轉型等多重因素相互激盪之下，「定居殖民主義」在1990年代中期被認可為一分析性的理論概念並成為一門研究領域。

「定居殖民主義」在歷史上和帝國主義所帶給世界各地的殖民和移民遷徙密切相關，但在手段和結構上有相當的差異。不同於一般的殖民主義，定居殖民主義對殖民地的剝削主要體現在對「土地」的掠奪：隨著由殖民宗主國移入殖民地的定居者數量大幅上升，對土地與資源的需求與日俱增，當定居者在人數上超過了在地原住民，原住民族不是被迫遷徙就是在與定居者衝突的過程中遭到殲滅。換言之，「定居殖民」對原住民族的壓迫主要是一種「取代」（replacement），其次才是勞力或是經濟層面上的剝削。[4]這也形塑了定居殖民和殖民主義兩種殊異的殖民心態和路徑：定居者將殖民地視為最終目的地，強調自身的永久居留權，顯示為一種單線式（linear）移動路徑；殖民者則把殖民地當作中繼站，統治是為政治上效忠或經濟上應援宗主國，勾畫出類似環狀的（circular）殖民軌道。故此，定居者到頭來經常脫離殖民母國的掌控而在殖民地建立新的定居殖民政權（settler polity）。

4　參見Lorenzo Veracini, "Settler Colonial Expeditions," pp. 51-2; Patrick Wolfe, *Settler Colonialism and the Transformation of Anthropology: The Politics and Poetics of an Ethnographic Event*, p. 163.

Veracini 在《定居者殖民主義：理論概述》（*Settler Colonialism: A Theoretical Overview*, 2010）中清楚說明，定居者為了確立自身的合法性和居留權，往往需要建構一套強而有力（但常是經過篩選或虛構）的「敘事」來強化自己和自身文化的在地性：一方面否認原住民族的歷史和存在，另一方面反覆強調自己才是一地之主，在此落地生根是如何理所當然、天經地義。[5] 所謂「發現信條」（doctrine of discovery）與「無主之地」（terra nullius）等國際法中的相關論述，經常被不同地域的定居者挪用為合理化自身居留權的託辭。正如 Walter L. Hixson 的論述，對定居者來說，**「成為在地人**（Becoming the indigene）不光是需要將原住民族從土地上清除，不論是透過殺戮或是驅趕的手段，更是要和諧掉（sanitizing）[原住民族] 過去的歷史檔案。」[6]

　　除了武裝衝突所造成的殺戮甚至滅種（genocide）[7] 之外，Veracini 更進一步分析了定居者如何透過族群通婚、政策、教育、改變傳統與生活習慣等等手段將其「轉化」（transfer），致使原住民族喪失了對自身文化與歷史的記憶，讓他們看起來和定居者「沒有兩樣」，來置換原住民族的自我身分認同。近年的專書《定居者殖民現況》（*The Settler Colonial Present*, 2015），他更通過「四層否定」來闡釋定居殖民主義的特殊性：一、**定居殖民**

5　Lorenzo Veracini, *Settler Colonialism: A theoretical Overview*, p. 95.

6　Walter L. Hixson, *American Settler Colonialism: A History*, p. 11.

7　「滅種」（genocide）一般指的是針對某一群體（可能是由特定種族或民族構成）所進行之有目的性之大規模殺戮，相關論述參見 Adam Jones, *Genocide: A Comprehensive Introduction*，其中也討論了「定居殖民主義」對世界各地的原住民族所造成的人口或是文化上的「滅種」。

主義「並非」殖民主義；二、定居者「並非」移民；三、定居殖民主義「不在」他方；四、定居殖民主義「並未」完結。首先，他藉「病毒」和「細菌」兩個病理學的類比，將殖民主義定義為「病毒型」（viral form）：病毒附著並入侵宿主，但卻無法自行繁殖，故與宿主形成一種二元的共生結構，猶如殖民者需要被殖民者彼此定義的依附關係；然而定居殖民主義則是「細菌型」（bacterial form）：雖同樣附著於宿主身上，細菌卻可自行無性生殖代謝，不僅不需要透過原住民作為「他者」來確認自我，反而用盡心機否認其存在或將其排除在外。其次，定居者雖就歷史而言原屬移民群體，但卻於時間推移之中逐漸盤據社會階層的優勢地位，在定居殖民地如法炮製殖民母國的政經體制以確保自身的生存與居住權，而真正邊緣、非支配階級的移民則面對著定居者已然建立的政治體系，於夾縫中求生存。第三，定居殖民並非如一般人所想像，發生在遙遠邊陲或邊境地帶：其承載的是一全球性的歷史，在世界各地持續進行著。這也是 Veracini 最後所提醒的：定居殖民主義是一個未完成式，是一個延續至今陰魂不散的當代現象，如 Patrick Wolfe 的經典論述：（定居殖民）侵略是一個「結構」（structure），而非「事件」（event）。[8]「事件」作為一時間性區段，無論過程多麼動盪慘烈，總有畫上休止符的一刻，然而社會中的「結構」往往牢不可破、難以撼動，經常透過政權、政策、教育、宗教、律法、社會規範等等機制，如阿圖塞（Louis P. Althusser）所論述的「意識型態國家機器」（Ideological

---

8　Patrick Wolfe, *Settler Colonialism and the Transformation of Anthropology: The Politics and Poetics of an Ethnographic Event*, p. 163.

State apparatuses）般無孔不入地滲透。

　　「定居殖民主義」的研究概念，可說是針對當前「後殖民主義」的論述盲點應運而生的理論框架。誠如Edward Cavanagh和Lorenzo Veracini語帶嘲諷的說法：「沒有所謂新定居殖民主義（neo-settler colonialism）或後定居殖民主義（post-settler colonialism），因為定居殖民主義的形構韌不可摧難有終時。」[9]若我們能夠將「後」（post-）理解作一時間性概念，那麼從原住民族的觀點出發，殖民情境非但沒有成為過去式，而仍是「現在進行式」。如執教紐西蘭的學者Linda Tuhiwai Smith引述詩人Bobbi Sykes犀利的質問，「什麼？後殖民主義？他們［白人定居者］走了嗎？」（What? Post-colonialism? Have they left?）[10]，一語道破蔚為主流的後殖民論述在當前所面臨之尷尬處境。順著這股批判能量，從上個世紀末至今，定居殖民主義的研究可謂成果斐然。[11]

9　Edward Cavanagh and Lorenzo Veracini, "Editors Statement," *Settler Colonial Studies* Vol. 3, No. 1（2013）, p. 1.

10　Linda Tuhiwai Smith, *Decolonizing Methodologies: Research and Indigenous Peoples*, p. 25.

11　本文限於篇幅無法逐一介紹不同地區定居殖民研究的發展概況，僅能扼要列舉相關參考文獻如下。Walter L. Hixson的*American Settler Colonialism: A History*聚焦北美的定居殖民史。也有不少書籍關注如紐西蘭、澳洲、加拿大、南非等地的定居殖民現況，如Annie E. Coombes ed., *Rethinking Settler Colonialism: History and Memory in Australia, Canada, Aotearoa New Zealand and South Africa*; Daiva Stasiulis & Nira Yuval-Davis eds., *Unsettling Settler Society: Articulations of Gender, Race, Ethnicity and Class*等等。Caroline Elkins and Susan Pedersen eds., *Settler Colonialism in the Twentieth Century: Projects, Practices, Legacies*將觸角延伸至亞洲和非洲地區的定居殖民主義。另外，以色列的狀況是當前全球定居殖民版圖中相當特殊的案例，可參考Lorenzo Veracini, *Israel and Settler*

　　台灣自17世紀荷蘭東印度公司開始招募漢人渡台拓墾以來，便具備某種定居者社會（settler society）的雛形。當鄭成功驅逐荷蘭殖民者並建立台灣第一個漢人政權、移植漢人典章制度，並導致漢人在數量上逐漸超過原住民人口之際，台灣作為一定居殖民地已然成為事實。數百年來不同殖民者來來去去，漢人卻一直是社會人口的多數，壟斷政經文化的主流位置。然而，台灣在前述的定居殖民知識地圖裡卻是明顯地缺席。史書美2011年在美國現代語言協會（Modern Language Association）的期刊*PMLA*所刊登的文章〈華語語系的概念〉（"The Concept of Sinophone"），率先將定居殖民主義與華語語系文學與文化生產相結合。[12]之後，在《知識臺灣：臺灣理論的可能性》（2016）一書中所收錄的論文裡，除了進一步探討台灣的定居殖民境況，她更揭示了17世紀時作為荷蘭殖民地的台灣，在定居殖民主義國際法制定過程中扮演的關鍵角色。[13]據此，我們可以推斷台灣早已內含於定居殖民主義的概念生成之中，只是這個至關重要的歷史細節在世界殖民史書寫的過程中被有意地省略而遺忘。

　　Society，而後殖民理論健將薩依德（Edward W. Said）針對以色列和巴勒斯坦衝突的相關論述，以某種後見之明觀之，亦可涵納在定居殖民研究的範疇內。Edward Cavanagh和Lorenzo Veracini合編的 *The Routledge Handbook of the History of Settler Colonialism* 亦是涵蓋面相當廣泛的一本選集。

12　Shu-mei Shih, "The Concept of the Sinophone," *PMLA* 126.3（May 2011）: 709-718. 華譯版本參見史書美，《反離散：華語語系研究論》〈導論〉部分。

13　史書美，〈理論臺灣初論〉，史書美、梅家玲、廖朝陽、陳東升主編，《知識臺灣：臺灣理論的可能性》，頁55-94。

「必也正名乎」：Settler 之為「定居者」，及其「定居殖民結構」

　　雖然「定居者」以及「定居殖民主義」在華語世界的建構與流通正值起步階段，這並不代表相關的討論在台灣知識圈完全闕如。原住民族運動過程中舉足輕重的刊物《高山青》雜誌的創刊（1983），「台灣原住民族權利促進會」（1984）的創辦，乃至隨後一波接續一波如「還我土地」、「正名運動」等抗爭請命，原運世代作家的冒現，以及東華大學「原住民民族學院」的成立（2001）等等，都使台灣無論是在原住民族文化生產或是針對漢人主流社會的反省批判積累了相當的成果。[14]那麼，此時此刻的台灣為何還需要「定居者」這個詞彙，以及「定居殖民主義」的論述框架呢？

　　目前台灣知識圈，一般習慣以「墾殖移民」來翻譯settler這個詞彙。若參照許慎在《說文解字》裡的詮解：「墾，耕也。從土狠聲。」「殖，脂膏久殖也。從歹直聲。」因此，「墾」，按字面的解釋，意謂著耕種、開墾，拓闢荒地成為良田之意；而「殖」字原本說的是脂油因為久放而逐漸變質的狀態，在現代的語境裡也能用來指涉殖民行為。字面上看，「墾殖」除了開墾種殖的意思

---

14 台灣當代原住民作家自1980年代起便積極以書寫和行動介入並挑戰漢人主流社會，如瓦歷斯・諾幹、夏曼・藍波安、霍斯陸曼・伐伐、利格拉樂・阿𡠄、巴代等等，不勝枚舉。長期致力於原住民研究的研究者，如孫大川、汪明輝、謝若蘭、陳張培倫等，也包括漢人學者如魏貽君、施正鋒、楊翠、黃心雅、劉智濬等，西方學界知名的研究者，如石岱崙（Darryl Sterk）、鄧津華（Emma Jinhua Teng）等。限於篇幅，本文僅能約略舉例。

之外，似乎也足以影射殖民主義。然而，「墾殖」雖就詞義上具備某種兩面性，但正是因為這樣的「模稜兩可」讓論者可以各取所需，附加「移民」二字恰好又再削弱了殖民的面向。「墾殖」所指涉的「墾荒意識」，透露的正是台灣為「無主之地」，土地荒廢，需要漢人墾殖，漢人因此可以理所當然成為其主人。如 Veracini 所申明的，**定居者並非移民**，而「移民論述」正好是定居者用來合理化自身位置的一種託辭。所謂的「篳路藍縷，以啟山林」，是台灣移民敘事裡面屢見不鮮的修辭，在各種文化場域裡以不同的媒介形式一再還魂，被不斷複製、翻寫、演繹、強化，[15] 進而有效地隱蔽了此論述背後遭到壓迫或被排除的某些更為邊緣的群

---

15 「篳路藍縷，以啟山林」原典出自《左傳‧宣公十二年》，後來於連橫〈台灣通史序〉中被再度引用：「夫台灣固海上之荒島爾！篳路藍縷，以啟山林，至於今是賴。」這段文字可說是概括了台灣漢人最為普遍的定居殖民史觀（不論是國民黨官方的大中華史觀或是本土化以降的台灣漢人史觀皆然），「海上之荒島」一說更可被看作是「無主之地」（terra nullius）信條的台灣在地版本。1970年代，改編自陳秀喜的詩作〈台灣〉，由李雙澤作曲、楊祖珺演唱的〈美麗島〉（1978），成為校園民歌和黨外運動時期廣為傳唱的旋律。表演藝術領域，如雲門舞集1978年於嘉義首演的《薪傳》，仍以連橫《台灣通史》的文字展開，其中穿插陳達所彈唱的歌謠〈思想起〉，一樣訴說著17世紀漢人來台的「移民敘事」。在當時台灣外交關係遭逢連串頓挫之際，這齣史詩舞作的推出無疑凝聚了台灣漢人的集體意識與情感。另外，導演李行所拍攝的《唐山過台灣》（1986），除了以十分戲劇化的方式呈現漢人定居者渡海來台、翻山越嶺、跋山涉水的艱辛之外，不斷出現在片中的遠景鏡頭和空鏡頭（empty shot），彷彿象徵著銀幕上影像化的「無主之地」，處處流露著漢人定居者的空間意識（Han settler spatial consciousness）。排灣族原住民詩人莫那能，就曾在〈學唱「美麗島」〉一文中提及他對「篳路藍縷，以啟山林」這段歌詞的困惑不解，以及台灣原住民族在漢人定居者主流的「移民敘事」中全然缺席的反思。類似的例子不勝枚舉。

體。必須釐清的是,「移民」作為一歷史事實,其過程中一切酸甜苦辣自然無需否認,但是,當其被操作成一種論述來圖利或鞏固某些既得利益者的優勢位置,研究者更應責無旁貸地以批判的眼光和內省的態度嚴肅面對。[16]「定居者」此譯名,一方面避免了「移民」(尤其當它被當作一種託辭之際)所可能隱含之論述缺陷,另一方面則凸顯了「定居者」意欲在新的居住地永久居留的企圖(animus manendi),並藉著佔據土地和人口數量上的雙重優勢而形塑的結構——否認原住民族群的存在更排擠其他由國際移工或新住民所形成的群體。

　　另一方面,台灣學界用以描述漢人主流社會組成的優勢結構和殖民情境,經常是援引所謂「內部殖民」(internal colonialism)或「再殖民」(recolonization)等概念作為分析架構。首先必須指出,台灣重層而連續的殖民歷史本身即是由西方或非西方國家一連串殖民並再殖民的結果;「再殖民」此一描述性語彙,一來因缺乏針對性而顯得含糊籠統,二來是其無法精確描繪不同殖民者、漢人定居者,以及原住民族之間糾纏錯綜的權力運作。再者,「內部殖民」在西方的發展脈絡裡主要概念化的對象是所謂「少數族裔」(racial/ethnic minorities)於政治、經濟、法律、文化等面向上所受到的歧視或壓迫。雖然「原住民族」和「少數族裔」或都能被看作是廣義的弱勢群體,但若是在概念上將兩者混為一談,則極可能因此抹煞了原住民族本體論和認識論上的特殊

---

16 這點也呼應史書美對所謂「離散中國人」此概念的反省批判。請參見Shu-mei Shih, "Against Diaspora: The Sinophone as Places of Cultural Production," in Shu-mei Shih, Chien-hsin Tsai, and Brian Bernards eds., *Sinophone Studies: A Critical Reader*, pp. 25-42. 華譯版本收錄於史書美,《反離散:華語語系研究論》。

性，而陷入倫理層次的危險。一旦原住民群體被「少數族群化」，不再被視為「原住民族」，那麼現代國家機器就更可明目張膽地否認其自然主權和土地權，行侵佔掠奪土地之實。[17]更重要的，正如Jodi A. Byrd警示我們，「內部殖民」相當程度地暗示了原住民是處於「國家內部」的群體，因此間接否定了原住民民族自決（self-determination）的權利與自治獨立的可能性。[18]若「內部」可以僅僅被理解為一單純的地理空間範疇（台灣這塊島嶼的內部），那麼這個詞彙或許尚能言之成理。然而，當我們探討殖民境況和權力關係，如何可能跟國家、政體、主權等相連的概念截然脫鉤？更何況，「內部殖民」在台灣的語境裡又常僅被用來指涉國民黨威權時期的高壓統治，批判的角度也因而有其侷限性。總括而言，「內部殖民」的框架不僅就對象上不適用原住民族所受到的殖民壓迫，就論述層面上更存在著嚴重的倫理的瑕疵。

「定居殖民批判」之必要：台灣去殖民的當下與未來

雖說定居殖民研究竭力重申其與殖民主義的差異，Veracini

---

17 這正是當前許多定居殖民國家的慣用伎倆，「少數族裔論」經常被拿來抹煞原住民的「原住民族身分」及其主權。Daiva Stasiulis 和 Nira Yuval-Davis 便指出，「內部殖民」的概念無法確切釐清殖民情境下，族群內部關於階級、種族／族群（racial/ethnic）等因素運作下所形成之不同的壓迫型態和殖民經驗。Jodi A. Byrd則更深入地追索「內部殖民」在西方的系譜，點出此用語在美國的脈絡主要是用以描繪白人對非裔美國人種族上的歧視與壓迫，而原住民族顯然並不包含在「內部殖民」所關懷的對象之中。

18 Jodi A. Byrd, *The Transit of Empire: Indigenous Critiques of Colonialism*, p. 135.

卻也不忘提醒我們，兩種殖民型態在現實狀況底下經常是共時並
存，好比病毒和細菌在人體或其他宿主內共存的狀態一般。定居
者與殖民者之間雖存在著衝突競逐的張力，卻也時而相互支持、
擬仿，甚至挪用對方的話語元素或策略方案以成就自身的殖民支
配。[19]然而，這也並不表示兩種殖民型態便能被混為一談。相反
地，正是因為諸種殖民型態（殖民、定居殖民、內部殖民、新殖
民主義等等）在現實中複雜多樣，彼此層疊纏繞、糾葛曖昧，才
更應該通過敏銳的分析針對其間的關係加以釐清，並思考前述殖
民型態與其他差異因子「縱橫交織」之際更為隱微之權力運作。
近來，就連所謂的後殖民論者都不得不承認定居殖民批判，已讓
既有的後殖民主義備感壓力。[20]而台灣學界自上個世紀引進後殖民

---

19 舉例來說，日本殖民時期的移民政策和移民村設置，便是日本殖民主義挪用定
居殖民的統治策略——企圖以改變殖民地的族群組成來逐步「取代」（replace）
原住民人口——以遂行其帝國主義擴張十分顯著的例子。日本著名的國策電影
《南進台灣》（1940）裡所呈現的「台灣拓殖會社」，或者濱田隼雄《南方移民
村》所描繪的台東鹿野移民村，都是兩種殖民心態共時並存、摹仿，並於影像
和文學敘事等文化生產中再現的案例。關於日本在台移民村的研究，請參閱張
素玢，《未竟的殖民：日本在臺移民村》（台北：衛城出版，2017）。

20 Jyotsna G. Singh and David D. Kim eds., *The Postcolonial World*（London and New
York: Routledge, 2017），p. 7. Graham Huggan也一針見血地點出，「後殖民主義」
在西方學界（尤其是美國）成為風潮乃至「商品化」後，已相當程度地喪失了
原有的批判能量和抗拒力道。當後殖民論述過度強調定居者（如澳洲白人）對
殖民母國（英國）的反殖民抵抗，卻漠視了原住民族的存在及其自決的可能
性，無形間做了帝國主義的幫凶。Diana Brydon延續這樣的洞察，也承認後殖
民研究在面對定居殖民社會現實之際力有未逮。不過，她仍對後殖民的框架保
持樂觀態度，認為「定居殖民研究」的介入能夠重構（rework）既有的論述，
將後殖民理論升級為某種後殖民2.0版。

論述至今，也陸續有學者針對幾波圍繞著「後殖民」的論辯深刻反思。[21]台灣，正應奠基於這些論述之上，透過某種反身批判的內省姿態觀看台灣的現實。誠如Evelyn Nakano Glenn的洞見，關於性別、性傾向、種族乃至階級等因素，以及內部殖民、新殖民等殊異的殖民型態如何在定居殖民結構中交互作用甚至彼此共構的「交織性研究」（intersectional understanding），[22]對此刻的台灣社會無疑是當務之急。2017年越南籍移工阮國非的事件，[23]即是跨國資本主義邏輯運作下，漢人定居殖民結構中內部殖民、種族和階級歧視交織共構下所釀成的悲劇。過去幾年台灣各種因都市更新、土地徵收而衍生層出不窮的「土地不正義」，乃至原住民族傳統領域爭議所引發的抗爭，都是定居殖民意識和國家機器彼此沆瀣一氣、變本加厲的結果——任何人都可能成為下一個受害者，而所有人都必須承擔其後果。

　　承認台灣作為定居殖民地的事實，並通過定居殖民批判的框架反身自省，某種更開放且更具實質意義的去殖民想像與實踐方能創發。2017年，歌手巴奈・庫穗（Panai Kusui）及紀錄片導演

---

21 台灣對西方後殖民理論的引介大約始於上個世紀90年代初（至少就文學領域而言），也觸發了幾波關乎台灣國族認同、文化主體性、後現代與後殖民之爭的學術辯論。邱貴芬、廖炳惠、劉亮雅、陳芳明、李育霖、李承機、蕭立君等學者也陸續撰文回顧幾波後殖民論述帶給台灣知識界的衝擊，並反思後殖民架構的不足之處。

22 Evelyn Nakano Glenn, "Settler Colonialism as Structure: A Framework for Comparative Studies of U.S. Race and Gender Formation," *Sociology of Race and Ethnicity* 1, no. 1（2015）: 54-74.

23 詳見曾芷筠在《鏡週刊》的專題報導，〈異鄉安魂曲——越南移工阮國非之死〉。https://www.mirrormedia.mg/story/20180125pol025/

馬躍・比吼（Mayaw Biho），針對原民會所公布的《原住民族土
地或部落範圍土地劃設辦法》在凱道聚集紮營向政府表達族人們
的失望與不滿。他們曾一度向各界募集彩繪石頭，甚至在凱道上
讓參與的民眾現場以各自的創意與想像繪製形形色色的石塊，並
將募得的石塊鋪於路面上，以類似行為藝術或即興／集體創作的
方式來達成空間和土地權的宣示──當這些長久以來在歷史和土
地上被漠視甚或排除的「無分之人」（原住民族），以某種另類的
佔領形式（行動者身體，以及源自於土地、非生命的石頭）干
擾、介入、鬆動、阻斷定居殖民政權所建立的空間秩序，使得不
可見者（原住民族、土地，以及連繫兩者的土地權概念）成為可
見，洪席耶（Jacques Rancière）所論述的「政治時刻」便獲得生
發的契機。[24] 由此觀之，原住民族運動者所實踐的佔領宣示，與漢
人為主體的社會運動有著相當不同的政治和社會意涵，值得進一
步探究思索並予以理論化。延續洪席耶的思想洞見，我希望指
出，當前台灣的轉型正義迫在眉睫的不應僅停滯在「認可政治」
（politics of recognition）或「包括政治」（politics of inclusion）的
層次，而是如何在美學、空間、知識、資源等層面「重新分配的
政治」（politics of redistribution）。定居殖民的論述架構因此並不
侷限在對主流社會結構的批判層次，而迫使我們更進一步思考政
治、美學、族群、土地、主權、資源分配、文化場域和生態環境
諸多層面之間千絲萬縷的關聯，而這或許就是定居殖民論述的

---

24 Jacques Rancière, *Disagreement: Politics and Philosophy*, trans. Julie Rose
（Minneapolis: University of Minnesota Press, 1999), pp. 29-30.亦可參照華譯本：
《歧義》，劉紀蕙、林淑芬、陳克倫、薛熙平譯（台北：麥田，2011）。

「（再）翻譯」對台灣當下可能的啟示。台灣的海島性格和特殊的地緣位置，連續而重層的殖民歷史，自20世紀以來夾在中、美、日等多重帝國間的政經情勢、多樣豐繁的原住民文化實踐，以及複雜的族群構成，皆使得台灣作為一定居殖民地，充盈著認識論上的可比性與理論潛能。

參考書目

西文

Brydon, Diana（2015）. "Postcolonial and Settler Colonial Studies Offer Human Rights a Revised Agenda," in Pavan Kumar Malreddy, Birte Heidemann, Ole Birk Laursen, and Janet Wilson eds., *Reworking Postcolonialism: Globalization, Labour and Rights.* New York: Palgrave Macmillan. pp. 183-198.

Byrd, Jodi A.（2011）. *The Transit of Empire: Indigenous Critiques of Colonialism.* Minneapolis: University of Minnesota Press.

Cavanagh, Edward and Lorenzo Veracini（2013）, "Editors Statement," *Settler Colonial Studies* Vol. 3, No. 1, p. 1.

Cavanagh, Edward and Lorenzo Veracini（2016）, *The Routledge Handbook of the History of Settler Colonialism.* London & New York: Routledge.

Césaire, Amié（1972）. *Discourse on Colonialism*, trans. Joan Pinkham. New York: Monthly Review Press.

Coombes, Annie E. ed.（2006）. *Rethinking Settler Colonialism: History and Memory in Australia, Canada, Aotearoa New Zealand and South Africa.* New York: Palgrave.

Elkins, Caroline and Susan Pedersen eds.（2005）, *Settler Colonialism in the Twentieth Century: Projects, Practices, Legacies.* London & New York: Routledge.

Emmanuel, Arghiri（1972）. "White-Settler Colonialism and the Myth of Investment Imperialism," *New Left Review* 1, no. 73: 35-57.

Fanon, Frantz（1968）. *The Wretched of the Earth*, trans. Richard Philcox. New York: The Grove Press.

Glenn, Evelyn Nakano（2015）. "Settler Colonialism as Structure: A Framework for Comparative Studies of U.S. Race and Gender Formation," *Sociology of Race and Ethnicity* 1, no. 1: 54-74.

Good, Kenneth（1979）. "Colonialism and Settler Colonialism: A Comparison," *Australian Outlook* 33, no. 3: 339-51.

Good, Kenneth（1974）. "Settler Colonialism in Rhodesia," *African Affairs* 73, no. 290: 10-36.

Good, Kenneth（1976）. "Settler Colonialism: Economic Development and Class Formation," *The Journal of Modern African Studies* 14, no. 4: 597-620.

Hixson, Walter L.（2013）. *American Settler Colonialism: A History.* New York: Palgrave Macmillan.

Horvath, Ronald J.（1972）. "A Definition of Colonialism," *Current Anthropology* 13, no. 1: 45-57.

Huggan, Graham（1993）. "Postcolonialism and Its Discontents," *Transition*, no. 62: 130-135.

Jones, Adam（2006）. *Genocide: A Comprehensive Introduction.* London & New York: Routledge.

Krautwurst, Udo（2003）. "What is Settler Colonialism? An Anthropological Meditation on Frantz Fanon's 'Concerning Violence'," *History and Anthropology,* 14:1: 55-72.

Memmi, Albert（1991）. *The Colonizer and the Colonized,* trans. Howard Greenfeld. Boston: Beacon Press.

Rancière, Jacques（1999）. *Disagreement: Politics and Philosophy*, trans. Julie Rose. Minneapolis: University of Minnesota Press.（《歧義》，劉紀蕙、林淑芬、陳克倫、薛熙平譯，台北：麥田，2011。）

Shih, Shu-mei（2013）. "Against Diaspora: The Sinophone as Places of Cultural

Production," in Shu-mei Shih, Chien-hsin Tsai, and Brian Bernards eds., *Sinophone Studies: A Critical Reader.* New York: Columbia University Press. pp. 25-42.

Shih, Shu-mei（2011）. "The Concept of the Sinophone," *PMLA* 126.3（May 2011）: 709-718.

Singh, Jyotsna G. and David D. Kim eds.（2017）. *The Postcolonial World.* London and New York: Routledge.

Smith, Linda Tuhiwai（2012）. *Decolonizing Methodologies: Research and Indigenous Peoples.* London and New York: Zed Books Ltd..

Stasiulis, Daiva and Nira Yuval-Davis（1995）, "Introduction: Beyond Dichotomies – Gender, Race, Ethnicity and Class in Settler Societies," in Daiva Stasiulis & Nira Yuval-Davis eds., *Unsettling Settler Society: Articulations of Gender, Race, Ethnicity and Class.* London; Thousand Oaks, California: Sage Publications. pp. 1-38.

Veracini, Lorenzo. "'Settler Colonialism': Career of a Concept," *The Journal of Imperial and Commonwealth History*, 41:2, 313-333.

Veracini, Lorenzo（2015）. "Settler Colonial Expeditions," in Martin Thomas ed., *Expedition into Empire: Exploratory Journeys and the Making of the Modern World.* New York and London: Routledge. pp. 51-64.

Veracini, Lorenzo（2006）. *Israel and Settler Society.* London; Ann Arbor, Ml: Pluto Press.

Veracini, Lorenzo（2010）. *Settler Colonialism: A theoretical Overview.* New York: Palgrave Macmillan.

Veracini, Lorenzo（2015）. *The Settler Colonial Present.* New York: Palgrave Macmillan.

Wolfe, Patrick（1999）. *Settler Colonialism and the Transformation of Anthropology: The Politics and Poetics of an Ethnographic Event.* London; New York: Cassell.

華文

史書美。2016。〈理論臺灣初論〉。史書美、梅家玲、廖朝陽、陳東升主編。《知識臺灣：臺灣理論的可能性》。台北：麥田。頁55-94。

_____。2017。《反離散：華語語系研究論》，台北：聯經。

李承機、李育霖。2015。〈臺灣的後殖民問題——重新閱讀及面對臺灣歷史經驗與文化現象〉。李承機、李育霖主編。《「帝國」在臺灣》，台北：國立臺灣大學出版中心。頁5-20。

邱貴芬。2003。〈「後殖民」的台灣演繹〉。《後殖民及其外》。台北：麥田。頁259-299。

張素玢。2017。《未竟的殖民：日本在臺移民村》。台北：衛城。

莫那能。〈學唱「美麗島」〉。秋鬥：左翼連結，Retrieved January 28，2018, from http://www.leftlinks.tw/leftcafe/%e5%ad%b8%e5%94%b1%e3%80%88%e7%be%8e%e9%ba%97%e5%b3%b6%e3%80%89%ef%bc%8f%e8%8e%ab%e9%82%a3%e8%83%bd/

陳芳明。2000。〈後現代或後殖民——戰後台灣文學史的一個解釋〉。周英雄、劉紀蕙主編。《書寫台灣：文學史、後殖民與後現代》。台北：麥田。頁41-63。

曾芷筠。〈異鄉安魂曲——越南移工阮國非之死〉，Retrieved January 28，2018, from https://www.mirrormedia.mg/story/20180125pol025/

廖炳惠。2000。〈台灣——後現代還是後殖民？〉。周英雄、劉紀蕙主編。《書寫台灣：文學史、後殖民與後現代》。台北：麥田。頁85-99。

劉亮雅。2014。〈導論　再思台灣後殖民〉。《遲來的後殖民：再論解嚴以來台灣小說》。台北：國立臺灣大學出版中心。頁5-23。

蕭立君。2016。〈批評的常識／常識的批評——理論、常識與改革〉。史書美、梅家玲、廖朝陽、陳東升主編。《知識臺灣：臺灣理論的可能性》。台北：麥田。頁177-232。

濱田隼雄著。2004。《南方移民村》。黃玉燕譯。台北：柏室科技藝術。

底層知識
（Knowledge from Below）

珊卓拉·哈定（Sandra Harding）著

鄭惠雯譯

　　過去遭現代性所邊緣化的社會團體近來開始批判現代知識及其如何產生的問題。這些團體指出他們日常生活所需的知識不僅受到貶抑忽略，而且常常在面對現代化工程時遭到破壞。在美國，這方面又以支持貧戶、少數民族與種族、女性、反殖民運動、原住民、同性戀者、雙性戀者、跨性別者以及身心障礙者的社會團體能見度最高，他們提倡「底層知識」，乃是可以提供資源、改善人們日常生活的知識。

　　本文分為數個段落，嘗試勾勒各種知識構想如何促成「底層知識」的產生，探究其在認識論、本體論以及方法論上的多樣性，同時也舉例說明這些構想與現代知識生成的各種主流理念之間存在何等可貴的衝突和張力。我在此處特別關注近來在拉丁美洲出現的風潮。最後，我提出相關團體除了與地方主流知識生成的建制有所互動之外，他們彼此之間也出現全球交流的趨勢。這意味著一種有力的「底層知識」的全球新網絡正在出現，而台灣

的知識創造在這方面早已是這類知識構想的活躍參與者。[1]

社會公義與知識扼殺

　　知識產生的過程中，人的經驗應該被賦予何種角色呢？現代科學一向堅持：「任何人都可以透過我的望遠鏡來觀測」，正如伽利略所言。在羅馬教會與封建統治下的中世紀歐洲，只有神父和其他菁英掌握了珍貴且神祕的能力，現代知識則完全不同，其正當性必須根植於人人皆可從事的經驗觀察。透過現代科學的觀察方法，皇宮裡最卑微的僕役和最高貴的國王都可以證實月球山脈與土星環的存在。此等方法完全不涉及羅馬天主教與貴族社會的價值利益，可以避免菁英壟斷知識的生成。

　　然而，今日的科學方法似乎未能確保知識的生成不受主流經濟、政治、社會價值利益的影響。葡萄牙理論家Boaventura de Sousa Santos 對現代科學發出「知識扼殺」的指控（2007,2014）。各種科學一致地漠視世界多數民族的知識生成過程，只偏愛西方少數富有菁英及其在全球各處的盟友所獨享的昂貴、簡化的程序。現代西方科學知識僅願為其資助者背書，只為他們做研究找答案，而今日這些資助者主要就是資本主義企業、強國與其軍方。倘若大部分研究問題的設定都是為這些勢力服務，勢必造成全球不平等或環境資源遭破壞，危及全球的生命存活。近來拉丁美洲理論家指出，1492年開始的歐洲殖民主義利用新類型知識的生產，用來支持歐洲各國經濟、政治、宗教等擴張主義工

1　相關討論詳見Harding 2016, 2017。

程。新的知識不僅使擴張活動成為可能，也將之合理化。這些拉丁美洲理論家稱自己的研究是現代性（modernity）／殖民性（coloiality）／解殖民（decolonial）理論，簡稱MCD理論。（Canizares-Esguerra 2006, Coronil 2008, Dussel 1995, Escobar 2010, Medina, Marques, and Holmes 2014, Mignolo 2011, Mignolo and Escobar 2010, Morana, Dussel, and Jauregui 2008, Quijano 2007, Rodgriquez 2001, Todorov 1984）。[2]這些理論家的說法與1960年代在北美出現的社會公義運動相同，認為不論結果好壞，社會與科學之間存在著互相生成的關係。[3]

　　不可否認地，也有不少立意良善的團體努力藉由所謂的開發構想來創造社會公義，但是這些團體似乎總是認定只有他們才知道人們的需要，忽視了他們要「開發」的對象本身才有實際經驗（Escobar 1995）。而正如Santos所論，沒有「知識的正義」（epistemic justice），就沒有「社會的正義」（social justice）。

另一種知識？「後衛理論」（rear guard theory）與邊陲思想

　　拉丁美洲的MCD理論家提升了邊陲思想的地位。例如，

2　此學派提出的分析有別於常見的後殖民理論，並不以英法兩國自18世紀開始於亞洲與非洲進行的殖民活動為主要關注對象。事實上，現代性的發源地也包括拉丁美洲，西班牙人與葡萄牙人的殖民活動早於英法，面對的地理人文條件也與英法不同。

3　科學知識的社會研究亦提出相同原則，並據此原則勾勒科學與其特定歷史背景之間的社會關係（Jasanoff 2004, 2005）。

Santos提倡有效弭除或減少不平等的研究都必須是「後衛理論」，有別於前衛（avante garde）思維忽略全球普羅大眾的日常經驗，而前衛正是現代知識生成的特徵之一。後衛理論的構想必須以社會公義運動的關懷為基石，而非少數菁英逕自構思的完美願景。Santos從拉丁美洲原住民運動與其他社會公義運動的角度進行書寫，以世界社會論壇（World Social Forums, WSF）為研究取徑（Santos 2006）。世界社會論壇源自巴西阿雷格里港，抗議全球富國透過聯合國世界銀行與國際貨幣基金組織所制定的經濟及政治政策。他們集合各種社會公義運動，就在這些強國經濟學家開會的地點發起抗議。

　　儘管世界社會論壇也在其他國家運作，但目前他們在拉丁美洲進行的活動仍是最受矚目的。Aparicio和Blaser（2008）論道，正因為世界社會論壇奠基於進步的社會運動，使拉丁美洲人民得以「有效地污染自殖民時期開始就存在的主流權力／知識體制（所謂「有文化的城市」）」（59-60）。

　　阿根廷／美國理論家Walter Mignolo（2011）向女性主義者Gloria Anzaldua借用了「邊陲」（borderlands）思想一詞（1987）。Mignolo以「邊陲」來描述「殖民差異」；這是各地反殖民理論家思想的共通點，只是拉丁美洲仍為Mignolo的主要關注對象。現在「邊陲」一詞在拉丁美洲解殖民理論中受到廣泛使用。這類思想一方面拒絕向主流概念框架靠攏，另一方面也拒絕「離開」。它創造了一個場域來容納各種「他者」論述與運動，可以回應曾遭現代性及殖民主義剝削的人民，滿足他們的需求。

參與式行動研究

此處邊陲與後衛立場開啟了各樣認識論、本體論、方法論構想，用來創造底層知識。作為研究方法論，這些構想和各種參與式行動研究（Participatory Action Research, PAR）計畫有些類似。參與式行動研究在美國始於1960年代的社會科學領域，旨在為反貧計畫所支持的窮人發聲（Park 1993）。美國民權運動的反種族歧視研究、立足點方法論（Harding 2004）、多元交織計畫（Cho, Crenshaw and McCall 2013）、自然科學領域的「公眾科學」或「公民科學」計畫（Backstrand 2003, Hess 2007）、原住民團體與現代西方科學家進行的協同研究計畫（Fortmann 2008, Jaggar and Wisor 2013, OCSDNET 2016, Wylie 2015）等皆傳承了這樣的精神。這些計畫的發想拒絕與軍方、企業和國家掛鉤。以美國為例，政商軍界為各種自然或社會科學研究計畫的贊助單位。這些計畫亦拒絕採取以客觀為訴求的「不知名先生」這類不帶價值判斷的立場來掩蓋強大的社會價值與利益。研究永遠都是以社會為場域的，不管是否採取「不知名先生」的立場都是如此（Harding 2015）。此外，這些重視社會公義的知識構想也開始在彼此間展開對話。他們不是殖民民族誌理論下被孤立的「他者」，亦非後殖民理論當中無法被理解的「從屬者」（subalterns）。

然而，這些知識構想在自身的定位上存在著重要差異。他們出現在當地歷史的某個特殊時間點，由參與當地政治運動的不同團體成員所發起，甚至這些構想有時是彼此衝突的。例如，有些構想或許並未特別聚焦於某一種族、性別、性取向、宗教、原住民、經濟或其他重要政治議題，因此在描述與自身相關的過去、

現在和未來上面往往有所扞格。[4]因此，產生「底層知識」的各種努力並不完全重疊，反而各有其獨特認同與關懷，儘管他們經常彼此借用概念、互相結盟。

原住民運動復興

這類運動的要角之一即是近年來在全球各地興起，尤其在拉丁美洲的政壇更是蓬勃發展的原住民運動。玻利維亞現任總統莫拉萊斯（Evo Morales）即為原住民；厄瓜多總統柯利亞（Rafael Correa）則是印歐混血的麥士蒂索人（Aparicio and Blaser 2008, Blaser 2013, Santos 2004）。在安地斯高地，原住民發起「美好生活」（*Buen Vivir*）的運動，其理念在玻利維亞和厄瓜多左派政黨分別於2006以及2007年取得政權時得以入憲。兩國憲法承認「自然」亦享有特定合法權利，可由其支持者代為發聲。如此可為之辯護的權利獲得概念化，正如在美國和其他國家，孩童與精神障礙者亦享有可辯護的權利一樣。誠然，權利入憲不代表未來在實際上必定獲得辯護，然而這些受到憲法保護的權利已經在該地帶動新興且寶貴的公共討論（de la Cadena 2010, Gudynas 2011, Walsh 2010）。

當然，各國原住民團體投入國家政策的人口組成和參與程度情況不一。而各原住民團體與主流的伊比利亞人（Iberian）、克里奧爾人（Creole）、麥士蒂索人（Meztizo）和非裔團體及其文化的關係也存在著差異。再者，他們各自與聯合國或其他明確支

4　可參見Mendoza 2015以及Harding 2011〈序〉。

持原住民運動的國際團體之間，與全球各地有能力集結共同資源，因而已在各種當地的、國內外情境裡取得權力的原住民團體網絡之間，關係也都不同。這些差異在MCD的分析裡產生諸多具有正面意義的張力：其中之一便是「原住民性」（indigeneity）的定義。地方的提倡者通常在此議題上持有強烈意見，然而他們的立場可能會彼此衝突。舊殖民概念下的「原住民團體」完全是傳統的、靜態的、甚至是僵化的，與現代團體有別，這樣的虛構早被人類學揭穿了。儘管如此，「反原住民團體」在諸多情境下仍堅持以此窠臼來引導他們的聯邦政策，以縮減原住民權利。例如，美國非原住民獵人限制原住民在原有土地上打獵的獨特權利，設法讓政府規範這些特殊權利僅適用於傳統狩獵技術，即不准使用槍枝、車輛狩獵、不准使用冰箱保存狩獵肉品。就算原住民表示新科技更符合其道德與文化價值（像是減少動物死亡時的痛苦、不浪費自然資源等），他們仍堅持此項限制。舊的殖民論述似乎仍持續影響各團體的討論，即使這些團體與原住民並無利益上的爭競關係，而且沒有任何團體願意承認自己輕看蔑視「原住民性」的概念。

此外，對原住民習俗的尊敬有時也與其他社會公義目標產生衝突，例如婦權。政治理論家Jane Jaquette（2015）指出多位女性主義者均未能成功處理這樣的緊張關係，她建議女性主義運動應該改變策略。

在「帝國之眼」（imperial eyes）之後？

最後，這些後衛策略是否能夠成功封鎖人類學家Mary Louise

Pratt（2008）所謂的「帝國之眼」，這點也非常值得探討。Pratt
記錄了18世紀中洪堡德（Alexander Humboldt）等科學家／探險
家在非洲與南美洲不斷地為其眼前的自然與社會重新命名、排
序。Pratt指出洪堡德的做法是典型為帝國主義服務的科學方法，
不論科學家本身是否如此認定。Pratt清楚地引導我們思考今日的
科學其實也是「帝國」的，與洪堡德和其同僚所行並無二致。

　　洪堡德當時的科學家不僅輕視，而且往往無意深入了解原住
民對自我與周遭環境的想法。[5]有時侯他們更感興趣的是如何「改
進」所發現的動植物和人種，以此為歐洲帶來利益。然而，他們
卻有意識地擺出政治無辜的姿態：他們只是想為這些紊亂無序、
令人困惑的自然世界與人文社會命名，並且賦予新的次序。不論
科學家的意圖為何，「只是捕捉事實」的企圖使人們取得資源來
剝削自然和原住民；在這些科學家的眼中他們只是觀察研究的自
然對象。這些據稱是「單純無罪的眼睛」所提供的資訊正好可以
讓強大的經濟政治機構用於追求己利，征服自然。

　　這也顯示出設計與執行任何科學研究計畫之前，都必須以公
共討論的方式檢視其倫理與政治性。這類公共辯論必須置於研究
計畫規劃之初的「上游」。許多立意良好的科學家也已意識到這
點（cf. Reardon 2005），而MCD也持如此主張。

5　誠然，更妥善理解原住民思想的做法是直至近數十年才出現，早期研究者多半
　　只是根據現代西方標準來判斷原住民的敘述「正確」與否。

台灣的網絡參與

　　小國所形成的特殊底層串聯網絡往往會對全球造成巨大的影響。例如，台灣的科學、科技研究社群一直都是支持新期刊 *East Asian Science, Technology and Society: An International Journal* 的強力後盾。該期刊不僅內容創新，而且也極具影響力，至2018年已經發行了12卷。它由台灣科技部贊助，並由最具影響力的學術期刊出版社在美國以英文發行，編輯群全都來自東亞。編委會成員一開始以台灣、日本、南韓和新加坡學者為主，後來也加入來自香港和中國的東南亞學者。此外，其成員也包括來自美國、歐洲等國的西方科技研究重量級學者。該期刊涉及複雜且充滿活力的本地／全球知識與政治關係，在其中建立自我定位，這一點可參考第九卷第二期以及第九卷第四期。此二期的標題均為「我們從未遲到!?為東亞科技社會實踐創造知識空間」（"We have never been latecomers!? Making knowledge spaces for East Asian Technosocial Practices"），分別探討「循環流通」（circulation）和「情境性」（situatedness）兩大議題。

　　本論文所屬的計畫也代表了另一個源自台灣的全球知識構想，不僅創新且具有影響潛力。這些都締造了亞洲地區知識生產構想的網絡，他們一方面與保有當地（香港、台灣）的特殊性，但又能彼此串聯，同時為西方和華語世界的主流本地敘事帶來新鮮的觀點。

結語

　　在拉丁美洲，根植於社會公義運動之在地需求，以解殖民為訴求的自然與社會科學研究構想是否能夠阻絕「帝國的」效應？PAR的方法論及其來自底層的知識是否能提供充分的資源來抵禦今日世界潛在的「帝國之眼」？來自底層且影響力日增的全球知識網絡在認知上和政治上所帶來的影響為何？

參考書目

Anzaldua, Gloria（1987）. *Borderlands/La Frontera*. San Francisco: Spinsters/ Aunt Lute.

Aparicio, Juan Ricardo and Mario Blaser（2008）. "The 'Lettered City' and the Insurrection of Subjugated Knowledges in Latin America," *Anthropological Quarterly* 81,（1）: 59-94.

Backstrand, Karin（2003）. "Civic Science for Sustainability: Reframing the Role of Experts, Policy-Makers and Citizens in Environmental Governance." *Global Environmental Politics* 3,（4）: 24-41.

Blaser, Mario（2013）"Ontlogical Conflicts and the Stories of Peoples in Spite of Europe," *Current Anthropology* 54, no. 5. 547-68.

Canizares-Esguerra, Jorge（2006）. N*ature, Empire, and Nation: Explorations of the History of Science in the Iberian World*. Stanford, CA: Stanford University Press.

Cho, Sumi, Kimberle William Crenshaw, Leslie McCall, eds.（2013）. "Intersectionality: Theorizing Power, Empowering Theory,"（special issue）. *Signs: Journal of Women in Culture and Society*. 38,（4）: 785-1057.

Coronil, Fernando（2008）. "Elephants in the Americas? Latin American

Postcolonial Studies and Global Decolonization." In *Coloniality at Large*, ed. Mabel Morana, Enrique Dussel, and Carlos A. Jauregui. Durham: Duke University Press.

de la Cadena, Marisol (2010). "Indigenous Cosmopolitics in the Andes: Conceptual Reflections beyond 'Politics', *Cultural Anthropology* 25 (2): 334-370.

Dussel, Enrique (1995). *The Invention of the Americas: Eclipse of "the Other" and the Myth of Modernity.* Tr. Michael D. Barber. New York: Continuum.

East Asian Science, Technology, and Society: An International Journal.

Escobar, Arturo, (1995). *Encountering Development*. Princeton: Princeton University Press.

_____ (2010). "Worlds and Knowledges Otherwise: The Latin American Modernity/Coloniality Research Program," *Globalization and the Decolonial Option*, ed. Walter D. Mignolo and Arturo Escobar. New York: Routledge.

Fortmann, Louise, ed. (2008). P*articipatory Research in Conservation and Rural Livelihoods: Doing Science Together.* Hoboken, N.J.: Wiley-Blackwell.

Gudynas, Eduardo (2011). "Buen Vivir: Today's Tomorrow". *Development*. 54 (4): 441-447.

Harding, Sandra, ed. (2004). *The Feminist Standpoint Theory Reader*. New York: Routledge.

_____ (2008). *Sciences From Below: Feminisms, Postcolonialities, and Modernities*. Durham: Duke University Press.

_____ ed. (2011). *The Postcolonial Science and Technology Studies Reader*. Durham: Duke University Press.

—— (2015). *Objectivity and Diversity: Another Logic of Scientific Research.* Chicago: University of Chicago Press.

_____ (2016). "Latin American Decolonial Social Studies of Scientific Knowledge: Alliances and Tensions." *Science, Technology and Human Values*. 41 (6): 1063-87.

_____ (2017). "Latin American Decolonial Studies: Feminist Issues." *Feminist Studies*. 43 (3): 624-36.

Hess, David J (2007). *Alternative Pathways in Science and Industry*. Cambridge: MIT Press.

Jaggar, Alison and Scott Wisor (2014). "Feminist Methodology in Practice: Learning from a Research Project," *Just Methods: An Interdisciplinary Reader*. Boulder: Paradigm Publishers. 498-518.

Jaquette, Jane S (2016). "Women's Rights, Indigenous Rights, and Social Cohesion." *Democracy and Its Discontents in Latin America*, edited by Joe Foweraker and Dolores Trevizo. Boulder, CO: Lynne Rienner Publishers. pp. 171-186.

Jasanoff, Sheila, ed. (2004). *States of Knowledge: The Co-Production of Science and Social Order*. New York: Routledge.

_____ (2005). *Designs on Nature: Science and Democracy in Europe and the United States*. Princeton: Princeton University Press.

Medina, Eden, Ivan da Costa Marques, and Christina Holmes, eds. (2014a). *Beyond Imported Magic: Essays on Science, Technology, and Society in Latin America*. Cambridge, MIT Press.

Mendoza, Breny (2015). "Coloniality of Gender and Power: From Postcoloniality to Decoloniality." *The Oxford Handbook of Feminist Theory*, ed. Lisa Disch and Mary Hawkesworth. Oxford: Oxford University Press.

Mignolo, Walter D (2011). *The Darker Side of Western Modernity: Global Futures, Decolonial Options*. Durham: Duke University Press.

_____ and Arturo Escobar, eds. (2010). *Globalization and the Decolonial Option*. New York: Routledge.

Morana, Mabel, Enrique Dussel, and Carlos A. Jauregui, eds. (2008). *Coloniality at Large: Latin America and the Postcolonial Debate*. Durham: Duke University Press.

OCSDNET (Open and Collaborative Sciences for Development Network).

Park, Peter, et al. eds. (1993). *Voices of Change: Participatory Research in the*

United States and Canada. Westport, CT.: Bergin and Garvey.

Pratt, Mary Louise（2008）. *Imperial Eyes*, 2nd ed. New York: Routledge.

Quijano, Anibal（1992/2007）. "Coloniality and Modernity/Rationality." *Cultural Studies* 21: 2-3. 22-32.

Reardon, Jenny（2005）. *Race to the Finish: Identity and Governance in an Age of Genomics.* Princeton: Princeton University Press.

Rodriguez, Ileana, ed.（2001）.*The Latin American Subaltern Studies Reader.* Durham: Duke University Press.

Santos, Boaventura de Sousa,（2006）. *The Rise of the Global Left: The World Social Forum and Beyond.* New York: Zed Books.

————, ed.（2007）. *Another Knowledge is Possible: Beyond Northern Epistemologies.* New York: Verso.

————,（2014）. *Epistemologies of the South: Justice Against Epistemicide.* Boulder, CO: Paradigm Publishers.

Selin, Helaine（2007）. *Encyclopedia of the History of Science, Technology, and Medicine in Non-Western Cultures. 2nd ed.* Dordrecht: Kluwer.

Todorov, Tzvetan（1984）. *The Conquest of America.* tr. Richard Howard. New York: Harper & Row.

Walsh, Catherine（2010）. "Development as Buen Vivir: Institutional arrangements and（de）colonial entanglements". *Development* 53（1）: 15-21.

————. Forthcoming. "On Gender and its Otherwise," *The Palgrave Handbook on Gender and Development: Critical engagements in feminist theory and practice*, ed. Wendy Harcourt. London: Palgrave.

Wylie, Alison（2015）. "A Plurality of Pluralisms: Collaborative Practice in Archaeology," in *Objectivity in Science: New Perspectives from Science and Technology Studies*, eds. Flavia Padovani, Alan Richardson, and Jonathan Y. Tsou. New York: Springer.

前沿地帶
（Frontier）

李育霖

　　Frontier 一詞，在中文的脈絡中可以理解為包括如邊疆、邊陲、邊界、邊緣、前緣、前沿地帶等一系列相關的語彙，而這些語彙相當程度上刻畫了台灣的歷史發展、地理政治與文化論述話語。從大陸的視點看，台灣的歷史與地理自古便處邊陲的位置，而相關的歷史文化論述也在此脈絡下展開。海權時代以來，乃至第二次世界大戰結束、甚或接踵的冷戰時期，基於特殊的戰略考量與國際政治，frontier 被賦與另類的意涵，不僅是不同世界的分隔與邊界，同時也具有倒轉大陸視野與論述的可能。無可否認地，伴隨著後結構與後殖民等論述而來的邊緣論述，無疑強化了這一倒轉視野與論述的可能，亦即，以邊緣的力量對抗中心霸權。同時，這一論述傾向也為台灣知識發展奠定了話語基礎與反抗陣地。然而，當全球化來勢洶洶且兵臨城下，是否仍存在著相應的邊緣或前沿地帶？更確切地說，在無遠弗屆的全球化浪潮下，前沿地帶的反抗力量以何種樣態存在，以及應如何被理解？

　　顯然，frontier 一詞不僅描繪台灣歷史發展與區域地理政治的特殊定位，同時作為理論關鍵詞彙，也在不同論述脈絡中提供論

述的能量。在本文的討論中，不僅取其邊陲與邊緣等意，藉以刻
畫台灣的歷史經驗與地緣政治，更重要的是強調其前沿之意，用
來指稱尚未明確劃分的領域或規範之外的混沌之境，並藉此延
伸，指出前沿地帶事實上標示著特殊的閾境空間，具有反抗與創
造性的潛能，指向尚未具體化的虛擬未來。這一創造性的特質在
台灣文學的語言使用與美學表達中擁有最清晰的案例。跨語的台
灣作家每每在文學的習作中遭遇從語言文法與規範中離異的力
量，作家在實際的語言使用中導引這些變異的語詞與用法，因此
成就了特殊的美學風格。而這一語言前沿地帶的發現與佔領，則
主要得利於台灣歷史、語言、地理與文化的邊緣處境。

Frontier 的邊陲與邊緣論述

首先，frontier 經常被理解為邊陲與邊疆，指稱那些尚未納入
體制與秩序的化外之地，或在既定與確切疆界之外的區域，因此
含有境外之意。但前沿地帶一詞也是曖昧不明的，它在邊界之外
但同時也與邊界毗鄰，相互定義。換句話說，境外與境內兩者之
間以特定的方式界定彼此，並且彼此相關。

前沿地帶或境外一詞，的確與台灣的歷史經驗和地理位置相
關聯，特別是在清帝國的邊境管理或日本帝國的殖民地統治的架
構下。連橫在其著名的《臺灣通史》卷一〈開闢紀〉中曾如此描
述台灣：「臺灣固東番之地，越在南紀，中倚層巒，四面環海，
荒古以來，不通人世。」這段描述以中華帝國為視角，將台灣描
述為「東番之地」，並將台灣定位為邊緣之地。這一定位不僅是
地理的，也是歷史文化的。事實上，這一視角不僅出現在明清文

獻中，也在日治時期政府的「理番」政策中，而這一「番地」或「番人」的視角，逐步形構台灣歷史文化論述的主要內涵。如張隆志指出的，「所謂的『番地』問題，除了邊區拓墾中的族群接觸、競爭、衝突和適應，更涉及了東亞歷史轉型中，近代國家對於領土統治和資源控制的世界史脈絡。」[1]

由於其地理位置，台灣被捲入近代亞洲史乃至世界史的脈絡中，因此建構出複雜的論述脈絡與多重的歷史圖像。在以大陸視角為中心的歷史與文化論述中，台灣地處邊陲，長久被視為文明的化外之地，但這一視角隨著海權時代的來臨而有所改變。例如，台灣由清初的「海外征服」到晚清帝國的「海陸屏障」。[2] 1895年台灣被納入日本帝國的範疇，根本性地改變了台灣近代歷史的命運。作為殖民地，台灣在政治上作為日本帝國的延伸，在經濟上支持殖民母國的農業與工業基礎，在軍事上作為帝國南進的基石，而在社會文化與教育上也處於帝國的底層，支撐著帝國。這些都再次闡明了台灣地理上的邊緣位置與文化上的化外之地。值得一提的是，在日本的同化修辭與文化統合的論述中，台灣也以「外地」之名，差別地存在於帝國的論述當中。[3]

二戰結束以後，日本放棄在台權力，然而冷戰時代來臨，台灣也在新的世界秩序與政經結構中，重新被賦予位置。這一重新定位，事實上在二次大戰期間即可見端倪。美國軍事策略家柯爾

1　張隆志，〈帝國邊陲與殖民統治——十九世紀台灣的「番地」問題〉，《歷史月刊》199期（2004.08）頁69。

2　同前注，頁74。

3　島田謹二，《華麗島文学志：日本詩人の台湾体験》（東京：明治書院，1995），頁24。

（George H. Kerr）於第二次世界大戰期間如此看待台灣：「從大陸的視角看，福爾摩沙代表著大陸龐大複雜利益以及中國推向海洋世界興趣最東的突出點。從海洋的角度看，這島嶼在西太平洋島鏈的最西端，包含日本、琉球與菲律賓等海上貿易與國際政治世界的海洋前沿。」[4]這看似平凡無奇的觀察事實上確定了台灣在戰後國際政治中的位置與角色，其中台灣儘管仍是邊陲，但增添了前沿的意涵，並扮演中介與斡旋的角色。

　　邊緣論述與晚近興起的後殖民論述結合並不令人意外。更具體地說，後殖民論述中的邊境、底層與台灣的歷史發展和政治處境不謀而合，這也是為什麼在近幾十年台灣興起關於歷史、語言、文化的重整與復振運動至今仍未曾停歇。當然邊緣的台灣所面臨的處境相對複雜，不僅是殖民歷史中的日本或中國帝國，也包括全球化下以西方為首的全球主義。但不能忽視的是，邊緣論述並不限於殖民主義，它進一步與女性主義、酷兒理論、原住民論述、跨國論述、邊界論述與全球化等相關論述結合，形成了當前台灣文化論述的巨大能量。

Frontier 與文字的前沿地帶

　　如上述，frontier不僅描述了台灣特殊的歷史發展與區域地理政治，也為台灣當代人文發展帶來論述的力道。以「前沿地帶／frontier」作為台灣知識的關鍵詞，除了上述各項文化論述中的廣泛用法，更可用來描述現代台灣文學創作中特殊的風格與樣態。

4　Kerr, George H. *Formosa Betrayed* (Boston: Houghton Mifflin, 1965), p. 1.

這一特殊的文學風格與樣態與語言的使用直接相關，不僅涉及台灣文學史的創建，同時本身也是一個現代化的方案，它提示了台灣文學現代化問題結構，也體現了現代台灣作家語言使用所面對的問題與解答。因此，前沿地帶在本文的討論中，除了社會與歷史意義外，更帶有語言學、美學與生命政治的深刻意涵。

在一系列台灣文學作家的文學習作中，被稱為台灣現代文學之父的賴和，在其所謂「台灣話文」的書寫體現了最佳範例。以下是一般讀者所詳知的賴和作品〈一桿「稱仔」〉的一段引文：

> 村中，秦得參的一家，猶其是窮困的慘痛，當他生下的時候，他父親早就死了。他在世，雖曾贌〔注：租耕，或長期租耕〕得幾畝田地耕作，他死了以後，只剩下可憐的妻兒。若能得到業主的恩恤，田地繼續贌他們，雇用工人替她們種作，猶可得稍少利頭，以維持生計。但是富家人，誰肯讓他們的利益，給人家享。若然就不能成其富戶了。所以業主多得幾斗租穀，就轉贌給別人。他父親在世，汗血換來的錢，亦被他帶到地下去。他母子倆的生路，怕要絕望了。（頁43）

論者經常提起的賴和的寫作程序，從古典漢文到中國白話文，以及到台灣話文一連串的改寫與翻譯的過程，而在這一過程中主要端賴於詞彙的改造、借用、挪用、轉借，乃至新鑄的字詞與改造的構句和語法等。顯然，賴和的書寫展示了存在於此一語言書寫內部無法化約的張力。賴和與同時期的作家標榜「言文一致」的原則，並且身體力行，他們所嘗試的便是將地方話語納入漢字的書寫系統中。這是「我手寫我口」的原則，以漢字的表記

模擬，甚至置換在地的發聲。

　　從某個角度看，這一努力注定要失敗，不只因為語言之間總是無法找到相應的詞彙與對照的語法，更重要的是發聲（表述）的欲望總是不斷地從既定的語言學規範中逃離。從翻譯實作的角度看，由於語言對等物的闕如，因而使完全翻譯成為不可能，也因此，在賴和的書寫案例中更引人矚目的是那些「剩餘」（remainders），亦即那些從字詞構句與語法規範，以及翻譯不完全所產生的語言學元素。這些剩餘在雙語或多語的視角下，一般被看待為語言學的混雜或跨界，但無論如何，這些溢出語言學規範並且難以歸納的剩餘，恰恰展現了賴和書寫的獨特風格。

　　從前沿地帶的角度看，那些語言學或翻譯的剩餘所標示出的語言境外之地更值得關注。如果言文一致的原則嘗試將地方方言納入漢字的文字書寫體系，這些剩餘一方面劃定語言的疆界，一方面則溢出邊界而抵達境外。然而這些剩餘，包括文言漢文、台語、日語等，夾帶其聲音與指意，在一條可能的裝配線上進行組構、變形與重組。一個模糊的邊界於是被劃分出來，但隨即變形。賴和布滿「剩餘」的書寫，看起來似乎「怪異」、「難懂」，有時卻「戲謔」、「俏皮」，但不可否認的是在兩種、甚至多種語言不可譯的細縫中，一個獨特的語言與文學風格於焉成形。賴和書寫所披露的語言前沿地帶，無疑是一個語言學變異與規範之間鬥爭的場域。

　　口說與書寫語言之間難以協調的張力在王禎和文學「多語跨界」的書寫中以不同的風格呈現。我們的問題是，在王禎和的書寫中是否仍存在語言的前沿地帶，又以何種面貌呈現？以下引自王禎和著名短篇小說〈嫁妝一牛車〉中的一段文字：

定到料理店呷頓嶄底（作者注：吃頓好的），每次萬發拉
了牛車回來。今日他總算是個有牛車底啦！用自己底牛車敢
運趟別人底貨件，三十塊錢的樣子。生意算得過去。同以前
比量起，他現在過著舒鬆得相當的日子哩！盡賺來，盡花
去，家裡再不需要他供米給油，一點也沒有這個必須。詎料
出獄後他反倒閒適起來，想都想不到底。有錢便當歸鴉去，
一生莫曾口福得這等！村上無人不笑底，譏他入骨了。實實
在在沒有辦法一個字都不聽進去。雙耳果然慷慨給全聳了。
萬發也或許會比較的心安理得，尤其現在手裡拎著那姓簡底
敬慰他底酒。（頁72）

乍看之下，王禎和的書寫與賴和的書寫相當類似，例如多重
語言之間的交會，以及彼此之間字詞、構句乃至語法的交雜混用
等。但儘管如此，王禎和的書寫卻依循著與賴和相當不同的原
則。如果賴和嘗試將發聲（表述）寫入漢字的表記（無論藉由抽
象內在的翻譯過程或實際的語言翻譯），王禎和則明顯讓文字表
記服務於聲音。漢字裡的聲音被強調並被誇大地使用，甚至很多
時候，漢字的指意功能完全被取消，僅僅當做聲符使用。因此在
賴和書寫中，那些剩餘所指稱的語言前沿地帶，在王禎和的書寫
中則成為眾多語言學元素航向的未知領域。

這一書寫的風格在王禎和的著名小說《玫瑰玫瑰我愛你》中
表現得格外明顯。以下幾個例子：

「不然就要糟糕一碼事／一馬死（います）」
「搞得阿本仔一口一聲姨太姨太（日音；痛唷）」

「內心對內心，屁股對屁股」（Nation to Nation, People to People）

「罵你即是打你去死呀！」（My name is Patricia）

如果賴和書寫中多語混雜的現象來自於翻譯的不完全與不可能，對王禎和而言，翻譯則成為一個熟悉的策略與表達的動能。換句話說，王禎和的書寫中表達的「詼諧」、「戲謔」與「諷刺」恰恰來自於（不）翻譯的運作與交錯。在翻譯行進的軌道上，多種語言學的元素在虛擬的裝配線上組裝，王禎和書寫表現的並非翻譯的過渡，相反地，卻是翻譯的窒礙難行。於是，眾多分歧的語言學元素越過語言邊界朝前沿地帶遷徙，並在此漫遊、走走停停、轉彎或消失，因此描繪出語言之間錯綜複雜的通道與遷徙的路徑。也因此，我們目睹王禎和小說中角色的話語不斷溢出語言學的邊界，在前沿地帶不斷重組的軌跡。

或可說，言文一致運動啟動了當代台灣文學的現代化工程。賴和依此原則，嘗試將地方的聲音寫入漢字表記的書寫系統中，但卻意外地標示出語言的前沿地帶；王禎和繼承了這一書寫的傳統，但卻更主動地肩負多種語言學元素，朝這一前沿地帶遷徙、移動。但當言與文（聲音與表記，表述與再現）之間的衝突與扞格不再明顯，或彼此的區別不再必要，舞鶴的書寫以某種全新的方式體現此一前沿地帶，外在的前沿地帶於是轉換成內在的荒原，並躍升成為「現代性」的特殊命題。

舞鶴的書寫文字儘管經常被批評為標新立異，但仍標誌著相當鮮明的獨特風格。例如小說《餘生》中的文字：

　　走到餘生看到餘生美景感覺餘生的美妙，這是一種叛逆嗎
從都市自我放逐出來過一種遊牧的生活在部落與部落間調查
研究書寫都只是藉口沒有追尋不期望什麼是自我對生命的叛
逆，廢話太多文字感到厭倦書寫的動作成了純粹的虛妄，虛
妄就夠沒有不純粹的虛妄，是心靈在汩動或是腦海波湧或是
血脈的奔竄，本來就沒有目的或目的就是目的或隨地都是目
的……（頁228-229）

　　小說《餘生》的書寫，全書一氣呵成，並未分段，標點符號
似乎失去原有的功能，成為書寫的符號，或加入語言的運作。或
者，因為標點符號的隨意使用與不使用，甚或誤用與濫用，因而
造成構句與語法的凌亂詭異等現象。舞鶴的書寫彷彿被某種「精
神錯亂」所攫取。字詞、句法與語法等，都不再因循既定的規
範。但作者以第一人稱寫作，舞鶴的文字所描繪的是作者的「精
神狀態」，亦即作者所見的「景象」與聽見的「聲響」。換句話
說，外在的景物轉為內部的風景，聲音則相伴隨行。聲音與表記
的符號於是在寫作中共同運作，構成舞鶴文學表達的特殊樣式。
　　舞鶴的文字風格在其新作《亂迷》中推至極致。行文中幾乎
看不見「標準」的標點、字詞、構句與語法，一切顯得雜亂無
章。顯然，那些斷裂、凌亂、甚至錯亂的字詞與構句，並非翻譯
的剩餘，也非跨語書寫的過渡。破碎的斷句與怪異的語法打亂既
有的語言學規範，字詞成為碎片。但這些碎片並非作者內心處境
的模仿，且那些突如其來的內在獨白形式也非主角的內心世界的
表達，舞鶴的小說不再有主角，只剩對話，或沒有對話。舞鶴的
胡言亂語，實則在字詞之間製造了「間隙」，將語句折斷、搗

碎，然後任意排列、重組，湊接起來。這是舞鶴書寫新創的風格，已無聲音（言）與表記（文）之間的衝突，或兩者已不再彼此區別，但也非不同語言之間的過渡，因為書寫從未意圖渡越任何語言疆界。因此，聲音與表記符號在破碎的語句中共同運作，形成一個混沌的語言學領域，在語言「之間」。這是舞鶴文學中的前沿地帶或境外之地，然而卻存在於語言的內部。

如果賴和與王禎和的書寫仍存在著語言的前沿地帶，其例示仍是間接與辯證的，然而在舞鶴作品中，這一前沿地帶／境外的表達則顯得立即而直接。在舞鶴的小說中，敘述不斷被中斷，故事不再延續，於是小說不再有故事，而只有日常生活不同角色的對話。但這些對話仍以作者第一人稱的口吻，如囈語般叨叨絮絮，緩慢地發出，有時低吟惆悵，有時慷慨激昂。作者藉由語詞創造了一個世界的幻象，所有的角色在其中自由地發聲。敘述不再構成一個故事整體，世界也不再統一，舞鶴在破碎的字詞與凌亂的句法之間，置入了前沿地帶或語言外部，一個另類世界的形象。

參考書目

西文

Kerr, George H（1965）. *Formosa Betrayed*. Boston: Houghton Mifflin. Print.

華文

張隆志。2004。〈帝國邊陲與殖民統治──十九世紀台灣的「番地」問題〉。《歷史月刊》199期（2004年8月）。頁69-75。

連橫。1992。《台灣通史》。南投：臺灣省文獻委員會。

賴和。1994。〈一桿「稱仔」〉。《賴和小說選》。施淑編。台北：洪範。頁23-34。

王禎和。1993。〈嫁妝一牛車〉。《嫁妝一牛車》。台北：洪範。頁71-91。

———。1994。《玫瑰玫瑰我愛你》。台北：洪範。

舞鶴。1999。《餘生》，台北：麥田。

———。2007。《亂迷》，台北：麥田。

日文

島田謹二。1995。《華麗島文学志：日本詩人の台湾体験》。東京：明治書院。

後戰爭
（Post-war）

梅家玲

　　自甲午戰爭之後，台灣的命運便不斷與「戰爭」相交纏。國府遷台之後，戰火稍息，然而戰爭遺緒無所不在，不僅以不同形式滲入常民生活，甚至隨著時空流轉，不斷與先前的戰爭動員、戰爭記憶、戰爭敘事及文化流變相互對話。因此，一般歷史文化論述所習用的「戰後」一詞，實不足以概括當代台灣因戰爭因素而體現出的複雜性；而「後戰爭」，即是試圖在既有學者的重要論述之上，提出一個具有能動性的框架，去觀照並反思台灣的社會、文化與文學論題，試圖指出：如何走出戰爭及其遺緒的陰影，如何看待各種不同戰爭經驗（或遺緒）糾纏拉鋸而生成的、複雜的動態發展，如何超越對立，重新反思並善用戰爭之後所生成的正面能量，才是積極的意義所在。

　　相對於「戰爭」，一般對於「後戰爭」最簡單的理解，應是在時間上的「戰爭之後」。但此一「戰爭」是什麼戰爭？「戰後」是否具有明確的時間起始點？檢視現今所習用的「戰後」一詞，大致是以「二戰」（或是太平洋戰爭／大東亞戰爭）結束後的

1945年為起點。[1] 但若就台灣的歷史文化發展而言，前述戰爭的影響，實不及造成台灣成為日本殖民地的「甲午戰爭」，以及迫使國民政府播遷來台的「國共內戰」──甚至是美蘇兩大陣營對峙下的「冷戰」，來得深遠；另一方面，由於一個多世紀以來，台灣及匯聚於斯的人民曾經歷不盡相同的戰爭洗禮，這些或直接、或間接的戰爭經驗及其遺緒，不僅以「多源」、「重層」的方式銘刻台灣，其彼此之間，甚且相互衝撞拉扯。這也使得「戰」後或後「戰爭」的指涉，益形曖昧多義。因此，本文關於「後戰爭」的思考，主要雖來自對1949年國府遷台之後，諸般政治社會文化文學現象的勘察，但所關切的，與其說是某一特定時間戰爭之後的諸般現實面貌，毋寧是以之為問題意識的起點，揭示其間因各種不同戰爭經驗（或遺緒）糾纏拉鋸而生成的、複雜的動態發展，以及它可能為台灣帶來的意義。[2] 基於戰爭之於人類社會影響深遠，此一思考框架具有一定程度的普遍性；但在體現普遍性的同時，將更凸顯出台灣歷史文化發展的殊異性。以下，即試就四個面向予以初步說明：

1　關於「後戰爭」一詞，大陸學界也曾就此進行探討。2005年10月，四川師範大學文學院與外語學院聯合舉辦「後戰爭時期的文學與文化學術研討會」，探討文學與文化意義上的「後戰爭」；會中所指的「戰爭」，即是二次世界大戰。而對於「後戰爭」的思考，大致是將「二戰」之後的時期視作一個受「二戰」歷史支配的、廣義的「戰爭文化形態」，並具有當代的延續性。參見楊亦軍，〈「戰爭」之歷史與當代、延續與永恆──關於後戰爭時期文化與文學的當代思考〉，《漢語言文學研究》，2010年1卷4期。

2　這裡的「戰爭」至少包括幾個不同的層次：一是現實世界中的戰爭，二是象徵／修辭層面的戰爭，三是由現代科技所再現／虛擬出的戰爭。詳後。

一、戰爭「遺緒」

二、戰爭的記憶與記憶的戰爭，戰爭的敘事與敘事的戰爭

三、戰爭的「美學化」與「輕質化」

四、「常」、「序」、「敵／我」的重新組裝與流變

戰爭「遺緒」

所謂戰爭「遺緒」，意謂在空間及日常生活中，因戰爭而衍生出的、完而未完的種種生命樣態、生活形式。它可能是創傷經驗，也可能是國族認同、意識型態、話語形構之於個人生命與國家社會的規訓，讓現實中已經結束的有形的戰爭，轉化為另類的隱形戰爭。這是「後戰爭」論述的起點，也是重要核心。論者曾指出：由戰爭所形塑出的認知框架，主導了日後的國族認同，當前東亞的國族問題，乃至現代政治的許多癥結，其實都與近代史上一連串的戰爭及其遺緒有關；[3] 即是一證。然而台灣的特殊處卻在於：它的戰爭「遺緒」，起初有很大一部分是體現在內部的軍事化治理之上；而其終極目標，則是指向未來（可能）的戰爭行動。50代伊始，倉惶渡海而來的國民政府將台灣標舉為復興基地、反攻跳板，將共軍隨時會武力犯台的威脅，導向為行政與治理權力合理化的基礎。校園、社團實施種種軍事化的技藝訓練與制度管理，固不待言；「保密防諜，人人有責」的標語，隨時提

---

3 參見汪宏倫，〈東亞的戰爭之框與國族問題——對日本、中國、台灣的考察〉，收入汪宏倫編，《戰爭與社會》（台北：聯經，2014），頁157-225。除此而外，台籍日本兵、慰安婦的賠償問題，當然也是其中的重要「遺緒」。

醒民眾敵我之防無所不在；警總、婦聯會、救國團等機構的成立，也都是為了未來的戰爭預作準備。[4]而無獨有偶的是，往前推溯，以軍事技藝應付日常競爭，作為動員與管理的手段，其實早已出現在日治時期的台灣學校。當時日本用武士道與軍國主義精神來教育台灣的公小學校學生，即使尚未體制化，卻使台灣人民初步體認到現代的軍事技藝。[5]如此，戰爭「遺緒」不僅完而未完，還隱然孕育著另一個相關的軍事行動，召喚著未來戰爭的可能性。

戰爭的記憶與記憶的戰爭，戰爭的敘事與敘事的戰爭

正因為自甲午之戰以來，與台灣或直接、或間接相關的戰爭，至少包括了八年抗戰／第二次中日戰爭、大東亞戰爭／太平洋戰爭、國共內戰、一江山之役、八二三金門戰役，甚至韓戰、越戰、冷戰等，島上子民的戰爭經歷與戰爭記憶來源不一。不同的戰爭經驗及其遺緒，非但以「多源」而且「重層」的形態糾纏交錯，其中更不免因為複雜的認同問題而彼此牴觸。隨著政權更迭、時勢遷變，品類各異的記憶或升或沉，或隱或顯，相互競逐發聲權與合法性，落實在文學與歷史書寫中，遂不僅有對於戰爭的記憶與敘事，其各人記憶與敘事行為之間，也因立場理念之不同，出現記憶與敘事的戰爭。以文學書寫為例，國府遷台之初，

4　參見黃金麟，《戰爭、身體、現代性：近代台灣的軍事治理與身體1895-2005》（台北：聯經，2009）第四章〈戰爭與治理〉、第五章〈敵體化的社會〉。

5　同前注，頁206。

反共懷鄉文學當道，八年抗戰與國共內戰的記憶與書寫是為文壇主流，由日本所主導的太平洋戰爭記憶湮沒無聞，遑論效忠天皇，願為戰死的志願兵書寫與皇民文學。[6] 1998年，決戰時期的皇民文學陸續被翻譯發表，旋即引發各方激烈論爭，一場記憶與敘事之合理性合法性的戰爭，於是開打。[7]而同樣著眼於太平洋戰爭的記憶書寫，不同作家對於「作為日本人而戰」的思考關懷，仍然明顯有別。[8]凡此，都提示我們：戰爭的記憶與敘事，最關鍵的或許還不是戰爭如何被記得、被表述，而是誰在記憶？誰在敘事？站在什麼位置上記憶與敘事？至於晚近歷史教科書之戰爭相關敘事的種種爭議，尤其不在話下。

戰爭的「美學化」與「輕質化」

隨著烽火遠去，「戰爭」在現實世界中的極端暴力本質被逐漸淡化，轉而以話語修辭或是虛擬再現的方式滲入文學書寫、日常言語與大眾文化之中，成為審美或消費的對象。瘂弦作於八二三之役後不久的〈金門之歌〉，便已將戰地生活提煉為詩化言

---

6 60年代末，陳千武根據個人參戰記憶陸續發表為小說，台人的太平洋戰爭敘事，開始浮出地表，但仍屬少數。直到解嚴之後，以之為題材的記憶與敘事書寫，才逐漸增加；先前抗戰與內戰的相關書寫，反而相對沉寂。

7 這一批「皇民文學」由張良澤翻譯發表，先後見於《聯合報》、《民眾日報》、《台灣時報》等。張良澤並發表〈正視台灣文學史上的難題──關於台灣「皇民文學」作品拾遺〉，隨即引發陳映真、馬森、陳建忠、游勝冠等人的回應及激烈論戰。

8 請參見朱惠足的討論：〈從「戰爭的記憶」到「記憶的戰爭」──宋澤萊、陳映真與目取真俊的二戰記憶書寫〉，《文化研究》，2011年6月。

語，於是「擦亮一枝步槍」如同「擦亮這新的日子」；「等待戰鬥」，「如同等待一個女人／一個節日」。[9] 李渝《金絲猿的故事》以戰爭修辭書寫牌局、隱喻禁忌蠢動的情慾與主人公將軍在愛情婚姻中的攻防進退，皆為文學書寫「美學化」之犖犖大者。[10] 而另一方面，現代影視文化與電子科技產品高度發達，「戰爭」以或真實、或虛擬的形式揉雜再現於各式聲光媒材之中，成為漂浮於當代社會脈絡中，無所不在的符碼。透過科技和符號美學的篩選、複製、組裝、重構，戰爭不再是一個具體、二元和絕對的概念，而是一個可被消費的、可供表述填充的流動意符，甚至是電子產品中的「遊戲」。台灣電影從早年《八百壯士》、《筧橋英烈傳》的直面戰爭，頌讚英雄烈士，到如《海角七號》、《一九八五》等「以輕盈力道處理沉重歷史」，正是戰爭走向「輕質化」之一端。而電玩螢幕中的戰爭，則在疊合於真實世界的戰爭遊戲過程中，帶入了當下的互動性。玩家不但透過鍵盤運籌帷幄，做出戰略決策，還能與線上其他玩家組成戰隊，相與進退。[11] 它固然也體現著戰爭遺緒，隱含著記憶與敘事的戰爭，以及其間的多重辯證，但更多的是戰爭在當代消費文化、商品生產機制中不斷被重新想像、詮譯、消費與消耗。虛擬實境的戰爭遊戲鬆動了現實

9　〈金門之歌〉，《新文藝》第57期，1960年12月。

10　《金絲猿的故事》（台北：聯合文學，2000），頁33、41等。

11　參見紀蔚然，〈what next？——《海角七號》及其迴響〉，《印刻文學生活誌》，5卷4期，頁58-63；孫松榮，〈輕歷史的心靈感應——論台灣「後新—電影」的流體影像〉，《電影欣賞學刊》142期，頁137-156；以及莊佳穎深入的論析，〈浪漫的虛擬史詩——2008年後台灣電影中的戰爭記憶〉，收入汪宏倫編，《戰爭與社會》，頁573-615。

戰爭中的敵我分明、二元對立；雖然不過是一場遊戲一場夢，但其實內蘊了一個嚴肅的提問，那就是：如果「戰爭」帶來的是破壞、反常、失序與敵我對立，「後戰爭」反而要追問什麼是「常」？什麼是「序」？敵我之間是否，或者如何，進行位移或交混？而它們又如何為台灣帶來新生的活力？

「常」、「序」、「敵／我」的重新組裝與流變

回到現實世界，「戰爭」的暴力性格，在於它巨大的破壞與摧毀作用。無論是家破人亡，妻離子散，抑是國家民族、文明建設毀於一旦，都是人類社會不可承受之重。但不容忽視的是，戰爭在摧毀種種或有形、或無形之既定疆界、律法、規範的同時，不僅每每為「常」、「序」、「敵／我」關係的重新組裝帶來新契機，也促成多方元素的交混與流變，而這恰恰是新生之活力所以孕生的開端。[12] 論者曾以中國歷史上的幾番「南渡」為例，說明「永嘉、靖康、南明，無不是分崩離析的時代，但北方氏族庶民大舉南遷，帶來族群交匯，文化重整，終使得南方文明精彩紛呈，以致凌駕北方」。[13] 而放眼台灣，1661、1895 與 1949 三個年份，皆帶來人民、文化的大舉流動與流變。其中，1661 年鄭成功入台，漢人移民作為台灣社會變遷的歷史主軸就此奠定；1895 年日本開始殖民台灣，台灣的文明現代化進程於焉開始，領先大

---

12 德勒茲關於「去畛域化」、「平滑空間」、「流變生成」的理論，都可提供論述基礎。

13 王德威，〈納中華入台灣〉，收入楊儒賓，《1949 禮讚》（台北：聯經，2015），頁 3-12。

陸；1949年國府遷台，帶來的或許不只是戰敗的屈辱、中國格局的包袱，也同時移入故宮博物院、國家圖書館等世界級文物，與代表中國頂級學術文化意義的中央研究院、國史館等機構，更不提許多懷抱文化理想的知識分子，「他們融入台灣，他們的精神活動成為塑造今日台灣面貌的強而有力因素」。因此，「1949是個包容的象徵，隨著時間的流轉，以往建立在特定的語言、習俗、血緣上的舊論述不得不鬆綁，1949使得『台灣』、『台灣人』、『台灣文化』的內涵產生了質的突破。每一位島嶼的子民都不再鬱卒，它們與島嶼相互定義，彼此互屬」。[14]此說或許不免過度樂觀，然而它所開啟的問題意識，卻值得深思。而超越對立，正向看待戰爭遺緒的動態發展與流變生成的能量，亦正是「後戰爭」論述最重要的關懷所在。

參考書目

王德威。2015。〈納中華入台灣〉。收入楊儒賓。《1949禮讚》。台北：聯經。頁3-12。

朱惠足。2011。〈從「戰爭的記憶」到「記憶的戰爭」──宋澤萊、陳映真與目取真俊的二戰記憶書寫〉。《文化研究》12（2011年6月）。頁13-44。

李渝。2000。《金絲猿的故事》。台北：聯合文學。

汪宏倫。2014。〈東亞的戰爭之框與國族問題──對日本、中國、台灣的考察〉。收入汪宏倫編。《戰爭與社會》。台北：聯經。頁157-225。

紀蔚然。2008。〈what next？──《海角七號》及其迴響〉。《印刻文學生

---

14 楊儒賓，〈1949的禮讚〉，《1949禮讚》，頁31-41。

活誌》5卷4期。頁58-63。

孫松榮。2010。〈輕歷史的心靈感應——論台灣「後新—電影」的流體影像〉。《電影欣賞學刊》142（2010年4月）。頁137-156。

莊佳穎。〈浪漫的虛擬史詩——2008年後台灣電影中的戰爭記憶〉。收入汪宏倫編。《戰爭與社會：理論、歷史、主體經驗》。台北：聯經。頁573-615。

黃金麟。2009。《戰爭、身體、現代性：近代台灣的軍事治理與身體》。台北：聯經。

楊亦軍。2010。〈「戰爭」之歷史與當代、延續與永恆——關於後戰爭時期文化與文學的當代思考〉。《漢語言文學研究》，2010年1卷4期。

楊儒賓。2015。〈1949的禮讚〉。《1949禮讚》。台北：聯經。頁31-41。

瘂弦。1960。〈金門之歌〉。《新文藝》第57期，1960年12月。

拼裝
（Reassembling）

陳瑞麟

　　本文企圖把「拼裝」（Reassembling or Mosaic Reassembling）
發展成一個「理論性的概念」（theoretical concept），但不是從詮
釋這個概念本身的意義入手，本文以具體事物為探討起點：我們
對準人造產品的拼裝。所謂的人造產品有兩種：一種是物質性
的，以「拼裝車」為範例；另一種是心智性的，即「理論」。兩
者構成相互參照的對照。

拼裝車

　　「核四廠就像一台拼裝車！」這句話道盡了人們對核四廠的
重大疑慮：不具系統性、安全堪虞、風險極大，因為上述被認為
是「拼裝車」的特性。長久以來，「拼裝車」（reassembled cars）
一詞在台灣公共論述脈絡中具有相當的貶義，它之所以具有負面
涵義，有其特定的歷史脈絡。以下簡述係根據林崇熙（2001a,
2001b, 2002）對拼裝車的卓越研究。

　　1950年代間，戰後台灣百廢待舉、民生物資缺乏、工業能力

薄弱，在追求經濟建設的目標下，基於貨運與農耕需求，民間自行使用各種零散、用過甚至報廢的零件（parts）重新（re-）組裝（assemble）成可資工作的車輛。早期官方和新聞依據那些車輛的不同形態而稱為「馬達三輪貨車」、「耕耘機改裝貨車」、「鐵牛車」、「無照貨車」等等，之後更發展成各種不同的形式和功能（林崇熙 2001a）。自1960年代起，官方和媒體開始使用「拼裝車」一詞來統稱各種非由公司企業在標準化的（standardized）生產流程下所製造出來的農用車和貨車，並為它們塑造出負面的形象如橫衝直撞、易肇事、不安全、無牌照、粗製濫造、落伍等等（林崇熙 2001b）。

林崇熙的調查指出，儘管國家使用各種權力技術如污名化、空間區隔、技術規範、取締與管制淘汰等等來打壓拼裝車，但都無法成功。因為基於當時特殊的歷史脈絡，拼裝車有其相對於「公司車」的競爭區位或利基（niche）：（1）它的製造人性化且有高度彈性，可依顧客需求量身訂製；（2）可適用於田間、山區、河床、海灘和各種惡劣的地形環境；（3）因其製造彈性而具有使用功能上的彈性；（4）速度慢、安全性相對高；（5）配合鄉村不識字的農民；（6）成本、維修和使用便宜；（7）多元化且服務好。這些利基使得拼裝車在國家的政治和權力打壓下仍猶如「壓不扁的玫瑰」。

基於上述討論，林崇熙指出「拼裝」未必只具負面意涵，它可以是挑戰「正統」的前聲，是相對於「正統」的「異例」（2001a）。[1]如果說，拼裝車是挑戰「正統」的異例，那麼正統就

1　林崇熙，〈沉默的技術──嘉南平原的拼裝車〉。《科技、醫療與社會》1，頁37。

是倍受國家寵愛和扶植的「公司車」。可是，公司車不也是使用現成的零件而組合起來的嗎？它們不也是「被組裝的」（assembled）？同樣使用現成零件而「被組裝的」公司車和使用現成零件而「被拼裝的」的拼裝車，差異在哪裡？

公司車、量產車

　　讓我們離開國家、政治和權力的脈絡，進入建構製造的脈絡。拼裝車的製造為什麼是「拼裝」？這要對照「正常」的公司車才能被深入分析。

　　以公司車為例，一台汽車的基本構造是引擎動力系統（馬達）、傳動系統（含變速齒輪箱、傳動軸、排檔桿）、能源供輸排放系統（油箱、化油器或噴射器、排氣管等）、操控系統（方向盤、起動器、電池）、底盤（含懸吊系統、輪胎、剎車）、車型外殼（含車門、座墊、內裝等等）。一台所謂的「公司車」是透過具資本的企業大量投資研發工作，購買其他汽車零件廠商的現成零件（當然，有部分可能會重新設計開模生產），透過設計師的「系統性」整合，再由工廠員工或機器人組裝零件，大量生產。

　　一家汽車公司在推出新款式的汽車到市場販售前，有一個固定過程。一般而言，設計工程師決定規格（即「標準化」），在標準化下選擇零件，進行整合工作。然後，公司首先會製造出少量的「原型車」（prototypical cars），再加以測試（靜力測試、風洞測試、撞擊測試、行駛測試、操控測試等等）之後，才進行量產。汽車上市銷售一段時間銷量疲軟時，公司為了刺激消費者的購買欲，常會進行「小改款」。所謂的「款式」（model）主要指

汽車的車殼外型,「小改款」大致維持車體外型,只在細部上有小差異。可是汽車公司每隔幾年會進行一次大改款,重新設計外型,但仍保留原來的系列風味,這種大改款型通常也稱作「世代」,幾代下來就形成一個「世系」(lineage)。

　　汽車公司會投注資金、重新設計的部分大多是外型與內裝。汽車最重要的基本結構部分,也許行家和玩家會在意,但多數消費者看不到,為了節省開發成本,不同款式甚至不同車廠的汽車往往使用共同底盤、共同零件。它們多數不是汽車公司自己設計生產,而是汽車零件商或協力廠供應的。也就是說,公司車其實是現成零件「被組裝」而成的。

　　不管拼裝車如何被製造、有多麼地多樣性,它們仍然是汽車,就有汽車的基本結構。拼裝車的整體不像公司車那麼複雜,但是仍然有「引擎動力部分」、「傳動部分」、「能源供輸排放部分」、「操控部分」、「底盤部分」和「外殼」。拼裝車同樣也是現成零件「被組裝」而成的,為什麼拼裝車的組裝是「拼裝(再組裝)」?或許一個區分的標準是:組裝公司車的零件是全新的零件,而組裝拼裝車的零件是舊的、用過的、甚至報廢的。可是,公司車也有可能為了節省成本而沿用舊款車型的零件,沒有一台公司車的所有零件會是全部重新開發。這樣看來,公司車其實也可以說是「被拼裝的」?

　　在結構構成的面向上,組裝的公司車和再組裝的拼裝車其實沒有基本差異,真正的差異在於因應社會需求的不同生產發展過程,公司車有一個「系統整合的設計」、「標準化」、「原型車」、「測試」和「規模量產」的過程;拼裝車沒有。但正因沒有「系統整合」和「標準化」,使其在特定環境下具有優勢:拼裝車製

造者打破現成零件的原始組裝規格，以不同的方式「再組裝」成新的、獨一無二的產品，不同的拼裝車可能共用相同零件卻有不同的組裝方式。儘管「公司車」經過零件相互配合的整合設計、組裝方式「標準化」並經過「測試」，就使用現成零件來組裝而言，標準化的產品其實也是「拼裝（再組裝）的」。我們甚至可以說所有的「人造產品」都有這樣的製造過程：沿用現成零件→配合設計→組裝／拼裝→標準化→大量生產。這意味著，任何一型的拼裝車也可以被標準化而大量生產成為一台「量產車」；任何一型「量產車」都有其使用現成零件被組裝／拼裝的面向。

理論

人造的心智產品──理論──也有相似於人造物質產品的結構和歷程嗎？

我曾在過去的許多著作中探討了科學理論的本質、結構與發展（陳瑞麟2000，2004，2012，2014）。在最近的論文中，我歸納出一個「理論的理論」，主張四個理論的基本特徵：第一，理論包含（即）模型（模式、假說、類比、模擬）；第二，理論包含（即）概念架構（概念網絡、分類結構、詞彙結構、範疇系統）；第三，理論包含（即）論題（主張、宣稱、判斷、通則、命題）；第四，每個理論都有發展成一個理論版本家族（family of theory versions）的潛能，甚至，多數我們所謂的「一個理論」（例如牛頓力學理論、演化論、批判理論、後結構主義等）其實都是一個理論版本家族（陳瑞麟 2016，第二節）。其中，前三項基本特點與「理論的結構」相關，而且都顯示了「觀念」

（notions）或「概念」（concepts）是構成理論的「零件」，因為模型、概念架構、論題都是由觀念構成的。直截了當地說，理論是理論建構者把一組觀念系統性地聯結起來（一個理論可能的觀念結構的重建，參看圖1），猶如量產車是製造者把一群零件組裝而成的。在理論被建構的過程中，也會經歷觀念與經驗、資料互相配合，以及如何適切、一致、優雅地表述的過程，猶如公司車經歷零件的標準化和整合設計。當理論首次誕生時，它是一個「原

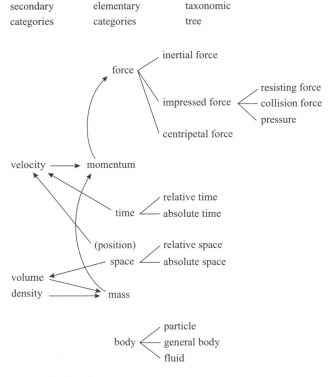

圖1：牛頓力學的觀念結構，一個可能的組合（裝）方式。引自Chen（2000）。

型」（prototype），它需要被應用、被檢驗（tested）和被推廣，猶如公司的原型車被測試。一個原型理論通過測試而不斷地被應用到各種不同的案例上，並用以說明和解釋各種相似的現象，猶如公司車被大量生產了。這樣看來，人造的心智產品和人造的物質產品的生產歷程幾乎是一模一樣。

可是，如同先前論證，量產車有其「被拼裝」的面向或階段，因為量產車會沿用大量現成的零件，配合一些新設計和開發的零件。理論也可以說是拼裝的嗎？至少理論有其「被拼裝」的階段或面向？是的。沒有理論可以從虛無中誕生；也沒有理論是由全新觀念組裝而成的。所有的理論都會沿用現成的觀念，大多數的現成觀念是來自其他理論，這是人類的求知學習過程必然產生的結果。我們可以類比地說，新理論也許會開發新觀念，但一定會沿用現成的觀念來拼裝新觀念，針對兩者的配合構思設計，產生標準化的組裝模式，再由「學術或社會工廠」大量生產。不過，就像在標準化的公司車外我們有拼裝車，在標準化的理論外，我們是否也可以有「觀念拼裝」（notional re-assemblage）？它們適用於特定的環境，有其競爭的利基？特別是，它們適用於台灣的文化？

「觀念拼裝」作為發展策略

我們使用理論來說明和解釋感興趣的現象，我們希望透過理論性的理解，來系統性地掌握複雜現象底層的機制，以便據以改善我們的生存環境。可是，當代台灣的人文社會研究者，想理解自己和世界的時候，發現他們用來說明、解釋和詮釋的絕大多數

理論，幾乎都是來自西方或歐美的國家。僅以筆者個人的閱讀經驗和記憶為例（以哲學為主，但不限於哲學），台灣在 1950 和 1960 年代流行存在主義、邏輯實證論和自由主義，與黨國意識型態（三民主義）激烈競爭並受到政治打壓；1970 年代在國民黨當局強勢主導下，開展中華文化復興運動，1920 年代起於中國的新儒家也在此時成為顯學；1980 年代台灣社會力迸現，大量歐美思潮引入，例如韋伯熱、結構主義、詮釋學、新馬克思主義／西方馬克思主義／批判理論、後現代主義、解構主義、後結構主義、傅柯的知識權力論、文化／媒體研究，源自英美的分析哲學也在 1990 年代復興，日常語言學派、心智哲學、Quine、Davidson、新實用主義（Rorty, McDowell, Brandom…）；科學哲學和科技之學（science and technology studies, STS）則從波柏、孔恩、拉卡托斯、勞丹到女性主義科哲、SSK、ANT、risk theory、PUS、social world theory 等等。一個又一個歐美「諸神」同時駕臨小小的島嶼台灣，快速輪替，令人應接不暇。單單想列出我所知道的「諸神」大名，恐怕就要花掉一兩頁的篇幅。這種台灣的學術現象確實值得深入研究，史書美（2016）建議發展「摹仿理論」和「理論（高速）旅行（輪替）論」來說明並反思台灣的學術現象，是一個睿智的洞見。這是否意味著台灣是一個徹底的學術殖民化的國度？可能沒有一個簡單的答案。

　　21 世紀伊始，台灣人文社會學界似乎不約而同地突現（emerging）主體性（subjectivity）的覺醒。在 STS 學界，傅大為（Fu, 2007）問東亞是否可能有自己的 STS 理論，得到東亞日韓台學者的迴響（Tsukahara 2009, Kim 2010, Chen 2012）。傅的提問當然包含台灣的 STS 理論，但並未凸顯。在外文學界，史書美和

廖朝陽聯合其他領域學者（梅家玲、陳東升）共同主編《知識臺灣》一書，挑明直探「台灣理論的可能性」問題，其中屬外文學界的廖朝陽（2016）和蕭立君（2016）都針對「理論」而發聲，史書美（2016）則從宏觀的世界史角度切入台灣理論。在哲學界，「台灣哲學」正式登上檯面，洪子偉主編出版《存在交涉：日治時期的臺灣哲學》（2016），同年舉辦「台灣哲學一百年學術研討會」。這是否意味射向台灣理論之靶已經箭在弦上？可是，如果鬆弦釋出這枝射靶之箭，它應該朝哪個方向？

　　台灣STS學界似乎已實行「（理論的）觀念拼裝」的策略，也就是說，從各種歐美STS理論中擷取個別的觀念，用來描述、說明台灣的科技與社會現象；針對不同的案例，則從不同的理論擷取不同的觀念。在這樣的擷取和挪用中，沒有針對觀念做系統性的配合，而以一種mosaic的拼貼方式呈現，而這正是漢語「拼裝」一詞的精確涵義。換言之，「觀念拼裝」的精確譯詞是mosaic assembling of notions。我曾經針對《科技、醫療與社會》和 *East Asian Science, Technology and Society* 這兩份期刊中的STS論文做了系統性的分析（Chen 2012，在該文中我稱作conceptual assemblage），揭櫫台灣STS學界普遍採取這個「觀念拼裝」的策略，而且在私下的通訊中，不少重要的STS學者（傅大為、吳嘉苓、郭文華、林文源等）似乎都贊同這個STS的理論發展策略，而且使用其他相似的STS概念如「賽伯格」（cyborg）、「雜種化」（hybridization）或「克里奧化」（creolization）來論述，可是由於強調重點不同，STS學者彼此間有內部爭議，目前尚在發展當中。

　　我偏愛「拼裝」一詞，因為它是一個具「台灣性」的觀念。我不反對「觀念拼裝」作為一個理論發展的策略，但是我不贊同

停留在這個策略上（陳瑞麟 2014）。所謂的「停留」是指把它當成台灣STS研究的一個鮮明的理論特色，不必再去追求「純台灣的STS理論」。觀念拼裝是走向理論的中介、中間階段，如同先前所言，它是發展理論的必經階段，但是，停留在觀念拼裝的發展策略無法使我們掌握理論權力（theoretical power）。針對這一點，本文探討「公司車—拼裝車」和「理論—觀念拼裝」這兩對「配偶」的對照，可以提供我們若干啟示。

觀念拼裝與理論的發展

為什麼不應該停留在理論拼裝的策略上？因為這就好像停留在拼裝車的製造，而不去發展公司車的感覺。拼裝車有其適於本土的彈性與利基，但是它的「本質（結構）」限定它無法「量產」，也沒有小改款（類比於演化論上的變異〔variables〕），因為每一台拼裝車都是一個全新、孤立的款式，如此也無法像公司車一樣發展出家族和世系。公司車和理論有幾乎完全相似的發展模式，如下：

公司量產車：沿用現成零件→配合設計→組裝／拼裝→標準化→原型車→測試→大量生產→改款（變異體）→世代、世系
理論：沿用現成觀念→新舊觀念配合設計→組裝／拼裝→標準化→原型→測試→大量應用→新版本（變異體）→家族化→世代、世系

類似地，拼裝車和理論的觀念拼裝共享相似的發展模式：

　　拼裝車：沿用現成零件→配合環境、彈性設計→組裝／拼裝
→因應環境重新拼裝

　　觀念拼裝：沿用現有理論的部分觀念→配合案例、彈性設計
→組裝／拼裝→因應不同案例重新拼裝

　　由此可見，拼裝是量產車和理論發展的中間階段，而拼裝車
與觀念拼裝則是不斷地重複拼裝的階段。結論似乎很清楚了，台
灣人文社會學界應該擺脫觀念拼裝的階段，朝向個人化的理論
（版本）和社會性的理論（版本）家族的方向前進？可是，讓我
們想得更辯證一點：拼裝可以產生許多獨一無二的產品，難道這
不能形成一種「台灣特色」？我不能預測台灣未來會如何發展，
觀念拼裝有可能變成台灣特色，但是我想像這必須朝向「風格
化」的方向發展。讓我引用自己論文〈革命、演化與拼裝〉的結
論提問：

　　採取此策略的STS研究者，其整體研究上是否能浮現一種
「風格化」（stylized）的拼裝？換個方式問：台灣的STS學界
是否能產生許多畢卡索（Pablo R. Picasso）、高第（Antoni
Gaudi I Cornet）、或安迪沃荷（Andy Warhol）？[2]

　　「風格化」也是「藝術化」。我們能夠創作出藝術化的觀念拼
裝嗎？那是什麼樣的一種狀態或境界？目前我無法想像。只能

2　陳瑞麟，〈革命、演化與拼裝——從HPS到STS，從歐美到台灣〉，《科技、醫
　療與社會》，18，頁321。

說，理論和「理想的觀念拼裝」的差異終究是「標準化」vs.「風格化」。最後一個問題：台灣「理論」應該朝向標準化？或觀念拼裝的風格化？或兩者都要？

參考書目

西文

Chen, R.-L.（2000）. Theory Versions Instead of Articulations of a Paradigm. *Studies in History and Philosophy of Science*, 31A（3）: 449-471.

＿＿＿＿＿（2012）. A Voyage to East Asian STS Theories: Or, What Might Make an STS Theory East Asian, *East Asian Science, Technology and Society: An International Journal*, 6（4）: 465-485.

Fu, Daiwie（2007）. How Far Can East Asian STS Go? *East Asian Science, Technology and Society: An International Journal*, 1（1）: 1-14.

Kim, Yung Sik（2010）. Specialized Knowledge in Traditional East Asian Context: STS and the History of East Asian Science. *East Asian Science, Technology and Society: An International Journal*, 4（2）: 179-183.

Tsukahara, Togo（2009）. Introduction（1）: Japanese STS in Global, East Asian, and Local Contexts. *East Asian Science, Technology and Society: An International Journal*, 3（4）: 505-509.

華文

史書美。2016。〈理論臺灣初論〉。史書美、梅家玲、廖朝陽、陳東升主編。《知識臺灣：臺灣理論的可能性》。台北：麥田。頁55-94。

林崇熙。2001a。〈沉默的技術——嘉南平原的拼裝車〉。《科技、醫療與社會》1。頁1-42。

＿＿＿＿。2001b。〈脈絡化的技術——頡頏國家的拼裝車〉。《新史學》12（1）。頁75-120。

———。2002。〈噤聲的技術——拼裝車的美麗與哀愁〉。《科技博物》6（4）。頁34-58。

洪子偉主編。2016。《存在交涉：日治時期的臺灣哲學》。台北：聯經。

陳瑞麟。2004。《科學理論版本的結構與發展》。台北：國立臺灣大學出版中心。

———。2010。《科學哲學：理論與歷史》。台北：群學。

———。2012。《認知與評價：科學理論與實驗的動力學》。台北：國立臺灣大學出版中心。

———。2014。〈革命、演化與拼裝——從HPS到STS，從歐美到台灣〉。《科技、醫療與社會》18。頁281-334。

———。2016。〈可以有臺灣理論嗎？如何可能？〉。史書美、梅家玲、廖朝陽、陳東升主編。《知識臺灣：臺灣理論的可能性》。台北：麥田。頁15-54。

廖朝陽。2016。〈理論與虛空〉。史書美、梅家玲、廖朝陽、陳東升主編。《知識臺灣：臺灣理論的可能性》。台北：麥田。頁141-176。

蕭立君。2016。〈批評的常識／常識的批評——理論、常識與改革〉，史書美、梅家玲、廖朝陽、陳東升主編。《知識臺灣：臺灣理論的可能性》。台北：麥田。頁177-232。

政治玄學
（Political Metaphysics）[1]

邰立楷（Nicolas Testerman）

　　「政治玄學」是一項概念和分析方法，也是治理的工具，更是人生具體情況的表現。如此，政治玄學於台灣一連串殖民歷史（history of serial colonialism）[2]的脈絡下，表示殖民者建立的一種壓迫權力；不過政治玄學亦可從抵抗者的立場出發，進而建立一種解放的力量。本文針對台灣現代的歷史闡述「政治玄學」的概念，以及此概念如何在台灣現代思想、歷史和政治的獨特情境中發展。剖析台灣歷史後，我們發現殖民主義及定居殖民者[3]實施其殖民志業的同時，也帶來他們自己種類的政治和形而上理論，例如日本帝國和國民黨治理台灣時，將台灣全地殖民化，進而逼迫人民接受他們獨特的政治玄學。

　　以國民黨統治為例，國民黨知識分子如孫中山、蔣中正、陳

1　感謝史書美、劉紀惠、謝若蘭、吳建亨、曹美秀與黃郁婷對本文的批正，也感謝後三位對語言措辭的建議，大大提高文章的質量與可讀性。

2　請參照《知識臺灣》〈「知識／臺灣」學群宣言草案〉與Shih（2013: 4-6）。

3　關於定居殖民的概念，請參考史書美（2016: 64-79, 2013: 3-8, 12-13）與蔡林縉於本書的〈定居者（Settler）〉。

立夫，與新儒家錢穆、牟宗三等人，將民族主義建構在玄學系統上，以本質主義和政治統治的理論為基礎，合理化其統治目的。國民黨的御用學者和新儒家的哲學家皆以同樣的玄學當作政治存在的理由（*raison d'être*），形成一種「政治玄學」的結構（structure）。實際上，此結構隱含一個唯生的本體論（vitalist ontology），讓民族主義混於唯生論和生命哲學。如此，生命哲學與民族主義是兩個應該被分立的概念，因為生命哲學具有超越或／與內在的普遍性；然而，民族主義是具特殊性的，當二者被混在一起時，便形成一種虛假普遍主義以及變異的普遍主義。

　　國民黨與新儒家哲學家退至台灣時，他們的政治玄學將生命、民族、文化和歷史融合成相互依賴的觀念，而以此塑造了一個群體和歷史的永恆神話：五千年來中國的本質一致、連續且沒有改變；因此台灣不是一個主權獨立的國家，而永遠是中國的一部分，國民黨治理台灣是應該的，處罰異議人士也是自然的。為了宣傳此「本體政治的神話」（onto-political myth），國民黨與新儒家學者透過寫作和演講，傳播法西斯式的殖民主義及定居殖民政治玄學，除了教育與媒體外，蔣中正開始復興中國文化運動、更動經濟體制和用武力來排除反抗者。本文無法全面顧及政治玄學在台灣錯綜複雜的歷史，僅以蔣中正、陳立夫和牟宗三作為例子，經由這三位在政治領域、御用學界及新儒家思想中的代表人物，涵蓋台灣政治玄學自1949年以來最重要的三個層面。筆者希望，以政治玄學作為關鍵詞，探究國民黨接收台灣後，思想的散播與政治統御之間如何交錯與相互強化，為台灣理論開闢一條新的論述路徑來闡述這三位人物，可證明政治玄學於台灣的廣泛可用性，其實我個人認為，以台灣現代性的政治問題專注於分析，

政治玄學所造成的嚴重後果，就類似當代義大利哲學家喬治‧阿
岡本（Giorgio Agamben）在《均衡：以內戰當政治典範》（*Stasis:
Civil War As a Political Paradigm*）一書的小結中，所提出的論點：
政治哲學的現代性得先承認其神學之根源，如此之後，只能一步
一步地衝破其所造成之政治矛盾（69）。

政治玄學 vs 政治神學

　　政治玄學作為台灣理論的關鍵詞，不可避免地需與較為人熟
知的「政治神學」（political theology）的概念區分[4]。筆者雖然不
使用「政治神學」一詞，本文「政治玄學」的概念及論述，卻受
政治神學相當大的啟發，不過，在基本上，政治神學描述的現象
異於本文想討論的問題，因而鑄造政治玄學的概念作為分析範疇。
　　本段會說明筆者運用「玄學」一詞之最重要的四個原因。第
一，「政治神學」關注的焦點，就是政治與神學保有密不可分的
關係，並且，政治神學是以基督教的一神論為論述基礎。然而，
中國與台灣思想的歷史中，基督教並沒有相等普及的影響，因
此，筆者不使用既有的「政治神學」一詞。第二，中國與台灣的
宗教中，以哲學的立場看，信仰的對象在商朝以後為非擬人化的
「天」；[5]演變至現代華語所稱的「玄學」，雖常以「生」代替「天」

4　在1871年俄國的無政府主義者，米哈伊爾‧巴枯寧（Mikhail Bakunin）創造
　　政治神學一詞彙，不過政治神學成為學說的領域始於德國法學家卡爾‧施米特
　　（Carl Schmitt）半世紀後開始賦予此概念一個理論性的架構。施米特以外，宗
　　教歷史學者雅歌‧杳巴斯（Jacob Taubes）更進一步將政治神學理論化。
5　參看《中國哲學的特質》的第一、四、六、七和九講（牟氏，1963）、李澤厚

為信仰的中心，其基本含義並沒有改變。[6]「天」與「生」指涉的是命令、過程和創造的力量，截然不同於基督教的「上帝」全知全能的擬人化的存有（Being），反之，政治玄學特別強調多元的成因過程（causal processes）以及關聯結構之分層（stratified relational structures）。第三，「玄學」一詞是中文既有的詞彙。魏晉玄學者創造了許多哲學詞彙，且被沿用至今。因此，本文使用的「政治玄學」一詞，雖然是新創的，但所使用的前現代詞彙，表現了對魏晉玄學的承續。第四，「玄學」涵蓋範圍較「形而上學」更廣，包含本體論、宇宙論、理論學和知識論，更能適用於本文所欲分析的對象，故本文不使用「形而上學」一詞。

　　再者，政治玄學指涉兩種極端不同的意義，一來政治玄學具有創造性、[7]另一方也具備破滅性。從另一方面來看，政治玄學也具有激進的倫理面向，解構壓迫性的結構，為解放提供可能性條件。[8]本文將以此為基礎，論述蔣、陳、牟的政治玄學。

《中國古代思想史論》（2012: 86，133，180）與張東蓀《知識與文化》（1946: 187-188）。

6　筆者今後之研究，會說明政治玄學與佛教思想的關係，因為差異太複雜，目前無法解釋。

7　值得注意的是，政治玄學的創造性不一定是好的，事實上，自古以來，世界各地，當權者皆常利用一種形而上學來確立統治，如此，在西方哲學內，從亞里斯多德到現在，John McCumber說明 *ousia*（存有）一概念造成的壓抑結構（1999: 88）。

8　史書美與劉紀惠兩人對筆者解構政治玄學的論述有相當大的影響：史書美由後殖民理論出發，更進一步發展華語語系概念的激進意涵；劉紀惠則以精神分析解釋「心」於中國和台灣20世紀前半葉如何被政治化。

蔣中正

生命的意義在創造宇宙繼起之生命、生活的目的在增進人類全體之生活

銘刻在中正紀念堂蔣中正雕像的兩側，這句名言是台灣教育思想中根深蒂固的口號，也是國民黨治理台灣的重要政治玄學基準。按照蔣氏的玄學，生命的意義是連繫過去與創造未來；按照他的政治理想，個人的生活應該為群體的生活而存在。如此，蔣氏玄學可謂追求群體的一統性。

這句口號最先出現於1943年，在蔣氏跟陶希聖的《中國之命運》一書第七講中，蔣氏闡明：

我的人生觀，就是我常說「生命的意義，是創造其宇宙繼起的生命。生活的目的，在增進我人類全體的生活。」這句話就是說：宇宙間一切新的生命，皆要由人來創造，亦要由人來決定。而國家的命運更要由我全國國民之本身來創造來決定，自無疑義。（121）

也就是說，對蔣中正而言，人能夠創造生命，國民也能夠創造國家的命運，人生因此就代替了宇宙的原理。如此，為了處理生命和生活的本體差異，蔣氏強調人生的創造動力，以致生命的超越性與生活的內在性之界限崩潰，二者變成同一個「唯生」單元。可見蔣氏名言背後，隱藏著形而上與形而下的同樣的結構，於是，我們可以說蔣氏以玄學作為手段，追求群體一統性，即筆

者所說的「政治玄學」的一種表現。在蔣氏的政治玄學中，人生
承受生命的聯繫性和創造性的功能，而且生命、國家、人生和命
運都被聯繫起來，於是，國家便擁有支配人民生活與生命的權
力，在這個思考模式下，政治力量被無限地放大。如此看來，蔣
氏的政治玄學就是一種唯生論，更成為蔣氏法西斯的本體論、殖
民主義及定居殖民的政治玄學之基礎。這種思考模式忽略了本體
差異，使生命、人生和生活皆歸屬於民族和國家，三位一體淪為
鞏固國民黨權力的工具。

陳立夫

　　陳立夫的政治玄學在國民黨30年代初的政治情勢中發展出
來，當時孫中山已經過世數年、國民黨內權位之爭方興未艾、蔣
中正甫建立權力中心，卻面臨共產黨的權勢壯大，幾乎已奪走了
意識型態的掌控權。為了證明國民黨優於共產黨，陳氏以孔孟思
想、宋明理學、現代科學、歐美政治思想和孫中山的作品，融合
成一個整體化之政治玄學及倫理系統，為國民黨新生活運動後之
法西斯主義，以及二二八之後的殖民主義和定居殖民做辯護。基
本上，陳氏所建立的政治玄學內容主要有三個方面：（一）唯生
論與民生史的根源；（二）宇宙與政府的進化論；（三）「誠」形
成的生命與力量。國民黨政府遷台之後，陳立夫的中心思想進入
台灣的教育文化，對其產生了深遠的影響。以下針對陳氏三個面
向的概念分別論述。

　　（一）陳氏以孫中山的唯生宇宙論即民生史觀為基礎，在
《唯生論》的導言寫道：「民生史觀是總理革命理論的基礎，而唯
生的宇宙觀又是民生史觀的根源；所以我們要真正懂得總理的主

義，就要懂得民生史觀，要真正懂得民生史觀，就要懂得唯生的宇宙觀，唯生論的宇宙觀是總理最高遠最要緊的哲學思想。」由此可見，陳氏想補充蔣氏和國民黨的權力論述的不足，將孫氏原有的物質性之民生史觀改成唯心、唯生的宇宙論。依據唯生論的觀點，生命就是宇宙的元力，亦是民生史觀和革命的基礎。陳氏所建立的政治玄學由此可清楚看出，然而，唯生論與國民黨的專制治理之間的關係仍須進一步說明。

（二）在現代政治歷史裡，除了巴勒斯坦領土和敘利亞之外，台灣曾有世界上最長的戒嚴時期；陳氏作為國民黨的御用學者，以政治玄學解釋孫氏的三民主義，為台灣戒嚴提供合理性的辯護。在《中華百科全書》之「生元」的條目，陳氏介紹了孫氏的宇宙進化論：「國父孫中山先生創立進化論，分進化為三時期：第一時期以太極為物質進化的開始，第二時期以生元為物種進化的開始，第三時期以人性為人類進化的開始」。從玄學的觀點來看，這段文字提出兩個重點，第一，人性雖然在第三階段才出現，但人性已蘊藏於第一階段的物質進化之中；第二，人對進化發生影響力，是在第三階段之後才開始的。

另一方面，在《中國國民黨黨員與新生活運動》裡，陳氏說政府進化的第一階段是軍政時期，第二階段是訓政時期，第三階段是自治、民權和真正實行憲法的階段。政府進化到第三階段以後，人民才可以自治，由此可見，宇宙與政府的進化結構一模一樣。國民黨殖民台灣之後，台灣人等了近四十年才享有民權，以陳立夫的政治玄學主張來看，這是因為台灣人需要四十年左右的時間，才能了解國父的三民主義；在這時期內，國民黨的任務在於陶冶公民的心，以進一步讓人民自治。總而言之，以上兩種的

三段進化論，證明了陳氏政治理論與玄學理論的結構是相應的，此一類同與共謀結構即形成筆者所謂「政治玄學」。

（三）在儒學的歷史中，「誠」的用法十分多元，根據陳氏的闡述，誠是宇宙、生命、道德、美化、知識及政治之元力。簡單地說，在陳氏的唯生政治玄學，誠不但是生元的精神力量，也是人民、社會和歷史的進化原力。在《唯生論》，陳氏將這些概念系統化：

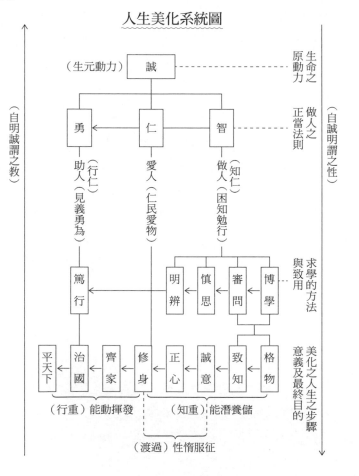

人生美化系統圖

　　從以上的系統圖來看，誠的多重意義和作用是普泛的，目前筆者無法一一討論其內涵，但整體而言，我們可以由圖中看見誠的超越性和內在性之元力，也就是說，誠貫注於各層面的生命之中，它既具玄學（形而上）的超越意義，又同時體現玄學（形而下）的各種生命形式（form-of-life）。[9]所以，各種生命形式亦具有誠的特質，意即，自誠的生元動力，到治國、平天下的發揮動力，以至於美學、政治學、認識論等範圍內，誠創造了普遍的規範。如此，誠表示的過程就是宇宙之因果結構，以及絕對主權的軌道，這就是陳氏的政治玄學系統。

牟宗三

　　在《五十自述》，牟氏將生命分成兩種：「生命在其自己」與「生命離其自己」，基本上，「生命在其自己」與「生命離其自己」的差異指向普遍性和特殊性的破裂。生命離其自己以後，全部是特殊的，牟氏說，「此即為特殊與普遍性之破裂。自己生命中真實的普遍性沒有呈現」（1989: 144）。故本來的內在普遍性，被外在化之後，內在的普遍性便喪失，其建立的外在普遍性卻無法再被內在化；內在因此變成特殊性，外在變成空無的超越普遍性。因此，在牟氏的生命哲學中，人生都趨向外在的普遍性之追求，這使人在社會中，無法建構一種普遍性與特殊性之間的辯證關係。由此觀之，牟氏的生命哲學建立一個不能超越的二律背反（antinomy），牟氏認為此是一個人生問題，甚至說這是「一種病」。

9　參看 *Concentric* Vol. 41, No. 1, 2015 年 3 月的期刊，這裡幾位台灣學者黃涵榆、吳建亨、劉紀蕙和黃冠閔，面對生命形式的一些重要問題。

雖然牟氏的思想深度超越陳氏與蔣氏，與二者相似的道德及
政治的問題仍舊存在。例如，牟氏的哲學系統將生命、民族和人
性之定義，建構在一種本質主義的基礎上，這使牟氏的生命哲學
趨近政治唯生論的玄學觀。在《生命的學問》一書，〈關於「生
命」的學問——論五十年來的中國思想〉一文中，牟氏如此描述
生命、民族、國家和性的關係：

> 　一個不能建國的民族，是不能盡其民族之性的民族。猶如
> 一個人不能站住其自己，是由於未能盡其性。個人的盡性與
> 民族的盡性，皆是「生命」上的事。如果「生命」糊塗了，
> 「生命」的途徑迷失了。（1970: 38）

從上文來看，生命為個人的性和民族的性之根本，因此牟氏
雖然使用了與陳氏不同的詞彙，但與陳氏政治玄學的結構類同，
皆以為玄學的生元[10]會貫注於個人、民族和國家之性。因而，牟
氏的生命之政治玄學也是一種民族的本質主義。

結語

如上所述，筆者創造「政治玄學」作為台灣理論關鍵詞具有
雙重性意義，一方面可用以說明蔣氏、陳氏、牟氏所宣傳的理論

10　參照《中國哲學的特質》：牟氏道，「天命、天道（詩、書等古籍）＝仁（論
　　語）＝誠（中庸）＝創造性自己（Creativity itself）＝一個創造原理（Principle
　　of Creativity）＝一個生化原理」（1963: 53）。

如何導致法西斯之殖民主義及定居殖民主義的結構；另一方面則可用來解構國民黨與新儒家之理論基礎。總之，蔣氏、陳氏和牟氏之政治玄學，都主張民族的本質主義。但是，在蔣氏和陳氏的政治玄學裡，純粹的特殊性不能存在，所有的特殊性都被虛假普遍主義所吞噬。牟氏的政治玄學觀點則指出，普遍性和特殊性無辯證的關係，人與人之間無法以普遍性來契合，於是，人會利用特殊性來建構普遍差異（universal differences）。

　　台灣人民數十年來致力於抵抗國民黨知識分子運用的政治玄學，從民進黨的崛起與成功，到近年的公民運動，例如太陽花學運以及原民凱道抗爭等等，都可見台灣人民的政治觀念與國民黨和新儒家的政治玄學有了進一步的區分；同時，台灣的原住民也以他們自己的宇宙論展開與台灣主流社會的抵抗辯證。這種種發展「可能」為當代台灣理論開創新的政治玄學，如果能將唯生玄學的民族概念去除，並以歷史的事實，修改定居殖民統治者的民族神話，那麼，較具包容性及普遍性的政治玄學，將會在台灣展開。

　　這篇文章藉由蔣氏、陳氏、牟氏之例子，解釋國民黨與新儒家學者所建構的政治玄學之內涵及影響，同時希望政治玄學作為台灣理論關鍵詞，可以讓我們更了解台灣理論的脈絡與未來的發展，進而指出台灣理論之解構和解放的潛力，甚至衝破台灣現代性的政治與道德之矛盾。

參考書目

西文

Agamben, Giorgio (2015). *Stasis: Civil War As a Political Paradigm*. Stanford: Stanford University Press.

Bakunin, Michael（1973）. *Michael Bakunin Selected Writings*. London: Jonathan Cape LTD.

Huang, Han-yu（2015）. "Forms of Life, Human and Non-human". *Concentric: Literary and Cultural Studies*. 41.1: 3-8.

Huang, Kuan-Min（2015）. "Form of Life and Landscape". *Concentric: Literary and Cultural Studies*. 41.1: 65-86.

Liu, Joyce C. H（2015）. "Aestheticization of Post-1989 Neoliberal Capitalism: From the Forms of Life to the Political Uses of Bodies". *Concentric: Literary and Cultural Studies*. 41.1: 41-64.

McCumber, John（1999）. *Metaphysics and Oppression: Heidegger's Challenge to Western Philosophy*. Bloomington: Indiana University Press.

Schmitt, Carl（1985）. *Political Theology: Four Chapters on the Concept of Sovereignty*. Chicago: University of Chicago Press.

Shih, Shu-mei（2013）. "Introduction: What is Sinophone Studies?" *Sinophone Studies: A Critical Reader*. Ed. Shu-mei Shih, Chien-hsin Tsai, and Brian Bernards. New York: Columbia UP. 1-16.

Taubes, Paul（2004）. *The Political Theology of Paul*. Stanford: Stanford University Press.

Wu, Chien-Heng（2015）. "Form-of-Life between the Messianic As Not and the Hypothetical As If ". *Concentric: Literary and Cultural Studies*. 41.1: 9-40.

華文

史書美等。2016。〈附錄　知識臺灣學群宣言草案〉。史書美、梅家玲、廖朝陽、陳東升主編。《知識臺灣：臺灣理論的可能性》，台北：麥田。

史書美。2016。〈理論臺灣初論〉。史書美、梅家玲、廖朝陽、陳東升主編。《知識臺灣：臺灣理論的可能性》。台北：麥田。

李澤厚。1996，2012。《中國古代思想史論》。台北：三民書局。

牟宗三。1989，2014。《五十自述》。新北市：鵝湖月刊社。

_____。1970，2015。《生命的學問》。台北：三民書局。

_____。1963，2009。《中國哲學的特質》。台北：臺灣學生書局。

陳立夫。1962。「生元」《中華百科全書》。Retrieved at http://ap6.pccu.edu.tw/Encyclopedia/data.asp?id=318&forepage=1

_____。1934。《中國國民黨黨員與新生活運動》。南京：正中書局。影本。

_____。1934。《唯生論》。南京：正中書局。影本。

劉紀惠。2004。《心的變異：現代性的精神形式》。台北：麥田。

蔣中正。1943。《中國之命運》。Retrieved at http://www.ccfd.org.tw/ccef001/index.php。

張東蓀。1946。《知識與文化》。重慶：商務印書館。影本。

逆轉

（Reversal）

陳東升

　　逆轉的理論意義是指出行動者在社會、歷史與政經脈絡的狀態下，建立許多的連結並繼受長期累積的文化價值，塑造了行動者一個肯認既存狀態的思考框架，對於改變與調整抱持著悲觀或是負面的心態，因此誇大了既存結構對於行動者的限制，使得結構與行動者雙元對立成為核心論題，因而投入許多心力要解決兩者間的矛盾。本文援引社會實體持續組裝的基本論點來討論逆轉的機制，分析在什麼樣的條件或脈絡下可能產生逆轉？社會行動者的連結是如何在既存限制使得逆轉發生？逆轉產生什麼樣的影響？

　　本文對於社會實體的預設是引用 Latuor（2005）的社會持續組裝論（Reassembling the Social）。他指出社會（the social）不是固定的狀態，也不是社會事實，也不是一群社會關係或是社會團體的總合，而是在連結的原理原則下變動。他的理論包括三個主要的核心論點。第一，社會存有是平的，沒有微視或鉅視、沒有全球與在地的區分，兩者間沒有大隔閡，不需要蛙跳方式來跨過障礙，所有的點都是連結在一起，但不見得是完全連結。因而社

會行動者是不會佔據全敞視景（Panopticon），只有寡點視景（Oligopticon）。後者是一個據點，對外連結，類似手掌模式的水星，她看不到全部，但是她可以看到一些有意義的社會現象。第二部分是重新分配在地（the local），在地和任何一個單位（例如，全球）或組織是在相同的連結位置。在地之所以可能是因為存在著各式各樣的平台、管道、節點串連在地與其他的單位，而且持續地在連結過程組合與配置（displacements），因此在地的存在與全球、全體、結構的重組是並存的。Latour（2005: 204）指出沒有一個社會空間單位足夠強勢主導、足夠穩定可以被指涉為全球；也沒有一個社會空間單位可以維持邊界自我滿足，而被稱為在地。變動（movements）與配置是理論上、存有上優先於地方（place）或形態（shape），地點（sites）不是在規模或形態上產生差別，而是變動的方向與性質的差別。各種社會空間單位都是暫時性的存有，但是有意義的、足以產生影響的暫時性存有。

　　第三個部分是地點在這個理論是被視為行動者的網絡，以及不斷地連結網絡的部分，因此成為是背景，而連結、配置、變動則成為是探討分析的重點（Latour, 2005: 220）。我們必須要注意到社會存有是由這些連結、配置、變動的結果，因此我們要順著軌跡去追蹤探究、深度描繪連結、配置、變動，而不是發展出一套理論將靜態的社會結構或是社會事實當成是造成社會存有的原因。

　　當我們採取社會實存是持續組裝的立場，就會發現逆轉正是社會實存持續組裝的種種作用機制中具有張力的類型，可以充分彰顯變動是常態、各種存有樣態是暫時性的。逆轉指的是在既有

的或者預期發生的社會、政治、經濟狀態，在大多數社會行動者不看好、不預期的情況，或者是落後在其他社會的情勢，跳脫既定的變遷軌跡，反轉為另外一種狀態。逆轉表示一種顯著的轉變，而不是細微或者部分的改變，雖然經歷的時間長短不一，但是以結果來說，就是和原來的狀態是有顯著不同。這也表示既存的社會結構雖然是穩定、暫時主導的，卻是有可能產生變化的；或者預期發生的社會狀態並沒有依照著大多數社會行動者所預測的情況發生，而是出現遠遠超乎社會期待的另外一種結果。

　　逆轉可能是在非常平和的運作下，造成既存社會狀態的反轉。在競技時，處於落後狀態的團隊依照遊戲規則，展現整體堅實的能力，翻轉局勢贏得勝利。而社會變遷的範例，則有生育率降低，人類壽命延長，造成一個社會快速進入高齡化社會，逆轉既有的金字塔型的人口結構；或者是物聯網的建立，物品可以隨時隨地傳遞資訊，搭配行動應用軟體，達到資訊傳遞成本為零的狀態，社會行動者可以非常便利分享物品或是空間，可能顯著地改變社會行動者對於所有權制度的態度（Rifkin, 2014），逆轉使用必須擁有的規範。

　　在大多數的情況，逆轉經常是要透過行動介入去改變長期存在的慣行與相對穩固的整體社會結構。這時就很可能出現不同群體間的對抗，所以逆轉發生的歷程將會產生衝突。例如，台灣社會當公眾對於國家政策不認同，反對核四廠的興建（Chen, 2015）、反對兩岸簽署服貿協定等，而透過大規模社會運動要求政府廢止既定的政策。當逆轉既有狀態的規模和範圍擴大、挑戰既有權力的強度提高的狀況下，又沒有任何妥協或緩衝，逆轉則很有可能是透過革命的方式來達成，但這是鮮少發生的。

　　既然逆轉是改變社會行動者的慣行，要求公眾支持、甚至於參與改變的行動，所以發動者必須要建立組織和動員網絡來吸引公眾或其他公民組織參與，因此是否能夠得到足夠財務、組織和其他資源的支持是相當關鍵的，因為需要相當長期的投入才可能改變既有多數公眾的慣行，並且願意投入參與（Jenkins，1983; Klandermans, 1984; McCarthy and Zald, 1977）。另外一方面，撼動既有的結構是相當困難的，且要面對有資源與有權力者的壓制，所以需要開創利基（Wright, 2010）或是適合的政治機會結構（Kitschel, 1986; McAdam, 1982; 1994; McAdam, Tarrow, & Tilly, 2001; Obseschall, 1996），使得翻轉是有可能成功的。

　　根據以上的討論，逆轉這個概念在面對行動者和結構的母題（Alexander and Giesen, 1987），逆轉並不是社會結構轉變後自然發生的，而是結構條件變動創造出一定的機會結構，而社會行動者能夠利用這樣的機會機構，特別是政治經濟機會結構（McAdam, 1982），促成逆轉或是顛覆既存的狀態。換句話說，結構的轉變並不會自然產生變動，而必須要社會行動者選擇適當的動員與遊說的策略，面對來自優勢集團的壓制的回應策略等，進而產生逆轉的結果。更積極地來說，社會行動者是可以使用有限的資源去創造出政治經濟機會結構，再進一步去實踐逆轉的可能性，這當然是彰顯行動者的自主性。

　　社會行動者是在結構的限制下尋求改變的可能性，因此行動者的選擇並不是無窮的，而是在一定的範圍內動作。雖然行動者不是完全的自主，而是有限的能動，即便如此行動者還是可以顯著地造成改變。再者，外部結構的限制並不是一成不變的，行動者可以先在非常穩定的結構型態挖掘出一個破口，再逐漸擴大這

個破口轉變成可以造成逆轉的重要政治經濟機會結構（Wright, 2010），接續的組織動員就有可能產生逆轉的結果。逆轉在結果發生時只是一個片刻，但是逆轉大多數是經過挖掘破口、適時地擴大缺口創造機會、再造成可能的顯著轉變，顯然是透過社會行動者在每一次有限範圍的選擇和決策，如果可以讓這些決策點連結在一起，就可能產生戲劇性的後果。

逆轉是從落後狀態或是不預期出現的狀態產生另外一種後果，似乎隱含社會行動者強大的能動性，因而低估結構條件對行動者、對於行動可能結果的限制。逆轉必須要擺在結構和行動者的交互作用狀態下來分析，才能夠避免陷入結構決定論或是行動者自主論的窠臼。

逆轉比轉型、升級這兩個概念更清楚顯現出非線性、非目的論的歷史觀。升級指的是現有狀態晉級到另外一個好的狀態，是在一個發展階序上不斷地向上提升，逐漸推向更為成熟、優勢的位置。另外一方面，轉型是要捨棄既有的狀態，建立另外一種狀態，但卻是朝向一個預設的標的所進行的調整。逆轉這個概念對於時間運作的想像，很顯然不是進步線性觀點，因為社會變遷是可能反轉而產生多變且不可預期的結果，變動也不是會朝向一個已經預設的目的前進，顯現出和目的論不一樣的見解。

逆轉的歷史觀所提出的未預期的結果，並不是回復到過去的狀態，和歷史循環論的立場不同。後者是指出在社會變遷的過程在不同時期會再次地回歸到一個給定的狀態（Baumer, 1975），行動者基本上沒有太多能力改變這種歷史重複運作的模式。綜合來說，逆轉的歷史觀是比較接近浪漫主義的歷史主義主張，當代社會和過去歷史不是斷裂的，過去歷史事件有許多可以讓當代行動

者學習的，這些歷史當然也限制了我們行動可能的範圍。再者，每個社會的歷史是逐漸按照自己的特性進展的，沒有統一的模式和規則，每個社會有其幸福發展的目標，不能用單一模式來指導。更重要的是歷史變遷有可能出現不是預期的後果。

逆轉的歷史觀可以引用 Wright（2010）對於資本主義轉變的討論，轉變的縫隙在資本主義推進達到上限，社會公眾的期待和實際生活狀態有落差，且落差愈來愈大，透過社會行動者的動員有可能斷裂式地轉換到社會主義，也有可能沒有這樣的轉變，變遷的目的不是固定的。

逆轉雖然是挑戰既存的社會狀態，但是所產生的社會影響不一定是正面或負面的，特別是在多數社會公眾不期待發生、或是在落後的狀態，戲劇性地開創不同的結果，通常要透過非常激烈的組織動員，對於來自於權力團體的壓制，因此大規模的衝突有可能發生，逆轉的成果即便短期達成，但經常是不容易維持。逆轉發生的歷程必然產生許多素材可以讓社會公眾發展情節起伏多、內容豐富的敘事，成為重要的集體記憶和歷史事件，可是不代表這些被記得的敘事必然是好的。

個人層次的逆轉發生在生理性別的改變、種族身分的改變，或是種姓地位的改變，這種改變都會引起相當大的爭議，因為挑戰社會習以為常的規範或價值，所以一般公眾是無法接受的，因此對於逆轉社會身分者通常是排斥的，而且很可能給予污名的標籤。這種高度反差的身分逆轉，一定會經歷過相當複雜且漫長的過程，經常不是短時間可以完成的。逆轉者同時要面臨自身角色轉變的各種壓力，以及來自於社會的壓力，是相當艱困的變動。更為特殊的是非志願性的身分或是認同的逆轉，由權力的擁有者

強迫從屬者改變，共產黨要求資本階級或是知識階級透過再社會化轉變為無產階級就是一個例子。既然逆轉是高度衝突且艱難的作為，所以發生的頻率不高，可是影響卻是極為顯著的。另一方面，逆轉具有的積極性是鬆動既存不合理的社會關係或是文化，可以特別彰顯弱勢者可能造成改變的主體性。

在總體層面，逆轉則是發生在政治、經濟與社會面向，政治上的有拉丁美洲憲政體制被軍事政變、長期統治的威權政體民主化等；經濟上的則是低度發展國家變成高度開發國家，或是經濟核心國變成邊緣國等；社會上的則是如少數族裔取得完整公民權或是因為戰爭狀態被剝奪公民權等。就如同個人層次的逆轉過程所遭遇到的壓力和困難，經社政的逆轉經常是在衝突中產生變化，而逆轉後也可能加劇矛盾的發生，進而呈現一種不確定的狀態。另一方面，有些逆轉是轉換既有的不平等關係，創造一個合理的生活環境。

台灣社會從19世紀以來就是一個快速變動政經實體，1895年日本殖民統治台灣，雖然在1930年代台灣民眾成立文化協會，也發起議會設置請願運動，要求台灣人參與選舉民意代表的權利，但是終究沒有成功。日本戰敗由國民黨政府接收台灣領土，進行威權統治，絕大多數的政治權力是由國民黨政府所掌控，只是在美國政府的介入下開放地方層級的民主選舉。只是二二八事件造成台灣籍地方政治菁英相當徹底地被剷除，代之而起的是由國民黨操控的地方派系。1978年美麗島事件更積極促成黨外運動的蓬勃發展，這時已經逐漸造成公眾對於政治制度期待和實際的威權統治的落差，在黨外勢力不斷地挑戰國民黨政權下，迫使蔣經國宣布解除戒嚴。從日本殖民統治到國民黨威權統治將近90年

期間，造成台灣政治發展軌跡相當程度的慣性，但是並沒有因此強化路徑依存的狀態。公民團體和黨外政治團體透過黨外雜誌傳播理念，以及各式各樣的自力救濟運動創造出政治機會結構來組織動員公眾，參與改造集權的權力結構，落實民主政治體制（吳介民、李丁讚，2008），政治體制顯現出的是斷裂式更迭，這是一個緩慢但是顯著的政治制度逆轉過程。伴隨著政治制度的轉變，台灣社會國家認同的框架也由20世紀的中國人認同逆轉為21世紀的台灣人認同（林瓊珠，2012），主要的社會持續組裝的機制則是總統直選時期中國的飛彈威脅凝聚的台灣人共同體，以及本土教育的普及、強調公民互助的全民健康保險所打造共同體連帶等等（林國明，2008）。

　　經濟結構則是由農耕為主的社會積極融入世界分工體系，透過大量中小企業爭取外銷而累積資本，變為半邊陲經濟體（柯志明，1993；陳介玄，1995；Gold, 1986）；到了1990年代進行第二次產業轉型由勞力密集成功地轉換到高科技產業，再一次逆轉既有的經濟產業結構（陳東升，2008）。台灣在非常短的時間劇烈變動，相較於其他歐美社會是明確顯示出一個持續組裝特徵的社會實體。持續組裝會透過各種不同的機制發生，例如，嫁接、混搭、拼湊、修補、轉譯、修改、逆轉等等，而逆轉是比較少發生，但對於台灣政治經濟社會結構的影響卻是劇烈顯著的，因此本文提出逆轉這個理論關鍵詞來理論化台灣社會變遷的特徵。

參考書目

西文

Alexander, Jeffrey and Bernhard Giesen（1987）. "From Reduction to Linkage: the Long View of the Micro-Marco Link." pp. 1-44 in *The Micro-Macro Link* edited by Jeffrey Alexander et al., Berkeley: University of California Press.

Baumer, Franklin（1975）. *Modern European Thoughts: Continuity and Change in Ideas 1600-1950.* New York: Macmillan.

Chen, Dung-sheng（2016）. Taiwan's Civil Society in Action: Anti-nuclear Movements Pre- and Post-Fukushima. Pp. 43-60, In *The Fukushima Effect: National Histories, Representations and Debates*, edited by Richard Hindmarsh and Rebecca Pristley. New York, USA: Routledge Studies in Science, Technology and Society.

Gold, Thomas B.（1986）. *State and Society in the Taiwan Miracle.* New York: ME Sharpe.

Jenkins, J. Craig（1983）. "Resource Mobilization Theory and the Study of Social Movements." *Annual Review of Sociology* 9: 527-553.

Kitschelt, H.（1986）. "Political Opportunity Structures and Political Protest: Anti-Nuclear Movements in Four Democracies," *British Journal of Political Science* 16: 57-85.

Klandermans, Bert（1984）. "Mobilization and Participation: Social-psychological Expansisons of Resource Mobilization Theory." *American Sociological Review*: 583-600.

Latour, Bruno. *Reassembling the Social: An Introduction to Actor-Network-Theory.*

McAdam, D.（1982）*Political Process and the Development of Black Insurgency, 1930-1970.* Chicago: University of Chicago Press.

McAdam, D.（1994）. "Culture and Social Movements," In *New Social Movements: From Ideology to Identity* edited by E. Larana, H. Johnston, and J. R. Gusfield, 36-57. Philadelphia: Temple University Press.

McAdam, D. S. Tarrow, and C. Tilly（2001）. *Dynamics of Contention* Cambridge: Cambridge University Press, 2001.

McCarthy, John D., and Mayer N. Zald（1977）. "Resource Mobilization and Social Movements: A Partial Theory." *American Journal of Sociology* 82: 1212-1241.

Obseschall, A.（1996）. "Opportunities and Framing in the Eastern European Revolts of 1989," In *Comparative Perspectives on Social Movements: Political Opportunities, Mobilizing Structures, and Cultural Framing*, edited by D. McAdam, J. D. McCarthy, and M. N. Zald, 93-121. Cambridge: Cambridge University Press.

Rifkin, Jeremy（2014）. *The Zero Marginal Cost Society: The Internet of Things, the Collaborative Commons, and the Eclipse of Capitalism*. New York: Palgrave Macmillan.

Wright, Eric O.（2010）. *Envisioning Real Utopia* Verso: London.

華文

吳介民、李丁讚。2008。〈生活在台灣──選舉民主及其不足〉。王宏仁等編。《跨戒：流動與堅持的台灣社會》。台北：群學。頁37-69。

林國明。2008。〈身份劃分與社會團結──全民健保的制度建構〉。王宏仁等編。《跨戒：流動與堅持的台灣社會》。台北：群學。頁323-342。

林瓊珠。2012。〈穩定與變動──台灣民眾的〔台灣人／中國人〕認同與統獨立場之分析〉。《選舉研究》19。頁97-127。

柯志明。1993。《台灣都市小型製造業的創業、經營與生產組織：以五分埔成衣製造業為案例的分析》。台北：中央研究院民族學研究所。

陳介玄。1994。《協力網絡與生活結構》。台北：聯經。

陳東升。2008。《積體網路：高科技產業組織網絡的社會學分析》。台北：群學。

基進 2.0
（Radical 2.0）[1]

傅大為

　　本文以筆者自身參與台灣社會與文化運動的十年經驗（1986-1996）為基礎，以當時提出的「基進」（radical）概念為思考核心，並旁及一些當時我提出的相關概念如「邊緣戰鬥」、「反宰制」等，[2]在20年後不同的台灣時空中，來重新反省這個關鍵詞的歷史軌跡與當代可能的意義。本文大致從歷史與社會的兩個向度，來討論這個關鍵詞的幾個重點：一、從解嚴前後「基進」與

1　這個主題的寫就，首先要感謝清大的楊儒賓教授在2015年底在台北文化基金會要我回顧《基進筆記》25年這樣的一個演講，促使我擠出時間，重新做思考，席間許多老朋友對筆者演講所提的問題，包括李丁讚、廖育正的評論，都融入了本文的工作坊初稿。同時也要感謝史書美幾次督促我要參加關鍵詞工作坊，後來就順理成章地使用了這個關鍵詞來交卷。本文最後的完稿，除了要感謝工作坊時好幾位朋友的好問題之外，還要感謝清大的李丁讚和楊儒賓的文字回應，特別是李丁讚對我工作坊文稿所做的評論還有介紹我新的相關文獻。

2　這些包括了筆者的運動戰鬥筆記與專欄，收集成書者包括如《基進筆記》（1990）、《知識與權力的空間》（1990）、《知識、權力與女人》（1993）等及一些散見的文字，並開辦及參與了《台灣社會研究》、《島嶼邊緣》、《新竹風》等期刊或雜誌。

「邊緣戰鬥」的提出與發展，到近十年後所遇到的一些挫折。
二、個人性基進與團體性基進的分際：過去在基進的人際與團體
性的挫敗、問題及再思考，並關聯到普遍性與特定性兩種不同傾
向的知識分子特性（universal vs. specific intellectual）。三、基進
的「歷史性與變化」如何理解？而基進的「團體性」如何演化與
調整？如此，我們才能談到基進如何積累、如何延展的歷史性。

　　透過以上三點的思考，在21世紀2016年的台灣，當民進黨
再度執政，台灣的環境、能源、文化、科技與醫療、學術與教育
環境，在這幾年來，大概都遇到了解嚴以後可能是最嚴重的問題
時刻，許多社會領域都是搖擺不定、問題叢生，或許是我們重新
思考與再提起基進的時刻，只是這次應該是基進的2.0了。

基進的黎明與邊緣戰鬥小史

　　大約在1986年前後，解嚴前不久，我開始參與台灣的一些社
會及文化運動，提出了我在美國讀書時所準備的「基進」觀
點，[3]並在台灣的一些社會文化思想運動中推展。首先我想強調，
基進（radical）是個關於立場與戰鬥位置的概念，針對問題做徹
底而根本（這裡含有個radical root的深耕概念）的社會分析，我
要脫離傳統把radical說成是「激進」（extreme）的心理狀態說
法。那個「激進的心理」其實與立場無關，歷史上有基進的激
進，但也有保守的激進，反之基進不一定就是有那心理狀態的激
進。其次更重要的，基進的立場是「反宰制」、基進的戰鬥位置

3　可參考我《知識與權力的空間》序言〈基進的黎明〉。

是邊緣戰鬥。在解嚴前後，台灣風起雲湧的社會運動，都是針對過去威權時代的各種權力宰制而發的，雖然各種社會運動的最終理想常不一樣，但是反威權體制的「反宰制」立場，是許多運動論述所共有的，[4]基進論述只是其中一種。可是，基進的邊緣戰鬥位置，就與許多其他社會運動的中心戰鬥位置不同。簡單說，它要與各種中心戰鬥觀點做區隔，如各種以國家政權（或說國家機器）為中心的自由主義，或是左派社會主義的立場做區隔。邊緣戰鬥的目的不在建立一個好的政權、或取得政權，邊緣戰鬥是要突破一切權威的「系統性」牢籠，它要尋求的尋求是非系統性、局部性、相對性的自由社會空間。這個理想，當然有傅柯影響的影子。[5]

　　從基進追求的「非系統性」的位置來看，聽起來有些像無政府主義，但它的重點不是在反對任何形式的國家機器，[6]而是對政府深有戒心，且非以掌權為其目的。它也質疑其他民間或市民社

4　這個共有的反宰制（反KMT）立場，有些類似Laclau & Mouffe（1985）的「antagonism and politics of equivalence」（pp. 127ff），謝謝史書美特別對我提起此點。

5　關於邊緣戰鬥，可參考我《基進筆記》序言〈邊緣戰鬥觀點〉，以及《知識、權力與女人》序言〈邊緣的激情〉還有輯二「台灣的邊緣戰鬥」諸篇。關於權威，我這裡說的要突破權威的「系統性」牢籠，但並沒說要反對一切權威，特別是非系統性的知性權威，我在第二節討論傅柯的特定型知識分子時，會再回到這個問題來。

6　基進觀點了解，現代社會很難沒有政府來做一些十分必要的服務，同時也歡迎有理想的好政黨來掌握國家機器。同時，與一些無政府主義類似，當國家機器的法律侵犯到個人的自主性時，公民個人沒有道德上的義務去服從這個國家法律。過去台灣的一些反戰議題，與這個問題頗為相關。

會型態的中心權力宰制（如大財團、大公司、大宗教等民間機器），[7]同時它也反戰、反核、反父權、反性宰制、反白色恐怖、反大系統的知識醫療與技術等等。或許在現代社會中的基進觀點，比傳統的無政府主義更廣泛而深入，但不像過去某些無政府主義流派必欲去除政府而後快。

在這樣的戰鬥位置上，在我曾所謂「基進的黎明」時代中，我曾和許多朋友在一些社運中合作反宰制，曾參與多次的520大型社運（一直到李登輝把520當作總統任職日為止）及新竹在地乃至清華內部的一些文化與教師運動、在報章中配合寫專欄，後來還出版了專欄的文集《基進筆記》、《知識與權力的空間》、《知識、權力與女人》，同時，我也曾和學界運動界的朋友一起舉辦基進的學術與文化刊物，如《台灣社會研究》（1998, *Radical Quarterly*）、《島嶼邊緣》季刊（1991）、還有更地方性的《新竹風》（1991）月刊等。在90年代初期的台灣，各種社會運動百花齊放，一時之間，基進與邊緣戰鬥之路似乎也暢行無阻，那真是個基進的黎明。

但是很快的，台灣解嚴（1987）不到十年，幾年內許多社會文化團體紛紛出現了問題，我參與的一些基進團體也是如此，《島嶼邊緣》季刊於1995年結束、《新竹風》月刊只持續了一年多，而我也於1995年，因為彼此的見解及社會位置差異太大，而離開了我創立的《台灣社會研究》季刊社。[8]最後，我曾參與多年

7　邊緣戰鬥並不輕易接受葛蘭西式的民間社會或王道（hegemony）的想法，而更接近傅柯《性史》式的內在權力的反抗。

8　參考我過去所寫的〈我與台社十年〉一文（1995）。

的清華大學所謂「清華幫」，[9]也於1995年因嚴重的內部爭議而解體。時光不留人，從1995到2015轉眼20年，2015年年底我曾應老友楊儒賓之邀，演講「再問基進為何物：《基進筆記》25年後」，在準備該演講時，我才領悟到，解嚴後的基進之路，前後不到十年，便已然挫敗。

基進的個人性與團體性，並再思考知識分子

我曾前後檢討，解嚴前後的基進之路為何挫敗？當然實際上，有很大一部分是基進團體的內部爭議而導致分裂與挫敗。基進觀點強調反宰制，我們可以有很多基進的個人，分別在不同的社會機構如大學中進行邊緣戰鬥，但是來自不同社會脈絡的基進人，如何形成一個有彈性又穩固的基進團體？基進從思想與個人行動的非系統性（包括局部化、相對化），如何走向團體與人際的非系統性？基進團體如何能夠容納各種異質性的聲音，各自發展所長，彼此學習，而非一旦立場不合就脫離團體，只剩下一個高度同質性的小團體？

這個基進的集體性（collectivity）問題，[10]大概要比一個普通

---

9 一個解嚴後以清大新成立的人社院中一些年輕教授為主體的批判論述團體，常集體性地在學術及文化場域中發聲，並在台灣南北的一些報章中輪流寫專欄。

10 關於基進團體的集體性，我想到的是作為一團體（group）的集體性（collectivity）。這當然不是一般說的基於強制管控所形成「全體性」（totality）甚至全體主義。但是要說團體，其實有很多種，李丁讚說社會學所說的集體（collectivity），通常有很強的整合與融合的意涵，與我這裡說的不太一樣。但這裡我更想到的是人類學家 Mary Douglas 所說的由 grid（階層性）、group（團

團體的集體性問題困難。因為基進團體中的個人批判性與反身性
都強，批判外在世界之餘，很容易轉而質疑到團體內部的成員，
同時基進團體既然反宰制、反中心權力，自然也該反對團體中的
階層化，或反對在團體內形成一個穩固的權力中心。[11]

　　或許，從19世紀以來的各種無政府主義思潮，有助於解決
基進的集體性問題？從無政府主義哲學家普魯東過去所強調的
交互性（mutualism）、自動自發的秩序（spontaneous order），
後來俄國理論家克魯泡特金所強調的互助，到無政府工會主義
所強調的團結（solidarity）與工人的自我管理（Worker's self-
management），乃至在俄國革命與西班牙內戰時期一些無政府主義
公社或特區（Communes and Territory）中的實際歷史經驗，還可
包括法國68年的運動，似乎都可以提供一些模糊但又熟悉的靈
感。特別是2009年在西雅圖所形成的反WTO高峰會議的集體抗
議行動，震驚世界，並激起所謂的後結構之無政府主義、後無政
府主義（post-anachism）等新思潮。[12]但如何具體地來分析過去基
進之路的挫敗、如何提出一些建構基進集體性的方案，仍然有待
於進一步的工作。基本上，透過後結構主義的洗禮，傳統無政府
主義對人性本質主義還有歷史必然性等教條，已經逐漸瓦解，但

　　體性）二者，因二者的高低各有不同，交叉所形成的四種grid／group的團體
　　原型。

11 從Douglas的角度來說，這就是由low grid, high group二者所形成的團體。但請
　　參考本文後面我說的「基進的歷史傳承」，可說超越了這裡說的四種團體原型。

12 例如可參考 *Post-Anarchism: A Reader*（2011），特別是文集中Saul Newman
　　（2011）的論文，討論了後無政府主義的整個取向，以及與後馬克思主義（如
　　Laclau, Mouffe等）的不同。

另一方面，無政府主義的行動信念與政治取向，也補充了後結構主義傾向沉溺思想及解構一切的無力感。

另外，工作坊中也有朋友提起，因軍中虐殺洪仲丘所引起2013年的白衫軍運動、到2014年因反服貿而延伸到長期佔領立法院之太陽花運動，甚至有相當的國際知名度，它們與我這裡討論的基進的集體性之關係為何？雖然我有短暫參與一點太陽花運動，但因為此兩大事件離當今的時間距離很短，故非本文想來回顧與反省的重點，不過這裡可以簡單觀察一下這兩個大運動。雖然它們聚集廣場時抗議者動輒可達二三十萬，但消退時似乎也很快，又雖然太陽花的影響層面很廣，組成多元而複雜，不是從抗議廣場的大聚眾就可以表現出來的，[13]但太陽花的集體中應有不少是可聚可散的抗議群眾，而非我這裡說的成員彼此認識與合作的長期基進團體，固然太陽花運動裡也有一些更像基進團體的小團體在太陽花中彼此串連與合作，但我對他們的理解很少，所以目前不應多談。現在我還是來談談我自己在挫敗之後對此「基進的集體性」反省的心路歷程。

受傅柯的影響，我曾以傅柯的一個對知識分子的區分（普遍型知識分子vs.特定型知識分子〔universal vs. specific intellectuals〕）來再次構思一個可能的基進新集體性。傳統的普遍型知識分子，以天下為己任，言論常不脫真理與正義，社會行動的範圍無所不包，他／她是一個社會的良心，是一位關於「普遍性」的發言

---

13 在這裡，太陽花運動的大集體，有些像後無政府主義Hardi與Negri所說的「multitude」，或是當年巴古寧所說的「the revolutionary mass」，它有著多元認同與多樣異質的可能性，是集體性與多元性的合體，而非馬派說的階級所具有的一致性與革命所需的嚴格政治組織。見Newman（2011），pp. 55-56.

人。反之，特定型的知識分子，能夠干預到社會與政治的秩序，不是因為他的普遍性論述，而是因為他在知識秩序（order of knowledge）中所佔有的特殊位置，使得這個透過特殊知識管道的干預成為可能，並進而構成政治上的威脅。[14]傅柯同時希望說，普遍型知識分子的歷史時代，已經逐漸消逝，反之特定型知識分子的新形象，正逐漸邁入一個以科技社會（technoscience society）的歷史舞台。

透過傅柯這個區分，我後來如此思考基進的集體性問題。如何儘量避免建構一個全稱性的、「普遍知識分子」式的基進團體：首先要避免團體內外之分的僵硬而又涉及意識型態之爭（如當年的台社〔與島邊部分重疊〕vs.澄社 vs.台教會）。其次，普遍型的基進團體涉及領域太多（如從「統獨」、工運、校園、台灣史、到「參與社運與否」以及其他一切），團體內發生衝突或意識型態不合的可能性大。反之，發展有特殊興趣或知識目的的特定型基進團體，並避免涉及其他議題（如統獨政治）：可以想見的例子如環境生態、替代能源研究、性別（gender）研究、原住民研究、性別與醫療研究、科技與社會研究、食農反體制運動（詳後）等等。

以上幾個例子，其中有一部分，固然是我當年在基進之路挫敗後所走的路，一步步地走來，一些我所參與的思想學術團體還繼續發展，並持續發光，而且，在某個程度下，我自己定位那些

---

14 傅柯所舉普遍型知識分子的例子，有伏爾泰、杭士基（N. Chomsky），而他具特定型的知識分子，則舉了19世紀達爾文之後的演化論者，還有20世紀的原子彈之父歐本海默。見Foucault's "Truth and Power" in Foucault's selected interviews, *Power/Knowledge*, pp. 126-133.

團體有個基進的面向，倒不是那些團體本身就有個基進之名，而是透過一些基進的特定型知識分子的介入與建構，讓那些團體有了基進的面向。但是當然，特定型的說法強調了知識秩序中的特殊位置，那些具有干預潛力的位置，我並舉了一些生物學家與物理學家的例子，很容易讓人懷疑，我這裡強調的特定型之意義，是否就是所謂在「遠離普遍性」之後的一種去政治化的「專業倫理」？

　　我想這當然不是指專業倫理。專業倫理只是在維持一個「專業社群秩序」的基本倫理守則，但它並不涉及專業者企圖去「基進化」這個專業本身，讓這個專業發展出或朝向一個基進的進路，但仍然保持其專業的能力，這正是基進的專業者要做的內部工作，同時，對專業的外部而言，一個特定型的基進團體，也正是利用這個專業的管道、包括其知識上的有效性與權威，[15] 來干預這個專業的「鄰近社會脈絡」，甚至更廣泛的社會影響。這不是一個普遍性的社會知識良心，而是建基在某些專業中的局部性／在地性的基進化，而這個局部性，也有可能觸動更大的社會動脈，而使得特定型的基進團體有時代性的影響。

---

15 在這裡涉及一個比較敏感的問題：知識與技術的專業性與連帶的權威性，以及它與無政府主義的反一切權威主義的潛在矛盾性。後無政府主義也反一切的權威主義，包括專家與知性權威，如 Jacques Ranciere 所強調以 politics 來取代 police 的策略，還有他的「anachic government」的信念，見 Newman（2011），pp. 58-59。但是這個問題沒有如此簡單。在科技與社會研究（STS）領域中，從當年孔恩所說的典範權威，到近年來 STS 專業者所強調的專業性（expertise），如 Collins & Evans（2007）等，都企圖在政治權威與知性權威之間做區分。傅柯討論特定型知識分子，雖然沒有強調一種知性權威，但他也看到了專業與知識管道在當代反抗策略上的重要性。

基進的歷史性、變化與累積

　　任何一個發展中的社會，都有其不同時代的「時代的刃」
（edge of a historical moment），它指向那個時代特別鋒利的批
判，有著特別犀利的切入點，這就是那個時代特殊的基進性。畢
竟，一個複雜社會的發展、衝突與延續，其本身就會不斷衍生出
各種隙縫、錯置與斷裂，都可以是時代之刃的可能切入點。從解
嚴以來，若按照我自己的感覺，這個時代之刃，已經經歷數變：
從解嚴前後的政治與國族批判，後來有了文化與歷史的批判，同
時也還有環境生態與動保的批判，之後再一轉為性別、性與身
體的批判，而近年來則有再轉為對科技與醫療霸權的批判等。[16]
我想，這種經歷好幾個時代之刃的變化，應該就是基進在當代的
歷史性（historicity）。當然，一個特定型的基進團體，因為各種
限制，不見得能夠不斷地做自我適應與自我改變，來追逐與運用
不同時空中的時代之刃，但是原來的基進團體可能會分化或分岔
（branching）出一個更能彰顯新時代之刃的新基進團體。當然新
的基進團體仍然傳承著一部分原來基進團體的元素，如此在運用
不同時代的時代之刃時，我們看到基進團體不斷地分化與增生。
重要的是，新與舊的基進團體，不是敵人，仍然彼此交流與辯
論，分享一些基進的元素，甚或合作與共同行動。[17]而不同時代基

16　這裡的最後一項，我想到的是從21世紀以來，大致每年都會舉辦的「性別與
　　醫療工作坊」、到近幾年的「性別與健康研討會」，另外則是從2007年開始的
　　科技與社會研究（STS）學會、期刊等的積極發展。

17　各種基進團體的合作，也是按議題case by case的合作，不牽涉到彼此長遠的
　　目的是否一致的問題，所以可能的衝突也會小很多。

進團體所分享的元素，也常不一樣，沒有一個共通的「基進本質」延續下去，所以在各種新舊基進團體之間，可以是一種維根斯坦所說的「家族相似性」（family resemblance）的情況。在這裡，透過基進的歷史性，我們觸摸到一整個基進家族的傳承與積累。

但什麼是一個基進的積累？難道一個基進團體也會不斷地積累，擴大它的版圖、增加它團體內部的垂直階層性，用以來管理與維持一個團體的內部秩序與內外邊界？而這些傳統形式的垂直積累，及其所衍生的所有宰制，不正是過去基進性所要批判的嗎？我這裡要思考的，是如何繞過這個傳統積累的模式，如何尊重基進的反身性與自我批判，才能夠開始說一個基進的歷史性及其可能的積累與傳承。畢竟，還是要有某種的積累，基進性才能夠發展，要有某種的傳承，基進的歷史才能夠源遠流長，而不必每次都從零開始。所以，從家族相似性的角度來說，當一個基進家族網絡不斷增生時，就是那個基進家族的積累與傳承，這是一個後設的、二階的基進之積累與傳承，而且基進家族並沒有明顯的邊界與秩序，它有的只是彼此的相似性與分岔，以及彼此對話與合作的可能性，但對於歷史中的每個具體的、一階的基進團體而言，它並沒有明顯的積累，也不一定會擴大，甚至可能會自行老去與消逝，但它會分岔分化出新的基進團體，之後繼而會與原團體分離而形成新的獨立基進團體。

從前面所說的「時代之刃」，我們再來看可能的「基進知識」之形成。當新的時代之刃在歷史中浮現與構成挑戰時，它會吸引一些新的基進團體來試著解決該時代之刃所提出的問題，解決的方式，往往是提出新的基進論述甚至建構新的基進知識來發展時代之刃。所以在政治與國族批判時，往往有新的基進社會論述出

現，並引發需要建構其論述的所有基進知識，包括國際政治、社會與法律的基進知識，而在環保與反核論述的建構中，也需要引發所有適合在地台灣的再生能源基進知識。關於目前正發展中的台灣另類食農網絡的實踐，基於友善或有機耕作的原則，宜蘭員山鄉深溝村也發展出新秧苗與福壽螺及其環境共生的「手工育苗」新農法，解決了過去農家用苦茶粕農藥對付福壽螺（好食秧苗）但卻破壞水田生態的問題。[18] 正如李丁讚所說，如果從基進2.0的角度來詮釋，反國際食農體制的運動，也是一種特定型的基進團體及其家族，新農法的提出與實踐，則是他們建構的一種基進知識。不過，從特定型基進團體所研發出的基進知識，不一定可以單純地累積或傳遞到後起的新基進團體中去，這還需要後起的基進團體做出創造性的新詮釋，也不一定就會成功。重點是，基進知識不是單純的實證知識，它蘊含著基進團體本身特別的社會性與集體性，或許在有家族相似性的基進團體之間比較容易傳遞，但也不能保證。最後，從基進知識中，或許我們可以開始看到基於基進知識的「基進理論」的可能性。它是植根於基進團體與基進家族脈絡的理論，而非只是個純粹形容詞的「基進的」理論。[19]

最後，一些仍待思考的問題。當然，一個基進團體有可能分化出新基進團體的「動力」在那裡？這是個需要思考的問題。另外，在呼應一個時代之刃的過程中，很可能有一些基進團體真是從無到有，重新開始，而非從過去原生的基進團體所分化而來。

---

18 感謝李丁讚向筆者提到的重要研究：蔡晏霖（2016）的「農藝復興」研究，特別是3.4節。同時參考李丁讚的專輯導言（2016）。

19 在關鍵詞工作坊中，蕭立君向筆者提出「基進與理論的關係」這樣的問題，或許這是我的一個回應。

這些重新開始的新基進團體，劃出了原本新舊基進團體所形成基進家族的邊界，進而各種基進家族的互動，更上一層樓，而構成了基進性的生態域？

　　終於，在討論與反省過了基進的黎明、基進的集體性、基進的歷史性之後，似乎一個基進2.0的新出發點，逐漸雨過天晴起來。

參考書目

西文

Collins, H. and Evans, R., (2007) *Rethinking Expertise* (Chicago Univ. Press)

Gordon, C., (1972, 1980) *Power/Knowledge: selected interviews & other writings by Michel Foucault*, (Pantheon Books)

Laclau, E. & Mouffe, C. *Hegemony and Socialist Strategy* (1985, Verso)

Newman, S., (2011) "Post-Anachism and Radical Politics Today", in Rousselle & Evren (2011), pp. 46-68.

Rousselle, D. and Evren, S., (2011) *Post Anarchism: A Reader* (Pluto Press)

華文

李丁讚。2016。〈農業人文的誕生〉（專輯導言）。《文化研究》，2016春。頁10-22。

蔡晏霖。2016。〈農藝復興──台灣農業新浪潮〉。《文化研究》，2016春。頁23-74。

傅大為。1995。〈我與台社十年〉。《台灣文藝》（新生版10）。頁50-55。

──────。1990。《基進筆記》。台北：桂冠。

──────。1990。《知識與權力的空間》。台北：桂冠。

──────。1993。《知識、權力、與女人》。台北：自立。

接面
（Interface）

廖朝陽

　　以目前科技領域較常見的用法來說，介面（interface）通常是指介材與介材之間的通連機制，用於接取前一介材所儲存或傳遞的內容，轉換為後一介材可用的格式。或者如果人或人的認知也是一種介材，那麼介面也可能用來將各種內容重新包裝為目標介材所習慣的形態，例如將各種處理程序、數位紀錄、軟硬體部件包裝為「視窗」或「桌面」、「垃圾筒」、「檔案夾」、「記憶體」等等。即使是很複雜的「腦機介面」也可以看成跨介材對應與投射。介面的這個意思指向一種傳遞訊息的窗口，而且是在一片牆壁上打開的小窗口，也就是在不連續的整體情境中打開一個局部通連的「接口」。但是以原始用法（主要是化學用法）來說，介面凸顯的是「面」，而且意思比較偏向窗口出現之前的不連續狀態。中文科技用法的「介面」借用英文「面」的字根，多少保留這層「不連續」的意思。德文常把介面說成「切點」（Schnittstelle），雖然偏向「點」或「處所」，但也透過「切」點出「面」原來的意思。我們不取「介面」而改用「接面」，希望回歸較偏向「不連續」的原始用法：「接面」就是物質與物質或

介材與介材交接所形成的表面或接觸面。

在「接面」的意義下，我們重視的不是「介面」的中間性，而是介材本身保有的初始狀態。接面的典型狀態是兩側都是「不斷擴張的流體」，互相對抗的擠壓力因為互相傳導而取得某種平衡。[1] 除了平衡之外，介材透過綜合性的表面應接，也可能突然改變內外關係，啟動整體變化的潛勢（例如粉塵爆炸中，所有粉塵表面加總意義下的綜合可以使物質狀態快速轉變）。

麥克魯漢父子很早就引申此義，把介材本身當成科技或文化技術整體與身體之間的接面：「接面涉及一切結構的『動作現場』，是充滿迴響的中間空隙，不管在化學、心理、社會領域都離不開接觸。」[2] 緊接著，他們引用了文學批評的例子：艾略特（T. S. Eliot）認為詩律的「聲音想像」在有形的意念、感覺底下延伸到一個被遺忘的古老記憶庫，不斷引進來自傳承系統的創新動力，等於是透過檢索過去（接面背後的整體），推動「無止盡的變化、創新與回歸」。[3] 也就是說，詩律並非單純只是意義或形式的構成或變化，而是含有被「切」出去的一面，在可見的意義下還有一個分離出去，可以挖掘的深層。所以接面不僅是內部與外部的接觸，也可能是內部與更深層的內部的接觸。被遺忘的過去不斷累積，形成柏格森式的「純粹過去」，在語言來說就是透過集體使用不斷累積技術連結，形成九鬼周造所謂「偶然性」的美學基底（Kuki 2011）。這就是加洛威所謂的「內接面」

1 　Branden Hookway, *Interface* (Cambridge: MIT Press, 2014), p. 59.

2 　Marshall McLuhan and Eric McLuhan, *Laws of Media: The New Science* (Toronto: Univ. of Toronto Press, 1988), p. 102.

3 　Ibid.

（intraface）了。

「內接面」當然不一定是事物的內部接面（接面與深層之間還有另一個接面），而可能是「接面內部的接面」，[4]只是說如果語言也是接面，那麼語言活動顯然會不斷轉換為意義內容而形成記憶或記憶庫，所以艾略特的古今銜接還是指向身體內部（記憶）或外在技術（文學傳統），可以算是一般化的內接面。就這個一般意義來說，內接面多少代表所有接面都有分裂的傾向。加洛威用接面的兩難來說明：接面既要「接」又要「切」，既有「可為」（workable）也有「不可為」（unworkable）的一面，有時呈現為彩虹神（Iris）的直接揭顯，有時又因為「不可為」而需要解釋，偏向信使神（Hermes）的間接告示。[5]這兩個極端形成拉鋸，實用層次的接面一旦過度偏向其中一邊就會失去本身的定位並且影響到功能。就像現在的「低頭族」通常必須維持某種虛擬與現實並存的知覺，如果完全陷入虛擬的線上世界，就會過度偏向移動裝置接面的「可為」，忽略觸控螢幕必須從屬於現實框架，所以也必須間接化而保留「不可為」的一面。當「可為」壓倒「不可為」，虛擬現實無法納入更大的解釋框架，使用者無法「抬頭」，就會失去裝置所設定的整個模擬秩序，陷入虛假而產生危險。

加洛威認為當代社會的接面並不停留在告示與揭顯的傳統角力，也不完全可以納入麥克魯漢的多層次系統區隔、累積，而是轉而重視復仇神（Furies）透過群聚（swarms）來施力的

4　Alexander R. Galloway, *The Interface Effect* (Cambridge: Polity, 2012), p. 40.

5　Ibid, pp. 25-6.

操作形態。復仇神總是集體行動，溝通的形態接近群聚、組合（assemblages）、網路等「複雜系統」的力量傳遞，一旦出現就會造成情境的翻攪、動能的升級。[6]如果彩虹神、信使神代表揭顯、告示兩種傳遞訊息的方式，我們可以說復仇神正是用複數身體取消單一訊息的控御，轉向複雜性的圈繞引導，形成複數介材的催迫。也就是說，催迫才是政治進入當代介材的方式。所以加洛威說：表述應該是一種「不斷索求的身體」、「由社會身體（〔希臘悲劇〕合唱隊）發出的攪擾狂潮」。[7]在這個意義下，以介材交界為接面指的並不是一般的通連機制，而是涉及異介材本身所帶入、儲存的異世界。這個異世界可以走向麥克魯漢所謂「聽覺想像」，也可以成為政治催迫、翻攪的基礎。這裡麥克魯漢與加洛威的立場雖然有別，但從大處看，兩人主要都是以訊息介面的接觸化，也就是非訊息化、反解釋、反信使神為著眼。如果說通連機制利於局外操控，通常不會挑戰不同介材或意義系統之間的區隔，那麼以介材交界為接面則是系統與系統之間互相擠迫，產生「動作的現場」，容易造成系統的大轉變（懸置、崩潰、重組等等）。

　　加洛威把直接揭顯（介材與訊息同一）等同於「隨在」（immanence）模式，也就是把隨在視為彩虹神特有的性質。[8]這裡我們可以擴大此義，把復仇神的複雜系統也視為一種隨在。這

6　Alexander R. Galloway, "Love of the Middle." *Excommunication: Three Inquiries in Media and Mediation*. By Alexander R. Galloway, Eugene Thacker, and McKenzie Wark（Chicago: Univ. of Chicago Press, 2014）, p. 29.

7　Alexander R. Galloway, *The Interface Effect*（Cambridge: Polity, 2012）, p. 45.

8　Alexander R. Galloway, *The Interface Effect,* p. 15, "Love of the Middle," p. 29.

是因為系統的破壞、分裂、重整等等雖然無法揭顯意義，但也不能說是脫離介材，另外成立一個可以抽離的意義（或無意義）層次。各種介材透過接面擠迫、折衝、擾動，互相傳遞明確或不明確的訊息，所形成的系統效應仍然都「隨在」於介材本身。也就是說，彩虹神的揭顯雖然容易走向神啟式的神祕想像，但其中的某些操作模式卻仍有可能連結到催迫，未必可以完全視為過時。在全球化控御社會裡，加洛威的論述確實能點出西方文明的某些典型特別容易把各種接面推向區隔化，視為只是傳遞訊息的工具而已。另一方面，一旦脫離全球化框架，我們就會發現，在地文化所保留的接面想像未必能產生全面性系統對抗的動力，而且其中往往保有重視揭顯的溝通模式，也能帶出隨在於介材的基本性質，可能成為重要的反抗資源。

　　加洛威也簡短提到他沒有處理的第四種溝通或接面：愛神（Aphrodite）。愛神結合信使神、彩虹神、復仇神三種溝通形態的元素，指向欲望、情色、人群的共同性，可以說是純粹欲望或純粹中間性。[9]加洛威把愛神放在背景，只討論她在傳統神話裡的各種變化，[10]顯然並不認為她與當代情境特別有關係。這一點我們可以比較一下台灣電影裡顯然在處理相同議題的《幫幫我愛神》（李康生 2008）。

　　《幫幫我愛神》的敘事涉及一些與當代科技有關的接面（股票電視牆、生命線電話、電視美食節目），但更多的是身體或感官接面（陰陽活魚的生死交界、大麻幻境的脫軌現實等等），特

9　Alexander R. Galloway, "Love of the Middle," pp. 63-4.

10　Ibid, pp. 64-8.

別是接面的「不可為」轉變。例如檳榔西施輪班分坐前台、後台，透過監視器來統合，表面上看這是控御社會的典型配置，利用技術控御來安排空間，將視覺介材轉換為符號秩序，形成立即可見與經過轉換的訊息兩個層次。但這類方便使用的「可為」技術隨時可以「不可為」化，被西施重新轉用，用來滿足自己的需求，例如完成交易後對著監視器展示顧客給的戰利品。這等於是利用訊息傳遞的解釋空隙，另做解釋，顛覆裝置原來的目的，而且具體而微地帶入異系統（西施的個人欲望或其經濟符號），對原有的系統形成擠壓。類似的例子還有生命線機房被類似色情電話的幻想場景侵入、測速照相被當成免費自拍服務等等。這是監控、溝通的拆解，凸顯了當代接面不容易脫離複雜系統的事實，同時因為這裡的擠壓多半涉及系統的介材化（西施本身是欲望的規格化表演，而且受到經濟欲望制約，色情電話則是感官的選擇性窄化），其中的複雜系統也都離不開介材的隨在性。在系統單一化的台灣當代情境下，這樣的接面美學不斷引進異態，似乎是透過接面利於產生催迫的性質，指向在控御社會裡也可以有不受控御的一面。

當然，《幫幫我愛神》最後並沒有實現真正的催迫：阿杰呼叫愛神，最後還是得不到幫忙，免不了跳樓而死（「起落之間／猶疑之間／誰能懂我呼救的靈魂？」）。也就是說，不論是訊息的隨在還是系統的隨在都不能呼喚出「愛神」。這正表示在資本社會遊戲化的局面下，局部系統的擾動早已無法撼動短程循環的結構性包裝——至少是無法直接撼動。《幫幫我愛神》描寫小欣對阿杰的情意是情節安排中比較能突破短程循環的部分。這一點直接連結到幾個介材擠壓的例子中帶有長程重複性的唯一一例，也

就是上面提到的測速照相：阿杰跳樓時由樓上撒下無數張沒中獎的彩券，在樓下檳榔亭值班的小欣走到路上，由一堆彩券中撿起測速照相拍到的兩人合照。這個安排表達的比較不是小欣的情意含有人性溫暖，在黑暗中保留了一點希望之類的「告示」，而是臨時起意的嬉遊動作本身也因為進入紀錄而介材化形成符號的重複，同時混入彩券卻在其中穿透偶然性，承載了長程迴圈的系統調性。如果愛神終究可以到臨，那麼到臨的可能性應該不會是單純的訊息揭顯，而是帶有揭顯意味，同時已經「修通」介材催迫，轉向純粹欲望的系統調性。

由這個角度看，《幫幫我愛神》描寫的催迫不僅涉及各種技術接面，而更是在回應一種更大的，決定各種技術接面的總接面，也就是史提格萊所提出的，當代文化的「無謂」（carelessness）架構：資本操作因為利潤遞減而要求將消費欲望納入管理，造成欲望也投機化而遞減，在20世紀末導向社會、生產部門貧窮化，消費欲望分解為衝動，也就是個體也失去調性而無差別化、介材化，破壞長期「用心」（care）的精神而走向「無謂」。結果就是經濟失去象徵資本的調性，使勞工、企業都陷入無差別交換。[11]

史提格萊討論無謂、用心，主要應該是定位在歷史事實呈現出來的傾向、症狀，可以表述為溝通系統的結構性原則，偏向告示、揭顯。總接面的提法則更進一步，指向生活調性（或無調性）的想像，將結構性原則（短程迴圈、長程迴圈）投射到各種局部介材，就像音樂的調性通連到旋律的每一個部分，但又不直

---

11 Bernard Stiegler, *For a New Critique of Political Economy*. Trans. Daniel Ross. （Cambridge: Polity, 2010）, pp. 79-84.

接進入旋律。這裡可以再以李昂的小說《看得見的鬼》（2004）為例，說明調性的問題並不是只涉及現代科技或資本社會，而是與文化溝通的一般形態有關。

〈吹竹節的鬼〉描寫神、鬼兩種附身模式，明顯呈現出「催迫」模式與傳統符號接面操作的對比，也說明傳統在地文化驅動下的李昂處理接面並不受限於告示或揭顯，比現代科技更能掌握完整的接面思維。雖然神與鬼都是附身於「人肉」接面，也就是以介材（身體）為接面，但是「地方正神」吳府王爺附身於乩童，主要的功能是傳達「有冤屈」的簡短訊息或者下達如何了斷恩怨的裁示。雖然最後乩童持劍將女鬼逼回唐山，但這個被形容為「獸性大發」的動作仍然附屬在正規訊息下，只能算是完成價值轉換的（工具性）「執法暴力」。相對地，「清水宮」尪姨介入案件後隨時被女鬼附身，完全不受控制，雖然也能傳遞女鬼的觀點，但卻是以姿態、動作為主（噴污血、模擬交媾等等），呈現的是未經轉換的直接經驗，即使也有讓女鬼「說個痛快」的段落，也偏向超出訊息的聽覺想像，涉及語言的未開（infancy）。

但是李昂筆下尪姨溝通的方式也不是單純的事實揭顯，而是混合了符號化的經驗模擬，性質上更接近多系統之間互相催迫。更重要的是尪姨的揭顯是一種重複：因為鬼魂無法訴說冤屈，所以透過附身「演給你看」。也就是說，女鬼冤屈的揭顯本身帶出長程迴圈，從而涉及更寬廣的文化意義，也指向素樸正義觀的調性。從這個觀點看，王爺與尪姨的溝通都不只是在傳遞訊息，而是涉及兩種文化調性都會透過意義網路來維繫秩序，解決生活問題。故事裡兩人幾乎可以說是合作解決了鬼魂跨海討公道的問題，已經具有多系統群聚的模樣，至少也可以算是告示與揭顯同

時呈現，有點像加洛威所舉電玩《魔獸世界》畫面的例子。[12]

　　《看得見的鬼》的五個鬼故事裡還有隨在接面的許多變化，由〈頂番婆的鬼〉的中陰身接引到〈會旅行的鬼〉裡「不上彼岸」的中間漂游，大致都是延續王爺接面也難以避免的催迫性，可以呈現為「獸性」的未發態，或者啟動由訊息轉向經驗的異世界動能。介材研究有一種說法，認為表達介材發展到電影，敘事世界的感官性配合觀看欲望走到極致，反而造成觀眾的疏離。《幫幫我愛神》描寫當代文化裡催迫接面操控化、反操控化的各種方式，《看得見的鬼》則以台灣傳統文化為本，展開隨在接面的類型學。兩者都是以資料庫關係的群聚式堆砌取代感官現實的敘事模擬，由觀看欲望所形成的表面吸引轉向接面的系統化接觸。這樣的接觸含有內容的潛勢化：資料在群聚裡可以出現也可以不出現，同時也因為潛勢化而進入共同性，使溝通成為可能。潛勢化就是進入群聚，與共群的其他部分結合形成長程迴圈。這是愛與用心的基礎，也是鬼魂報復的時間性所在。其中的接觸表面是否能維持變化的潛勢，讓經驗因隨在而避免消亡，正是當代資本文化的關鍵問題。

參考書目

西文

Galloway, Alexander R.（2012）. *The Interface Effect*. Cambridge: Polity.

Galloway, Alexander R.（2014）. "Love of the Middle." *Excommunication: Three*

12　Alexander R. Galloway, *The Interface Effect,* p. 43.

Inquiries in Media and Mediation. By Alexander R. Galloway, Eugene Thacker, and McKenzie Wark. Chicago: Univ. of Chicago Press. 25-76.

Hookway, Branden（2014）. *Interface.* Cambridge: MIT Press.

Kuki, Shūzō（2011）. "Contingency." *Japan's Frames of Meaning: A Hermeneutics Reader.* By Michael F. Marra. Honolulu: Univ. of Hawaii Press. 298-339.

McLuhan, Marshall, and Eric McLuhan（1988）. *Laws of Media: The New Science.* Toronto: Univ. of Toronto Press.

Stiegler, Bernard（2010）. *For a New Critique of Political Economy*（2009）. Trans. Daniel Ross. Cambridge: Polity.

華文

李昂。2004。《看得見的鬼》。台北：聯合文學。

《幫幫我，愛神》。李康生導演。聯成國際。2008。

混昧
（Ambivalence）

蘇碩斌

前言：混昧一字的意義

　　混昧這個字，即ambivalence之譯，意指一個人對於其他的人、事、物之涉入情愫，處於正負兼存、糾纏不解的狀態，例如愛恨交織、亦正亦邪。ambivalence一般中譯為矛盾性、曖昧性，但其字源出自ambi（成對）及valence（價值），是發生在情感面而非認知面，故須避免以知識的矛盾或曖昧來掌握，因而較精確的譯名實屬葉啟政所用的「正負情愫並存」。然本文也將以ambivalence來推導拒斥一元、包容二元、而後達致多元並存的寓意，因此選取「混昧」為譯名。參考《說文解字》的文字本義，混，豐流也，即多條溪水合流。昧，旦明也，即天色將明未全明。合起來用，希望表達：可容納多種情愫合流、不偏執一種明確評價的狀態。

　　混昧作為認識台灣的關鍵詞，具有以理論批判現代、由歷史反省西方的意義。本文擬先借助西方相關理論，討論混昧如何可能造成現代性的終結；次則回看台灣現象，思考常民存活於多種

政權歷程，或有可能啟發出以多元取代單一價值、由主體轉化為客體的人生理路。

混昧成為病態的歷史成因

　　ambivalence的字典釋義，*Oxford Dictionary of English*是「一個人對於一事或一物具有對立的情緒或態度」；*Merriam-Webster Dictionary*則有更詳細的說明：「對一個人、事物或行動具有同時且對立的態度或情感」；因而導致「持續（在某事物或其對立事物）游移、不確定所要採取的方向」。

　　混昧在價值判斷上的不確定，原本可能不是什麼問題，但在講求確定性的現代社會，就是缺乏果決心、容易悶出病。這裡先岔開西方現代性的議題，談一談台灣的混昧與精神疾病之問題。

　　2013年1月的醫學期刊《刺胳針》（*The Lancet*）一篇台灣研究論文，指出台灣1970年代以來高經濟成長率、高政治民主化的「台灣奇蹟」，代價是國民心理健康惡化，數據顯示二十年間常見精神疾病（CMDs）盛行率增加一倍。數據表示，這些精神疾病盛行率攀高的同時，整體社會失業率、離婚率、自殺率也相應上升，但個別受試者的個人身心風險因子卻沒有相應上升（Fu et al., 2013）。因此作者認為，誘發台灣人精神疾病的原因，並不是個人內在的風險因子，而是社會外在的彌漫壓力，尤其「失業」帶來的擔心。不久《刺胳針》刊出一篇評論，兩位英國學者詮釋前述的彌漫性失業壓力，是一種對於未來的「不確定性效應」，亦即未必是失業導致人罹病，而是失業恐慌積壓在身心，導致失業之前就會衰頹（Stuckler and Makee, 2013）。

　　然而，不確定性效應（effect of uncertainty），其實是值得追問的問題。因為有科學研究顯示，全球常見精神疾病盛行率，最低的是東方世界（北亞和東南亞），最高的是英語系國家（Steel et al., 2014）；也有研究指出，東方世界的文化有一種「同時接受正面和負面態度」的特質，比例遠高於西方（Bagozzi, 1999）。綜合來看，混昧或不確定的態度，不盡然導致精神疾病，反而可能消解精神疾病。那麼，問題是否應歸責到現代社會對於「理性、確定、秩序」的執著？事實上，混昧的確是現代醫學所認定的非正常狀態：可能引發心理不悅甚至認知失調，且迫使人必須使出逃避、拖延等行為來解消這種非正常狀態、以回復正常（Van Harreveld, 2009）。而早在1911年精神醫師布勒（Eugen Bleuler）即提出認為混昧是精神分裂的四種典型症狀之一（Kuhn 2004）。之後佛洛伊德（Sigmund Freud）更將混昧加以理論化，界定為本能衝動的同時交錯並存，如愛慾本能及死亡本能（Freud 1923: 40-43）。佛洛伊德的自我理論，即「以本我和超我架接自我」的分析架構，即在於指出人類為了解消這種本質性混昧的心理機制。葉啟政（2013：76-83）論證指出，佛洛伊德因此就將文明理解為壓抑現象，亦即個人內心本能衝動相互衝突的巨幅集體反映，在《圖騰與禁忌》更主張初民社會的部落民與現代精神官能病患，具有相同的「混昧」思維。混昧作為憂鬱、騷亂、哀傷等情緒障礙的原因，於是成為生理性心理本質的後果。

　　亦即，混昧之所以是病態性的存在，按佛洛伊德的主張，原因是人類普遍本質性的內在衝突，以及解析這種衝突的困境。但果真如此？或者問，混昧為何是必須解消的病態性存在？

混昧的現代建構性與後現代意義

究諸西方歷史，並未必就是佛洛伊德所說的、所有社會所有人都具有本質性的自我壓抑。現代人熟悉的「無法解消混昧即是有病」，應是某個特定時空之後才被建構成為問題。

混昧成為病態性問題，是「現代」這個特定時空的產物。現代，是一種以「成為現代」（being modern）為價值觀的時代。瓦蒂莫（Vattimo, 1992:1）這麼界定。是西歐15世紀末開始，人類歷史才首度有一個社會全面性崇拜新奇及原創（cult of the new and original），之後文藝復興繼續解放傳統，相信人類可以完美、也要求人類必須完美。於是基於理性的進步（Progress）成為唯一的價值觀（Vattimo, 1992: 2）。

只有在這樣的價值觀底下，混昧才構成世界的威脅。包曼（Zygmunt Bauman）明確指出，「混昧」成為錯誤（disorder），正是肇始於西歐18世紀社會結構和思想轉型，也就是啟蒙運動及發展及工業資本主義，新的語言觀出現，所有事物都被相信可以對應到一個符號，不能跨越、不能混淆。

包曼說，是現代性的社會，人類才透過語言為自己設定出適宜人居、基礎穩固、井然有序的世界，其實是一個非本質的隨機世界（Bauman, 1990: 2）。針對同一時代知識史考察的Michel Foucault，亦指出18世紀林奈的植物分類學（taxonomia）出現的古典時期，語言才具有嚴苛的命名（naming）與分類（classification）功能，賦予世界結構、控制其或然性，萬物才首度明確被安置有秩序且通用的表格；反之，古典時期以前的語言，則是散漫的聯想、空洞的指涉（Foucault 2002: 72）。

　　現代性既須保障秩序，混昧不僅難以歸類、甚至挑戰分類的秩序，因此必須排除。因此包曼主張，混昧是現代性的棄物、甚至敵人（Bauman, 1990: 15）。

　　因此，混昧不是本質的病態，而是在進步現代性的思維下才被當作是病態。混昧不僅不需要逃避，或許還應視為人類最原初、值得肯認的處世哲理。回看西方思想史，這種對自身文明的省思，雖難以撼動主流理性，但確實從沒停歇。

　　西方挑戰理性價值觀的重要思想，當推畢生致力宣揚一神價值死亡、混昧價值重生的尼采（Frederich Nietzsche）。《悲劇的誕生》討論在前五世紀以前希臘人對生命的態度，其實充滿混昧深義。以尼采稱許的索福克雷斯（Sophocles）著名悲劇伊底帕斯（Oedipus）為例，這一部富含醉性和夢性的經典悲劇，主人翁伊底帕斯對自身的命運既無可掌控、也無從迴避，即使行為毀壞了當時的法律、秩序、道德，但是希臘人並不以為意，仍然熱衷觀賞如同「直視太陽，移開後眼底出現的陰影」（Nietzsche, 1999/1872: 119）。這抹坦然面對陰影的複雜精神，即為尼采一直強調的希臘式清朗（Greek serenity，Heiterkeit）──因為人類本就是持續受苦難的存在物（suffering being），因此唯有在痛苦中才有清爽的喜悅（Nietzsche, 1999/1872: 46-47）。

　　古希臘人同時擁抱日神阿波羅和酒神戴奧尼索斯，世界也就在秩序與失序之間兼容並蓄，雜糅著理性和感性，坦然承受命運的考驗，不論能否克服難題，最終仍須豁達一笑。但尼采嘆息，後來流行的尤里彼得斯（Euripides）劇作，轉向主角與反派鬥智論辯為劇情、以人定勝天為結局的理性史詩喜劇，清朗也變為單調而天真的快樂（complacence 或 cheerfulness）。這就是悲劇消

逝、蘇格拉底的理性邏各斯主義之勝利。歷史於是開始單線向前
進。

　　而後反省這個理性史觀的思想，例如巴赫金（Mikhail
Bakhtin）、韋伯（Max Weber）、巴岱伊（George Bataille）的批
判，都可看到理性的列車以不同名號線性開向現代。以巴赫金的
*Rabelais and His World*一書為例，他看到《巨人傳》寓含中世紀
歐洲民間笑文化（laugh culture），俗民利用嘉年華節慶，大量對
上位者戲仿、變裝、猥褻，並用糞尿、肛門等下半身（the lower）
的題材來展現重生的象徵（Bakhtin, 1984: 85），節慶裡的怪誕行
為，不是離經叛道，正是大量的混昧（ambivalence）（Bakhtin
1984: 150）。而讓世界重生的混昧，在16至17世紀間絕對王權興
起、政治理性浮現、階級區分愈加明顯後，節慶就成為正式宗教
的附屬，是一元的嚴肅、神聖、正典，而排除多義的混昧。

　　這些發展，在韋伯（Max Weber）《新教倫理與資本主義精
神》（1958）也有互相補足的論證。基督新教倫理的曲折歷程，
最終出現的是一種除魅的、合理的、可計算的文明體系。韋伯
說：「在西方文明，而且僅在西方文明，才出現朝著普遍性意義
和價值（universal significance and value）發展的文化現象。」若
用本文的概念，也就是賡續柏拉圖理性、官方宗教理性而降臨世
界啟蒙科學的理性。

　　尼采思想後期，宣告上帝已死、反對理性文化，就是要拒絕
接受人的生命必須要由外在「一神」的道德所支配。因此才會在
如《超越善惡的彼岸》等書中強調，道德應該回歸到生命自身，
讓每一個生命都能發揮自己的權能意志（will to power），不斷追
尋自己設想的價值，在黑暗與日正、山頂與海洋之間永恆復返

（eternal return）。唯有擺脫單一價值思維，生命才有機會活出自己的樣子。

反主為客的人生哲學

以現代性為根基的科學理性，習於將萬物排序以競爭、消滅多義交融的混昧。二百年來，西方人篤信這個原理，也實踐力行要求其他社會接受他們自認的「較高的文明」。此即包曼所說的，現代性的園藝世界（gardening world）之改造工程。

近年台灣社會學者葉啟政在「修養社會學」等系列著作即一直批判側重認知的「邏輯一致性」構成的「啟蒙理性」，長年來已滲透成為人類日常生活行事判準，棄絕了情緒對生命內含的人類學意義。台灣的命運也無法禁絕。

理性至上的現代化工程，歷史上自19世紀以來已屢次被塞進台灣。清末自強運動藉劉銘傳短暫帶來的現代，日本殖民政權輾轉由歐美全面施行的現代，戰後國民政府以美國為唯一目標的現代。台灣人也漸漸在清末開始歌頌科技、日治時代學會貶抑傳統、到戰後無情扼殺在地，最後是邏輯嚴密、沒有曖昧空間的排行榜競爭力主義，幾乎全面得勝。

黃厚銘延續葉啟政想法力圖指出，混昧是相互矛盾的價值問題，既知無法得兼卻情感上希望兩全。因此他在混昧（ambivalence）的價值難題之前，試圖安頓含混性（ambiguity）在人世間。含混性是對於事實狀態或其背後思考方式的描述，亦即不合於同一律、矛盾律、排中律等形式邏輯原則的例外（黃厚銘，2014）。這種例外，暗藏在各種語言遊戲的打油詩、歇後

言、腦筋急轉彎之中，看似不登大雅，卻可逐日打破科學理性所
體現的實證主義認識模式。這種主張，並不是知其不可為而逆勢
挽救，而是在等待乘著世界的新風向而撼動現實，亦即順勢而
為。

　　瓦蒂莫對現代世界的觀察提供一個解方：現代性自身有一個
追求完美的「透明社會」理想，想利用大眾媒介將各種文化融合
在一起，求取沒有陰影的和諧社會。可是，現代性計畫卻弔詭地
逆轉（Vattimo, 1992: 6）。現代媒體世界為了市場而擴張，理性
計算的結果是將電視、廣播、報紙等傳播技術及溝通工具帶到全
世界，但事與願違，透明的一元社會沒有來，卻形成一人一把
號、各說各的調。各種在地知識、少數方言，逼退了中心理性，
世界爆炸成為（各說各話的）各種地方理性（如族群、性、宗
教、文化、美學）的多樣性。事實（reality）不再受到「人文性
的單一真實形式」壓抑，事實改由獨特、個別、流動、偶然所構
成。這也就是值得期待的後現代社會。

　　後殖民主義者Homi Bhabha亦發現到歐美現代主義高峰期的
殖民主義現象，殖民者雖然求現代性計畫而改造當地，但被殖民
者在應付當局的過程發生的擬態（mimicry）現象，其實就是混
昧的思維（Bhabha, 1985）。Homi Bhabha的想法，呼應了齊美爾
（Georg Simmel）的陌生人（the stranger）理論。陌生人不是今天
來、明天走的不相干人士；陌生人是今天來、明天起就住下來的
同時代人。陌生人具有「既屬於這裡、又不屬於這裡」的微妙身
分，有助原社會改變根深蒂固的習性（Simmel, 1950）。人們也更
有機會擺脫成為「主體」的現代性宿命，而能以「客體」為師，
接受各種誘引、開放可能改變的自己（Baudrillard, 2002）。混居

經驗豐富，其實愈能習於跳開現代性、而來到後現代的思維。從清帝國移民開始，台灣短短三百年間更替多種政權，每個政權都以獨特方法進行現代計畫，台灣也因而前後矛盾、身口不一。這種歷史情境，培育台灣各世代人習於在表面的一元進行實質的混昧。台灣既是漢文脈之南端、也是華語系的最東，適處在兩個龐大系統的交叉點，正是回復價值混昧的最佳處。

現代世界，如前所述，是消滅原初的價值混昧、因而走上價值單一的偏鋒之路。東方世界如何接納西方理性，是值得觀察的缺口。混昧作為觀察台灣的關鍵詞，清末到日治再轉入戰後而至現當代，不只是政權轉移的斷代而已。居住其上的常民，面對由上壓頂而下的現代理性，接納著不斷進入的族群與他者，並無西方常見的仇恨，反倒在社會生活攜手相扶。台灣，其實大量殘存現代性所未能滅絕的混昧。

引用書目

西文

Bakhtin, Mikhail（1984）. *Rabelais and His World.* Indianapolis: Indiana University Press.（Original Work Published 1965）.

Bataille, Georges（1988）. *The Accursed Share. vol. 1 Consumption.* New York: Zone Books.（Original Work Published 1946）

Bagozzi, R. P., Nancy Wong, & Youjae Yi（1999）. "The Role of Culture and Gender in the Relationship between Positive and Negative Affect." *Cognition and Emotion* 13 Pp. 641-672.

Baudrillard, Jean（1993）. *Seduction.* New York: St. Martin's Press（Original Work Published 1979）.

Bauman, Zygmunt (1990). *Modernity and Ambivalence.* Cambridge, UK.: Polity.

Bhabha, Homi K. (1994). *The Location of Culture.* New York: Routeledge.

Foucault, Michel (2002). *The Order of Things: An Archaeology of the Human sciences.* London: Routledge. (Original Work Published 1966)

Freud, Sigmund (1923). "The Ego and the Id," in James Strachey Freud ed. *The Standard Edition of the Complete Psychological Works of Sigmund Freud, Volume 19.* Pp. 12-66. London: The Hogarth Press and the Institute of Psycho-analysis.

Fu, TS-T, C-S Lee, D Gunnell, W-C Lee and AT-A Cheng (2012). "Changing Trends in the Prevalence of Common Mental Disorders in Taiwan: A 20-Year Repeated Cross-Sectional Survey." *The Lancet* 381: 235-241.

Kuhn, R. (2004). "Eugen Bleuler's Concepts of Psychopathology." *History of Psychiatry.* 15: Pp. 361-366.

Nietzsche, Friedrich (1999). *The Birth of Tragedy and Other Writings. Translated by* Ronald Speirs. Cambridge, UK.: Cambridge University Press (Original Work Published 1872).

Nietzsche, Friedrich (2002). *Beyond Good and Evil.* Cambridge: Cambridge University Press (Original Work Published 1886).

Simmel, Georg (1950). "Stranger," in Kurt Wolff Trans. and ed. *The Sociology of Georg Simmel.* Pp. 402-408. New York: Free Press.

Steel, Zachary, Claire Marnane, Changiz Iranpour, Tien Chey, John W. Jackson, Vikram Patel, and Derrick Silove (2014). "The Global Prevalence of Common Mental Disorders: A Systematic Review and Meta-Analysis 1980-2013." *International Journal of Epidemiology.* March: 1-18.

Stuckler, David and Martin McKee (2013). "The Progress of Nations: What We Can Learn from Taiwan." *The Lancet* 381: Pp. 185-187.

van Harreveld, F.; Rutjens, B. T.; Rotteveel, M.; Nordgren, L. F.; van der Pligt, J. (2009). "Ambivalence and decisional conflict as a cause of psychological discomfort: Feeling tense before jumping off the fence," *Journal of*

Experimental Social Psychology. 45: Pp. 167-173.

Vattimo, Gianni（1992）. *The Transparent Society.* London: Polity Press（Original Work Published 1989）.

Weber, Max（1958）. *The Protestant Ethic and the Spirit of Capitalism.* New York: Scribner（Original Work Published 1920）.

華文

黃厚銘。2014。〈從社會學家到思想家──進出「結構─行動」困境與超越西方二元對立思考〉。收錄於范綱華。《本土理論再想像：葉啟政思想的共感與對話》。台北：群學。頁21-54。。

葉啟政。2008。《邁向修養社會學》。台北：三民書局。

葉啟政。2013a。《深邃思想繫鏈的歷史跳躍：霍布斯、尼采到佛洛依德以及大眾的反叛》。台北：遠流。

──────。2013b。《象徵交換與正負情愫交融：一項後現代現象的透析》。台北：遠流。

符號混成
（Semiotic Syncretism）

劉紀蕙

I

> 有物混成，先天地生。寂希。寥希。獨立而不改，周行而
> 不殆，可以為天下母。吾不知其名，字之曰道。
>
> ——老子《道德經》

這個先於天地而生，始終運行不止卻無以名之的某「物」，
究竟是何物？老子說，勉強給它一個名字，可以稱之為「道」。
此處，「道」這個表記的使用，呈現了符號與本體之間的差距：
「道」只不過是一個暫時援用的「字」，一個表記，指向難以名之
卻運行不止的某「物」。

根據許慎的《說文解字》，「字」𡧩（金文）的意思是「屋
內生子」，孳乳，引申為文字。《說文解字序》寫道：「倉頡之初
作書，蓋依類象形，其後形聲相益，即謂之字。文者，物象之
本；字者，言孳乳而浸多也」。事物的變化各自不同，各有時
分，因此老子說，「道可道，非常道」。從「文」𡬝（甲骨文）的

物象之錯畫，到「字」的賦比興風雅頌等六義之相生無窮，孳乳浸多，我們看到以文字紀錄無以名之的事態變化：這是一個複雜的符號化過程。

周行而不殆的變化發生在自然界，也發生在人類社會，更發生在文化交流的歷史時刻。這些不斷變化的狀態顯現於人世間的不同角落，以不同面向展露，若以文字表記誌之，則必然是在特定時空之下不同主觀位置的印記，也呈現了是非串習與好惡順違的畛域界分。

我以「符號混成」的概念，來說明文化活動中持續運作的符號化過程，尤其是符號混成所呈現的主體位置。任何社會都會因為歷史過程中人群的遷徙與交流，而發生各種形式的邊界跨越、相互改變、混雜交融，而生成新的文化樣態，也就是「有物混成」的不斷發生，以及後續的符號化工作。「符號混成」的概念，說明了任何狀態的文字化工作，都只是片面而主觀的印記，也牽涉了不同主體位置之間複雜的翻譯活動與符號代換；換句話說，並沒有固有而不變的本質，沒有神聖而不可動搖的經典，也沒有不可被質疑的法則，有的只是不斷重新發生的「有物混成」，以及不斷以文字寫成的符號代換與法則制定。

我們或許可以用semiotic syncretism來翻譯「符號混成」。Syncretism意指宗教、文化、思想的綜攝融合，不過如果我們參考syncretism這個詞彙的字根，看到古希臘時期克里特島聯邦（Cretan federation）為了抵抗共同敵人而形成聯盟的歷史現象，就會了解不同宗教信仰或是哲學系統的融合混成，已經涉及了主體對抗外來敵人的位置，也必然是符號性的活動。從多神信仰過渡到基督教一神信仰的原始宗教痕跡，從西方的聖母瑪利亞到台

灣媽祖的女性保護者形象的轉移，從天主教的聖徒到原住民的祖靈成為聖徒：神壇廟宇中的不同神像排列，牽引了不同的信仰系統，也都是在地化的符號操作。這種以特殊方式混和排列的在地性重組含有圖像的符號代換，思想與信仰系統的嫁接也涉及了不同歷史時期多重內部與外部政治力量的角力。

　　符號混成的概念不同於後殖民論述的混血（hybridity）或是學舌（mimicry）（Bhabha 2004）。混血或是學舌的論點，預設了文化與生理的原生狀態，也暗示了原典與摹本之間各自原生的獨特本質或是純種血統，以及混雜融合的自然順暢。符號混成的概念也不同於米尼奧羅（Walter Mignolo）所提出的「殖民符號學」（colonial semiosis）。

　　米尼奧羅認為，文化殖民的過程，要在表記層次（the sphere of sign）分析跨文化交流時發生了什麼樣的知識體系的權力衝突。米尼奧羅要檢討的問題是，為什麼歐洲的在地知識（local knowledge）被投射為全球的整體設計（global design），以至於權力的殖民模型擴散於全球其他地區，扭曲了當地的知識範式，並且透過理性的工具性化過程，建立體制，而影響延續到當代。此外，他強調，在翻譯的過程中，殖民差異（colonial difference）會被抹除，進而壓抑在地知識，使其底層化（subalternized）。因此，他認為如果要檢討文化融合的殖民歷史與認識論權力結構，就必須進行「邊界思考」（border thinking），以便重新恢復被底層化的知識，尋找新的發言位置（loci of enunciation）。[1]

1　Walter Mignolo, *Local Histories/Global Designs: Coloniality, Subaltern Knowledges, and Border Thinking*（Princeton: Princeton University Press, 2000）, pp. 3-5, 14.

　　米尼奧羅的論點雖然強調了外來知識與在地知識之間的殖民權力結構，並且指出在地菁英在翻譯外來知識的過程中，可能會抹除認識論之間的差異，而使得原本的不同知識形式消失聲音。然而，他的論點強調了殖民文化與在地傳統的二元對立，以及在地傳統被底層化的問題，卻忽略了邊界永遠存在於符號操作之中，以及在地的傳統知識與傳統社群，在不同歷史時刻，也會針對內部的不同群體，執行權力結構的劃分以及內部殖民的壓迫。

　　以符號混成的概念，我們可以更為敏銳地檢視在地社會如何持續處於不斷發生的符號化與體制化的過程。在不同文化交流以及移動人口的歷史過程中，我們要分析這些過程如何促成了主體位置符號化的轉變，以及這些轉變所牽動的各種衝突以及內部邊界。符號混成的概念能夠使我們看到文本中符號邊界的痕跡所牽引的不同權力關係，其雙向並存的政治部署與曖昧性，以及其中所透露的衝突張力與歷史性。以符號混成的概念，更可以修正翻譯理論的拿來、挪用、模擬論點，或是後殖民論述的混血、學舌，以及關於本有而被排除的底層知識帶有本質主義的例外性或是優先性。

II

　　台灣居於銜接東北亞與東南亞海上貿易轉運站與政治經濟樞紐的地理位置，加上幾百年來更迭交替的移民歷史與殖民歷史，除了是不同思想活動交錯匯聚的空間，也展現了符號混成的複雜痕跡。日本殖民時期的知識混成，以及20世紀的超現實書寫，都是典型的例子。

　　1895年甲午戰爭的失敗以及台灣的割讓，使得晚清知識分子面對世界局勢丕變，感到割心沉痛，而積極投入啟蒙運動。這些知識啟蒙運動包括大量翻譯與引介西方科學及人文社會學科知識，希望能夠藉這些新知識來回應並解決時代的困境。這個廣泛的翻譯活動以及知識分子各個層面的積極闡釋，持續在不同領域發生深刻影響。[2]1895的歷史事件顯然並不是第一次帶來巨大變化的斷裂經驗。從兩次鴉片戰爭以降，清朝先後將香港與九龍租借給英國，開放五大通商口岸，讓傳教士自由傳教，並且讓外商自由貿易與居住。這一系列的措施，使得晚清知識分子目睹了一連串延續的世局變化。鎖國政策不得不開放，洋務運動也是必然的趨勢。傳教士快速而大量地引入了系統性的西方知識，包括同文館、廣學會所翻譯的系列書籍編印，以及在知識界與大眾讀者之間流通的報刊雜誌，而帶來認識論的典範轉型。

　　被稱為「台灣第一位哲學家」的李春生同樣地密切關注這些介紹新知的報刊雜誌，包括《中外新報》、《教會新報》、《萬國公報》、《畫圖新報》等，並且從1870年代開始便大量在《中外新報》、《教會新報》、《萬國公報》、《畫圖新報》等刊物發表論著，參與時代性議題，持續與晚清中國學者對話。然而，由於1895事件之後李春生處身於與晚清局勢完全不同的殖民地，同時必須面對殖民地治理政策與話語模式，李春生的論述逐漸發展出與殖民者同化政策共構的儒學倫理觀與等差論，也結合儒學與基督教的論述，說明階序概念與主客對待關係，強調萬物各有其範

2　此處討論可參考本人在《心之拓樸：1895事件後的倫理重構》的討論，見第1、4章。

圍、內外、主統，而反對平等與自由的概念。

　　以李春生與同時期晚清革命知識分子譚嗣同作為對照，我們可以看到他們兩人對於「道」的不同詮釋所呈現的不同政治理念。就譚嗣同而言，「道」是每一個體即生即滅、隨時翻新的生生之道，無親疏差等；就李春生而言，「道」則是以教化人心並組織統合萬物的天道，透過憑藉依賴、範圍主統，才足以組織群體。譚嗣同以「仁」揭示了原始儒學、莊子與佛學思想的開放性與革命性，而李春生則以「仁」凸顯了儒教傳統壟斷專制政體之論述模式。譚嗣同與李春生的對照，說明了在不同的論述脈絡之下，「道」與「仁」的符號代換所展現的不同權力結構。此處，「道」與「仁」各自成為了轉換詞（shifter），以「字」指向「某物」，然而這個「某物」卻結合了不同的符號脈絡，而銜接不同的概念系統。

　　相對於現代理性思維的符號混成，台灣在日本殖民時期的超現實論述以及創作，則顯示了不同面向的符號混成，而以不同的模式影響了後續的文學藝術型態。

　　台灣詩人楊熾昌留學日本的1920年代，正是日本現代主義思潮發展之階段。上田敏雄、上田保、北園克衛等人辦的雜誌《文藝耽美》在1925年（大正十四）介紹超現實主義，該期還特別翻譯了阿拉貢（Louis Aragon）、布魯東（André Breton）、艾呂亞（Paul Éluard）等超現實主義詩人的作品。楊熾昌在1930年由日本Bon書店出版的日文詩集《熱帶魚》，便是受到日本超現實主義脈絡所影響的結果。楊熾昌與林永修、張良典、李張瑞和日本人戶田房子、岸麗子、尚楨鐵平等人，於1935年在台灣組成了「風車詩社」，發表了超現實主義詩論以及詩作。

楊熾昌雖然以日文創作，但是他的文字中充滿台灣的風土色彩以及殖民地困境的自覺。在他的作品中，我們看到台南古城的沉睡與痴呆，「殖民地天空下」隨時會起的暴風雪與凶惡幻象（〈幻影〉，1933），哄笑的眾人不自覺而愉快地犯下的罪惡（〈日曜日式的散步者〉，1933），因寒冷死去的賣春婦（〈青白色鐘樓〉1933），「簽名在敗北的地表的人們」以及「灰色腦漿夢著痴呆國度的空地」（〈毀壞的城市 Tainan Qui Dort〉，1936）。他的詩論雖然受到了西脇順三郎「新精神」（esprit nouveau）的影響，但是，根據楊熾昌所言，當時台灣詩壇已經「走投無路」，他討論「新精神」以及現代詩革新之道的前衛詩論，是為了替台灣詩壇「吹送一種新的風氣」。1933年到1938年間，楊熾昌發表的作品包括詩作、小說、文學評論，以及日本現代文學與世界現代文學的介紹文字，算是台灣第一波現代主義文學。

超現實風潮經歷了複雜的混成過程，像是磁石一般，在台灣不斷聚合了不同養成背景的文藝人士，吸引了不同面向的超現實主義論述、翻譯以及文學藝術實踐，而展現了超現實的本土符號混成，攜帶出不同歷史階段的底層現實。[3]

相對於日本殖民時期，台灣1950、1960年代戒嚴時期的現代派運動，是台灣文壇第二次有意識地以文字翻譯介紹超現實主義的文學運動。日本殖民時期成長的林亨泰，協助紀弦在《現代詩》拓展了超現實主義的路徑；同時期先後創刊的《創世紀》與《笠》等幾種詩刊，也積極引介歐美現代詩派。這幾種詩刊大量

3　此處的討論可參考劉紀蕙《孤兒・女神・負面書寫：文化符號的徵狀式閱讀》第6、7、8章。

譯介日本1920、1930年代的超現實主義詩人的作品與翻譯，以及歐美現代派詩作。當時現代派詩人如紀弦、瘂弦、洛夫、余光中、商禽、辛鬱、羅門、楚戈等人，藝術家如李仲生、秦松，攝影家張照堂。

　　從符號混成的角度回顧日本殖民時期以及戒嚴時期的超現實主義發展過程，這些以超現實拼貼的符號模式，使得當時殖民時期以及戒嚴時期思想禁錮之下無法言說的現實，得以透過怪異的文法與圖像，輾轉折射而出。至於1970年代以及1980年代以後的蘇紹連、陳黎、林燿德、陳界仁、吳天章或是蔡明亮等人，也都是在這個脈絡之下，以符號混成的方式，結合不同脈絡的意義系統，透過超現實的不同實驗模式，創作出他們的詩論、詩作、劇場、小說、藝術以及電影，而拓展出不同的現實層面。

　　漫長的歷史過程中，每一次的創作，都是一次新的符號混成，semiotic syncretism，融合了任何本地與外地的元素，而重新組裝。沒有任何原本不受沾染而具有本質性的本土文化，也沒有任何被模仿學舌的外來文化。所有的符號化過程，都已經是多重的混成融合，也已經是不斷的再生過程。值得我們觀察的，則是在所有文本中所呈現的內部邊界的展演與張力。

參考書目

西文

Bhabha, Homi（2004）. *The Location of Culture*. New York: Routledge.

Mignolo, Walter（2000）. *Local Histories/Global Designs: Coloniality, Subaltern Knowledges, and Border Thinking*. Princeton: Princeton University Press.

華文

劉紀蕙。2011。《心之拓樸：1895事件後的倫理重構》。台北：行人。

劉紀蕙。2000。《孤兒‧女神‧負面書寫：文化符號的徵狀式閱讀》。台
北：立緒。

華身論
（Sino-Corporealities）

林亞婷

前言

何謂「華身論」？華人的身體會因為血緣而擁有共同特質？
意指所謂的「黃種人」？回到保守的本質論（essentialism）觀
點？「華身論」這個關鍵詞，受史書美所提出的「華語語系研究」
（Sinophone studies）之啟發，用意是在探討華語語系與舞蹈領域
中「身體論」（corporealities）研究的多元發展，以及如何因不同
的歷史、經濟、文化等時空環境的差異，而發展出不同的風貌。[1]

值得一提的是，身體論在西方的學術用語，包含舞蹈發展的
的身體訓練系統，以及其訓練體系所涵蓋的價值觀等元素，因而

---

[1] 參考Shu-mei Shih（史書美），*Visuality and Identity: Sinophone Articulations
Across the Pacific*. Berkeley, Los Angeles and London: University of California
Press, 2007；（中譯版《視覺與認同：跨太平洋華語語系表述呈現》，台北：聯
經，2013）；王德威，《華夷風起：華語語系文學三論》，高雄：國立中山大
學，2015；Susan Leigh Foster, "Introduction," *Corporealities: Dancing
Knowledge, Culture, and Power*. Susan Leigh Foster, ed. London: Routledge, 1996.

表述出整體的理論與身體實踐。我將透過以下幾個分別為台灣，香港，以及紐約的案例，來探討不同華語語系社會，因不同的策略，所呈現出的多元創作。[2]

台灣雲門舞集與跨世代的華身論

　　1973年由林懷民（1947～）與一批主要由文化大學畢業的舞者所組成的雲門舞集，以「中國人作曲，中國人編舞，中國人跳給中國人看」的響亮口號，成為華語語系第一個職業的現代舞團。在中華民國還沒跟美國斷交的時代，台灣背負著捍衛中華文化與現代化銜接的雄心壯志。早年的代表作《白蛇傳》（1975），結合京劇的身段與林懷民在紐約學習的瑪莎・葛蘭姆（Martha Graham）舞蹈技巧，形成獨有的中西合併的雜糅身體（hybrid body）。

　　隨後，作家與新聞背景出身的林懷民，經歷1970年代中期鄉土文學的影響，1978年推出全版的《薪傳》（*Legacy*）。若以後殖民理論的角度來探討，這齣以先民渡海來台為劇情的史詩舞劇，可以從定居殖民（settler colonialism）的角度給予新的解讀。[3]在林

2　以下部分內容摘錄自Lin Yatin（林亞婷）的兩份著作，"Choreographing a Flexible Taiwan: Cloud Gate Dance Theatre and Taiwan's Changing Identity," *Routledge Dance Studies Reader*（2nd ed.）. Alexandra Carter & Janet O'Shea, editors. London: Routledge, 2010；以及*Sino-Corporealities: Contemporary Choreographies from Taipei, Hong Kong and New York*. Taipei: Taipei National University of the Arts Press, 2015.

3　參考Lorenzo Veracini, *Settler Colonialism: A Theoretical Overview*. London:

懷民故鄉嘉義首演當天，正逢美國總統卡特（Jimmy Carter）宣布跟中華民國斷交，當晚上千名觀眾與台上表演者的集體「動覺共感」（kinesthetic empathy），成為台灣舞蹈史上難以抹滅的重要事件。[4]台灣人（尤其舞劇中擔任要角的幾位客家女性）「打拚」的幹勁，成為另一種華語語系身體論的典範。

　　1980年代台灣邁入的現代化，或甚至說台北的寰宇化，帶來了另一番身體的焦慮感與疏離感。雲門舞集1984年的代表作《春之祭禮 台北 1984》（*The Rite of Spring, Taipei, 1984*）充分表現了奔波於都市叢林的勞動階級，日復一日的機械性生活模式，彷彿失去了靈魂的行屍走肉。1987年解嚴之後，雲門隔年宣布解散，林懷民與團員們各自或出國進修或在台沉澱。直到1991年再復出後，經由引進源自中國但在台灣轉化的太極導引與武術等身體訓練體系，再與原有的西方芭蕾舞以及現代舞等技巧相結合，推出富有中國文化底蘊與哲理的《水月》（*Moon Water*, 1998）以及《行草》（*Cursive*）三部曲（2001，2003，2005）等代表作，使得雲門舞集在全球競爭激烈的藝術市場，立下一席之地。

　　相較之下，前雲門舞集舞者——排灣族的布拉瑞揚·帕格勒法（Bulareyaung Pagarlava, 1973～），漢名郭俊明，1990年代中期就讀國立藝術學院（2011年改為國立臺北藝術大學）舞蹈系期間，意識到自己的原住民身分，因而改名。有感於當時的原住民雛妓等議題，發表舞作《肉身彌撒》（1995），受到肯定。擔任了

Palgrave Macmillan, 2010。

4　參考Susan Leigh Foster, *Choreographing Empathy: Kinesthesia in Performance*. London: Routledge, 2011.

多年雲門2的駐團編舞家、拉芳舞團藝術總監以及原舞者導演等身分，2014年他回台東成立了布拉瑞揚舞團（Bulareyaung Dance Company, BDC），並以原住民議題為創作的關注焦點。舞團近年作品《拉歌》（*La Song*, 2015），《阿棲睞》（*Qaciljay*）與《漂亮漂亮》（*Colors*, 2016），甚至《無，或就以沉醉為名》（*Stay That Way*, 2017）和《路吶》（*Luna*, 2018），納入原住民語的樂舞等特色，以原住民樂觀自娛的態度，輕鬆但諷刺地回應漢人執政者或大自然所帶來的各式變遷，形成另一種台灣原民性的華身論。

1999年創立的雲門2，現任藝術總監鄭宗龍（1976~），多數作品反映了這位出身萬華藝術家眼裡所觀察的市井小民之人生百態。無論靈感源自旅行到中國西南地區而創作的《在路上》（*On the Road*, 2011），或閱讀建築師王大閎改編自王爾德（Oscar Wilde）的小說《杜連魁》（*Dorian Gray*）所編創的2014年同名舞作，甚至與台灣音樂創作人林強共同在萬華廟宇蒐集的道士儀式咒語節奏與身體律動所發展的《十三聲》（*13 Tongues,* 2016），其中都涵蓋了他發展出的一種台灣民間漢人的「台客味」。

另一位台灣新生代的編舞者黃翊（1983～），從小接觸「小叮噹／Doraemon」等日本卡通，由於生長在台灣經濟較富裕的年代，並以電腦為友，因此自然而然對科技不陌生，甚至發展出與機械手臂KUKA共舞的作品。黃翊雖然畢業於國立臺北藝術大學舞蹈系和舞蹈研究所，但在校期間充分跨到新媒系所，跟不同領域的師生學習與合作。由於他思考冷靜，舞姿精準，因此還自喻像機器人：要求完美、零誤差，每次演出都必須百分百到位。他甚至自修KUKA的操作系統（coding），了解其動作可能性之後，完成了一支與機器共舞的得獎「雙人舞」《黃翊與KUKA》

（*Huang Yi & KUKA*, 2012），2015年又再發展為長版的群舞，在紐約首演後，巡迴了世界許多城市。[5]這種新世代的人機共舞，不妨也是華語語系身體論的新一章。

香港回歸前後的華身論

至於受過英國殖民統治的香港，在華語語系的身體論發展，又呈現了另一種特質。香港最早成立的現代舞團城市當代舞團（City Contemporary Dance Company，簡稱CCDC）的主要編舞家、創辦人兼藝術總監曹誠淵（1955～）以及黎海寧（1951～），兩位的作品分別探討香港的不同面向。香港地理位置跟中國相連，但因遭受英國統治150年，人們的教育與思想相當西化。例如曹誠淵大學留學美國而接觸現代舞，黎海寧則留學英國，兩位都結合西方的舞蹈編創觀念在香港發展舞作。

黎海寧作品向來富有詩意的文學底蘊，許多創作的出發點來自文學著作，例如改編義大利作家卡爾維諾（Italo Calvino）的同名作品《隱形城市》（*Invisible Cities*），捷克作家卡夫卡（Franz Kafka）《變形記》的舞作《畸人說夢》（*Comedy of K*），以及拉美作家馬奎斯（Gabriel Garcia Marquez）長篇小說《百年孤寂》的舞作《孤寂》（*Soledad*）。靈感雖然來自西方，但熟悉香港社會樣貌的觀眾，大多可以看出編舞家敏銳反觀香港周遭的環境變

5　Lin Yatin（林亞婷），"Digital Performance in Twenty-first Century Taiwan: *Huang Yi & KUKA*, a New Form of Sino-Corporeality," *Arts Review*（31），Taipei National University of the Arts, 2016. 1-39.

遷。亞裔美國舞蹈學者關珊珊，曾經以「尖突、不流暢的存在感」（jagged presence）特質，來形容黎海寧對香港這個流暢的都會節奏所提出的刻意阻擾。[6]黎海寧在代表作《革命京劇——九七封印》（*Revolutionary Pekinese Opera: Millennium Mix*）裡，巧妙結合中國文革時期的樣板芭蕾以及京劇臉譜與唱腔等中國符號，對比出香港面臨九七回歸的忐忑心境。

　　至於曹誠淵，身為舞團掌門人，除了編舞還必須兼顧舞團的營運等行政，因此需要考量舞團的國際定位等問題。千禧年間，香港城市當代舞團受邀到法國里昂舞蹈雙年展演出，其他來自華語語系地區同時受邀的團體，包括台灣的雲門舞集、無垢舞蹈劇場、漢唐樂府，以及北京現代舞團（當年也是由曹誠淵領軍）。無形當中，形成了一個彷彿在競爭正統「中國性」（Chineseness）的國際場域。香港城市當代舞團演出的《九歌》（*Nine Songs*），是黎海寧受中國旅美作曲家譚盾之邀，以其源自屈原文學著作之同名樂曲編排的舞作。其中，一段由獨舞者在舞台地板上不斷書寫，抹滅，又書寫的動作，彷彿致力於刻畫著自己的存在。若對應著學者亞巴斯（Akbar Abbas）對香港提出之「消失的政治」（politics of disappearance），我則解讀為舞台上這群民眾，彷若一群居住在香港、忐忑不安的流亡百姓，努力爭取自我立足的意義與價值。[7]

　　2002年，曹誠淵邀請旅居香港的中國舞蹈家邢亮（1971~）

6　Sansan Kwan, *Kinesthetic City: Dance and Movement in Chinese Urban Spaces*. Oxford University Press, 2013.

7　Ackbar Abbas, *Hong Kong: Culture and the Politics of Disappearance*. Minneapolis: Minnesota University Press, 1997.

與藏族的桑吉加（1973~），共同推出長版舞作《365種係定唔係東方主義》（*365 Ways of Doing and Undoing Orientalism*）。這是一個反諷意味非常明顯的舞作。靈感來自他長年在中國發展現代舞時的觀察，尤其是視覺藝術界大量操作「中國符碼」以迎合西方藝術市場的扭曲現象。他循著薩依德的「東方主義」觀點，刻意誇張地提供西方人刻板印象中的「東方」典型，例如：舞動劍扇巾絹、傘與水袖，旅港作曲者彼得小話（Peter Suart）結合傳統「中國」音樂元素以及電音（techno），服裝設計陳仲輝（Silvio Chan）也以「不東不西、亦東亦西」的大膽創意，將東方的旗袍，甚至文革時期紅衛兵的制服等明顯服飾與頭飾，結合西方的芭蕾舞衣的蓬蓬裙（tutu）等，形成強烈的對比。曹誠淵明顯控訴西方市場對富有「異國情調」的作品之渴望，也暗諷來自東方的藝術家為了市場需求而甚至「自我東方主義化」。曹誠淵與黎海寧，這兩位香港代表性的現代舞先驅，也為香港這個特別行政區的華語語系身體論，提供了另類的例證。

中國藏族與美國紐約的華身論

中國藏族的桑吉加，是《365種係定唔係東方主義》的共同編舞者兼舞者。他是中國1980年代對外開放後，最早接受西方舞蹈訓練的一批舞者。1993年從中央民族大學畢業，轉往廣東實驗現代舞團學習現代舞，再於1999年加入香港城市當代舞團。2002年，他獲得勞力士（Rolex）藝術大師啟蒙計畫獎學金的贊助，前往德國，跟當代舞蹈家威廉‧佛塞（William Forsythe）近距離學習與合作了五年。2007年返國後，成為曹誠淵自2005年在北

京成立雷動天下舞團的駐團藝術家，並持續為香港城市當代舞團
等創作。

　　由於桑吉加擁有在德國工作的豐富經驗，編舞風格以及身體
使用的方式也受到佛塞的影響，動作繁複俐落，善於結合科技，
自己在演出時也往往會即時操控音樂與影像，呈現多層次的表演
作品。這種同時挑戰舞者高難度技巧與專注力的風格，呈現非常
當代感的身體美學，例如《無以名狀》（*Unspeakable,* 2007）、
《火柴人》（*Sticks,* 2007）、《那一年　這一天》（*As If To Nothing,*
2009）以及《前定的暗色》（*Standing Before Darkness,* 2011）等
作品。近年也屢屢受邀到歐洲的不同當代舞團，為它們量身打造
委託製作。身為藏族的桑吉加，表示作品不需特別彰顯藏族文化
特色，反而呈現較純肢體或「普世性」（universal）的手法，也
是另一種華身論的主張。

　　至於來自湖南的沈偉（1968～ ），生長在戲曲藝術家庭，早
期受美術訓練，後來轉往舞蹈發展，1989年到了廣東現代舞蹈
班，1995年再轉往美國紐約落腳，作品受美國舞蹈節（ADF）的
青睞，隨後成立了沈偉舞蹈藝術團。相較於桑吉加，沈偉的風
格，尤其是2000年創團的早期作品如《聲希》（*Folding*）與《天
梯》（*Near the Terrace*）等，帶有相當程度的「中國風」。《聲希》
視覺設計非常醒目：舞者的頭戴著白色高聳頭套，身上則拖著長
條的鮮紅色或深黑色的裙襬，並在西藏梵音聲中，緩緩在舞台上
以小碎步飄移。同時擔任服裝設計與舞台設計的沈偉，在布幕上
懸掛他的一幅八大山人風格的禪意中國繪畫，黑墨勾勒出游動的
小魚，與角落的紅印落款和收藏章，帶出舞台上的兩大色系。

　　2003年的《春之祭》（*The Rite of Spring*）則是沈偉另一階段

的轉捩點，結構更完整。地板上畫著白色的矩狀痕跡，舞者先以跑步到定點的立姿，隨著史特拉汶斯基（Igor Stravinsky）的旋律節奏緩緩抽動；在音樂漸入高潮時，分別展開自我旋轉的主題動作如掃堂腿、雲手、臀部扭轉，甚至旋入空中等等。從這支舞的動作語彙可以看出沈偉個人的獨特風格：一種結合東方戲曲身段、留白美學、西方釋放技巧（release technique），以及當代抽象藝術的融合。

到了2004年之後，其代表作《連接轉換》（*Connect Transfer*）更可以看出沈偉結合西方與東方的美學，即使如今舞團幾乎沒有中國舞者了（畢竟這跟他舞團設於美國有關）。其風格是他對西方抽象表現主義之理解，再經由他個人的融合與轉化後而賦予的新意，已不是傳統的中國手法。

結語

華身論因不同的地方與不同的養分，造就出不同的舞蹈風貌。無論台灣的河洛人或原住民，香港的男性或女性觀點，中國境內的藏族，甚至紐約的湖南人，不同世代的身體觀，豐富了如今世界舞壇的多元發展。本文僅呈現部分的例子。其實，在馬華地區，甚至澳門、歐洲、加拿大、澳洲也都散布著許多獨特的華語語系舞蹈人。[8]期待更多的人可以投入這個華身論的研究。

---

8 參考林亞婷策劃與合著，〈「舞出太平洋」特別專題〉，《美育》雙月刊226期（2018.11）（台北：國立臺灣藝術教育館），頁2-48。

參考書目

西文

Abbas, Ackbar（1997）. *Hong Kong: Culture and the Politics of Disappearance.* Minneapolis: Minnesota University Press.

Foster, Susan Leigh（1996）. "Introduction," *Corporealities: Dancing Knowledge, Culture, and Power.* Susan Leigh Foster, ed. London: Routledge.

Foster, Susan Leigh（2011）. *Choreographing Empathy: Kinesthesia in Performance.* London: Routledge.

Kwan, Sansan（2013）. *Kinesthetic City: Dance and Movement in Chinese Urban Spaces.* Oxford University Press.

Lin, Yatin（2010）. "Choreographing a Flexible Taiwan: Cloud Gate Dance Theatre and Taiwan's Changing Identity," *Routledge Dance Studies Reader*（2nd ed.）. Alexandra Carter & Janet O'Shea, editors. London: Routledge.

Lin, Yatin（2015）. *Sino-Corporealities: Contemporary Choreographies from Taipei, Hong Kong and New York.* Taipei: Taipei National University of the Arts Press.

Lin, Yatin（2016）. "Digital Performance in Twenty-first Century Taiwan: *Huang Yi & KUKA*, a New Form of Sino-Corporeality," *Arts Review*（31）, Taipei National University of the Arts. 1-39.

Shih, Shu-mei（2007）. *Visuality and Identity: Sinophone Articulations Across the Pacific.* Berkeley, Los Angeles and London: University of California Press.

Veracini, Lorenzo（2010）. *Settler Colonialism: A Theoretical Overview.* London: Palgrave macMillan.

華文

王德威。2015。《華夷風起：華語語系文學三論》。高雄：國立中山大學。

史書美。2013。《視覺與認同：跨太平洋華語語系表述呈現》。台北：聯經。

林亞婷策劃與合著。2018。〈「舞出太平洋」特別專題〉。《美育》雙月刊 226期（2018.11）。台北：國立臺灣藝術教育館。頁2-48。

華語語系
（Sinophone）

詹閔旭

21世紀初的一場理論旅行

　　21世紀初期全球中文文學領域研究備受熱議的關鍵詞，無疑是「華語語系」（Sinophone）。何謂華語語系？此一關鍵詞的理論化起點可追溯至史書美在2004年一篇同時發表在英語和華語世界的論文。史書美感嘆世界各地採用華文創作的優秀作家何其多，多數人卻只在意中國境內漢人為主的文學，致使在中國本土之外發表的華文創作遭到邊緣化。為此，她主張有必要另創「華語語系文學」（Sinophone literature）一詞，用來描述中國境外同樣使用華語的多彩多姿文學／文化生產，藉此與中國文學有所區別。[1]從這一篇文章開始，北美學界愈來愈多學者投入華語語系的理論化建置，終究引爆新一波研究趨勢。

---

[1]　Shu-mei Shih, "Global Literature and the Technologies of Recognition," *PMLA*, 119.1（2004）: 16-30. 史書美著，紀大偉譯，〈全球的文學，認可的機制〉，《清華學報》34卷第1期（2004），頁1-29。

　　華語語系的崛起是21世紀初期值得深入探討的一場理論旅行個案。華語語系以美國學界為發源地，隨後向台灣、馬來西亞、香港、新加坡等地推展。台灣學界是最為積極回應華語語系概念的地區。《中國現代文學》（2012）、《中山人文學報》（2013）、《中外文學》（2015）、《中山人文學報》（2016）、《台灣東南亞學刊》（2016）相繼規劃專題論文、回應文章、訪談、書評等各種形式，深入討論華語語系關鍵詞的內涵及魅力，一方面展現新興研究領域的彈性與活力，另一方面積累台灣學者的豐沛能量。中興大學、中山大學、東華大學、中研院、國家圖書館等教研單位也透過開設課程、舉辦演講、國際研討會、指導研究生等策略，大大地擴散華語語系一詞的影響力。

　　當然，我們也不可忽略北美推廣華語語系研究最用心、最用力的兩位學者——史書美與王德威——同樣在台灣扮演關鍵角色。史書美在台灣出版《視覺與認同：跨太平洋華語語系表述·呈現》華譯本與《反離散：華語語系研究論》，王德威在台灣出版《華語語系文學三論》，亦編選《華夷風：華語語系文學讀本》。他們兩人透過英文論述中譯、直接以中文撰述論述、規劃華語語系文學作品選集、乃至於頻繁受邀擔綱華語語系研究在台灣相關會議的專題演講人，這些舉動正好勾勒出「華語語系」從北美到台灣的理論旅行路徑。

　　有趣的是，史書美和王德威兩人皆擁有台灣籍，且長期在台灣接受教育，熟悉台灣近十幾年來的劇烈社會與文化變遷。他們這兩位「北美學者」對於華語語系一詞的發想、關懷、理論化闡述，不免已然是某種程度上的「台灣製造」，提醒我們留意台灣——而非西方——作為理論製造地的潛能。「華語語系」如果是

21世紀初期值得關注的一場理論旅行個案，除了展現從北美到台灣的學術輸入；更為重要的是，這一個案同時也勾勒從台灣到北美的學術輸出，經北美學界轉運，再將這股「華語語系」旋風吹回台灣的千迴百轉路徑。

為何在台灣談論華語語系？[2]

即便如此，華語語系一詞的跨國流通仍存在時差：以北美學界為起點，台灣稍微落後。[3] 一個核心質疑是，為何需要在台灣談華語語系？如此質疑背後隱含三層思考。第一，面對新興理論，任何一位在台灣從事人文研究的學者恐怕不能未經思考便全盤接受，而需仔細推敲理論所能開展的在地論述空間——尤其得考量台美之間的學術發聲權力落差。第二，華語語系理論旅行到不同華語語系地區可能衍生截然不同的關懷，那麼華語語系的台灣演繹有何面貌？值得深思。第三，在北美學界發展華語語系研究之前，反思中華性與華人認同的論述早在台灣學界展開。台灣文學史家葉石濤與陳芳明批判離散華人常見的「放逐想像」[4]，儼

2　本節改寫自詹閔旭、徐國明，〈當多種華語語系文學相遇——關於臺灣與華語語系世界的糾葛〉，《中外文學》44.1，2015。頁25-62。

3　儘管史書美2004年的論文在美國和台灣同時出版，乃至於2007年替《中外文學》策畫「弱勢族群的跨國主義」專輯，進一步申論華語語系的內涵，華語語系的相關討論與迴響仍以美國學界為主。一直要到2012年以後，華語語系期刊專號接連在台灣出版，這才引起台灣學界更廣泛的注意。

4　葉石濤，〈台灣的鄉土文學〉，《葉石濤作家論集》（高雄：三信，1973），頁12。宋冬陽〔陳芳明〕，〈現階段台灣文學本土化的問題〉，施輝敏編《台灣意識論戰選集》（台北：前衛，1988），頁226。

然蘊含日後華語語系論述的基進批判立場。換句話說，華語語系一詞若要引進台灣，它的新意何在？

實際上，華語語系在台灣所佔據的理論位置，並非批判以漢人、中華性為主導的意識型態（台灣本土論述已累積豐碩成果），而是讓台灣本土論述的深耕成果得以與其他華語語系社群進行跨國比較研究。換言之，對台灣學者而言，華語語系涉及台灣和不同華語語系地區之間的連結、糾葛與結盟。這是華語語系一詞在台灣場域的重要意義，也是華語語系的台灣演繹。

台灣與華語語系世界的連結不妨從世界史的角度檢視。17世紀，台灣屬於荷蘭東印度公司的貿易據點之一，當時台灣、馬來西亞、印尼等地華人的墾殖勞動鑲嵌在全球大航海貿易時代脈絡。20世紀初期，日本殖民統治下的台灣人跟隨殖民勢力深入東南亞各國。20世紀中期，全球冷戰局勢一方面促成台灣人大批往美國遷移留學；另一方面，華僑政策也讓台灣從經濟、政治、教育、文化等各層面介入全球華人社會。即便到20世紀末期，為了因應中國的區域經貿布局，台灣政府積極強調台灣與東南亞連結的南向政策。

易言之，台灣與華語語系世界的關係顯然非常緊密複雜，這裡的「關係」，不是華人社會以共同族裔為基礎的關係文化，而是從地理空間的流動、從世界史的糾葛、從政策軍事的強勢介入、從經濟的跨域結盟發展出連結節點，重新引領我們思考不同華語語系社群如何產生互動。

當我們凸顯華語語系一詞蘊含的跨國特質，將有助於回應把台灣文學放到華語語系脈絡時常面臨的兩項質疑：一、台灣文學發展後殖民思考行之有年，強調抵抗中華性的華語語系研究和後

殖民主義有何差別？二、華語語系一詞以「華」為名，這和傳統的文化中國、海外華人文學、世界華人文學等概念有何區別？

首先，華語語系不執著於單一權力核心，而是開展網絡狀式、關係式的連結，檢視不同社群之間的動態對話關係。根據史書美的意見，華語語系理論放到台灣文學研究可開拓以下議題：（一）關注台灣駁雜多元的語言形構，以及不同族群語言碰撞產生出的混雜語言實踐，如原住民漢語書寫、日本時期的殖民地漢文；（二）反省台灣連續而重疊的殖民歷史，無論是荷蘭、日本的殖民統治、漢人的定居者殖民、或是國民政府的外省主導政權，在在提醒我們留意台灣緊繃而傾斜的種族政治；（三）強調在關係網絡裡生產出來的在地性（place-basedness），將台灣文學視為世界文學一部分的起點出發。[5] 簡單來說，如果後殖民主義意欲贖回被殖民者以往受壓抑的主體性，華語語系理論則試圖開展比較式、跨國式的思考進路，不以主體建構為己任。

其次，台灣文學時常遭到文化中國、世界華文文學、海外華文文學等論述收編進大中國主義巨傘，華語語系背後的連結基礎卻大相逕庭。兩者最顯著的差異在於看待「認同」的態度。文化中國、世界華文文學、海外華文文學等論述背後反映以中國／中華文化為認同歸屬的強烈欲望，對認同議題深感興趣；相較之下，華語語系研究則對「認同」──無論是族裔認同抑或是國家認同──批判甚力。不少研究者指出，華語語系研究跳脫僵化而

5　史書美，〈華語語系研究對台灣文學的可能意義──為《中外文學》「華語與漢文專輯」所寫〉，《中外文學》第44卷第1期（2015），頁135。

單一的國族主義想像，[6]不像世界華文文學穿越國界的目的，只是為了轉迴向文化原鄉——永恆的中國。

多地共構的華語語系[7]

綜合上述，華語語系之於台灣的意義，主要是讓台灣本土論述的深耕成果得以放在跨國脈絡，與其他地區華人社群進行跨國比較研究。循著華語語系的台灣演繹，我們或許可以回過頭調整華語語系這一詞彙的內涵。

近幾年來，華語語系台灣文學、華語語系馬來西亞文學、華語語系香港文學、華語語系新加坡文學、華語語系美國文學等次領域相繼浮出檯面，有助於凸顯華語語系社群「以地方為根基的實踐」（place-based practices）。不過，倘若借鑑台灣語境賦予華語語系一詞的新銓，華語語系將不再是單一地方的在地文化實踐（one place-based cultural production），而是一種多層次在地交匯而生的文化產物（multiple places-based cultural production）。

華語語系作為一種多層次在地文化構成物，反映華語語系社群的現實難題。華語語系社群和英語語系、法語語系國家大不相同，後兩者是殖民的產物，指涉第二次世界大戰後的大部分新興

6　蔡建鑫、高嘉謙，〈多面向的華語語系文學觀察——「關於華語語系文學與文化」專輯〉，《中國現代文學》第22期（2012），頁2。Jing Tsu and David Der-wei Wang, "Introduction: Global Chinese Literature," in Jing Tsu and David Der-wei Wang eds., *Global Chinese Literature: Critical Essays*（Boston: Brill, 2010）, p. 6.

7　本節改寫自詹閔旭，〈多地共構的華語語系文學——談馬華文學的台灣境遇〉，《台灣文學學報》第30期，2017。頁81-110。

獨立國家。相較之下，全球華語語系社群（如果將中國排除在外的話）由移民社群所組成，往往面臨融入在地的考驗。即使是華人佔據多數的定居者殖民如台灣、新加坡，總人口和市場規模也偏小（更何況新加坡的主導語言是英語，而非華語）。據此，資源的匯流整合已成常態。文學產業的發展是極好的例子。隨著文學閱讀人口逐漸萎縮，全球華語語系文學社群的合作讓多層次在地連結成為可能。馬來西亞作家赴台留學定居（李永平、張貴興），台灣作家移居歐美（陳玉慧、施叔青），香港、新加坡作家選擇在台灣出版（西西、董啟章、英培安），在在反映跨國的華語語系文學社群的漸次成形。

我曾經在另外兩篇文章分析馬華作家在台灣《中國時報》、《聯合報》兩大報文學獎的得獎作品，闡述台灣文學獎如何介入、影響、複雜化馬華文學作品的意義生成。至少有兩層意義值得注意：首先，台灣主導跨國文學認可機制，台灣評審對於馬華作品的認可過程於是乎折射出台灣內部文化、權力、地緣政治認識論的運作；其次，台灣評審與馬華作家針對單一作品截然不同的解讀，讓作家的文學成就與作品分析必須放在台灣與馬來西亞兩種地方脈絡解讀，正是多地共構的運作。[8] 從這個角度，華語語系文學作為多地共構的文學，企圖修正中國文學 vs. 單一在地華語語系文學的對立，引領我們思考不同華語語系社群之間彼此共構、交會、摩擦的跨文化接觸。

8　詹閔旭、徐國明，〈當多種華語語系文學相遇──台灣與華語語系世界的糾葛〉，《中外文學》第 44 卷第 1 期（2015），頁 25-62。詹閔旭，〈多地共構的華語語系文學──談馬華文學的台灣境遇〉，《台灣文學學報》第 30 期（2017），頁 81-110。

以華語語系的台灣演繹為思考起點，華語語系不僅坐落在中華性（Chineseness）與台灣性（Taiwaneseness）之間，更浮現於台灣性與華語語系性（Sinophoneness）、台灣性與世界性（worldiness）之間。台灣文學研究者廖炳惠在一篇重新梳理華語語系理論流變的論文，特別提到台灣經驗的啟發。他認為明鄭時期抵達台灣的古典文學家沈光文，儘管他的寫作語言是傳統漢詩文，但寫作內容早已遍布原住民、莽林、熱病、歐洲殖民主義等異文化接觸及跨語相逢的路徑，標舉出台灣夾身在歐洲vs.清帝國、原住民vs.漢人、官話vs.方言等新舊世界之間的另類位置。[9]順此脈絡往下，日本殖民時期的台灣新文學、冷戰格局下的港台連帶、在台馬華文學、留學生美華文學，乃至於1980年代的全球化轉折以後，來自香港的西西、馬來西亞的張貴興、北美的聶華苓、法國的高行健等作家匯聚到台灣，選擇在台灣出版作品，這些也都是台灣周旋於中國性、台灣性、華語語系性、世界性之間的例證。台灣作為重構「華語語系」關鍵詞內涵的理論意義盡在於此。

引用書目

西文

Liao, Ping-hui（2016）. "Sinophone Literature," in Yingjin Zhang ed., *A Companion to Modern Chinese Literature*（West Sussex: John Wiley & Sons Ltd）.

9　Ping-hui Liao, "Sinophone Literature," in Yingjin Zhang ed., *A Companion to Modern Chinese Literature*（West Sussex: John Wiley & Sons Ltd, 2016）, p. 138.

Shih, Shu-mei（2004）. "Global Literature and the Technologies of Recognition," *PMLA*, 119.1（2004）: 16-30.

Tsu, Jing and David Der-wei Wang（2010）. "Introduction: Global Chinese Literature," in Jing Tsu and David Der-wei Wang eds., *Global Chinese Literature: Critical Essays*（Boston: Brill）.

華文

王德威。2015。《華語語系文學三論》。高雄：國立中山大學。

王德威、高嘉謙、胡金倫編。2016。《華夷風：華語語系文學讀本》。台北：聯經。

史書美。2015。〈華語語系研究對台灣文學的可能意義——為《中外文學》「華語與漢文專輯」所寫〉。《中外文學》第44卷第1期。頁135-143。

史書美。2017。《反離散：華語語系研究論》。台北：聯經。

史書美著。2004。〈全球的文學，認可的機制〉。《清華學報》34卷第1期。紀大偉譯。頁1-29。

史書美著。2013。《視覺與認同：跨太平洋華語語系表述‧呈現》。楊華慶譯、蔡建鑫校訂。台北：聯經。

宋冬陽（陳芳明）。1988。〈現階段台灣文學本土化的問題〉。施輝敏編。《台灣意識論戰選集》。台北：前衛。

葉石濤。1973。〈台灣的鄉土文學〉。《葉石濤作家論集》。高雄：三信。

詹閔旭。2017。〈多地共構的華語語系文學——談馬華文學的台灣境遇〉。《台灣文學學報》30。頁81-110。

詹閔旭、徐國明。2015。〈當多種華語語系文學相遇——台灣與華語語系世界的糾葛〉。《中外文學》第44卷第1期。頁25-62。

蔡建鑫、高嘉謙。2012。〈多面向的華語語系文學觀察—「關於華語語系文學與文化」專輯〉。《中國現代文學》第22期。頁1-10。

超越

（Transcendence）

林建光

　　「超越」就字面意義而言指的是超過、越過某一狀態或限制。西方傳統中，超越有其文學、宗教或哲學意涵。19世紀以愛默生（Ralph Waldo Emerson）、梭羅（Henry David Thoreau）等作家為主的美國超越主義（American Transcendentalism）強調內在的靈魂、心靈、想像超越外在的物質、現實世界，前者比後者更真實；在宗教方面，「超越」指的是神完全脫離了祂所創造的世界，當然前者的境界也超越後者。在哲學方面，超越有時指涉超出人類所能理解的範疇，有時又無關乎外在客觀事物，而指涉人類主觀得以認識外在事物的能力，康德認為前者是transcendent，後者是transcendental。德勒茲（Gilles Deleuze）也對這兩種概念做區分，the transcendent指的是超越、超脫某種狀態，例如上帝之於人世間，而the transcendental則指涉讓某種認知、行為或實踐成為可能的條件（26-27）。中文語境中的「超越」比較偏向前者，它與被超越的對象存在著某種位階或價值觀上的優劣關係。在強調多元、去中心化的後現代社會，超越似乎成為不合時宜的觀念，因為它容易予人中心、父權、壓迫等負面

的聯想，但有些論者仍然認為「超越」有其認識論、倫理、美學以及政治意涵，它不但不具壓迫性，而且能向他者開放，承認自我欠缺與不足，是解決當今問題的一帖良藥（Schwartz vii-xi）。至於晚近興起的某些後人類主義（posthumanism），更精確地說超人類主義（transhumanism）則將侷限於特定時空限制的身體視為超越、取消的對象。科幻小說或電影經常描繪人的軀體死亡，但心靈意識仍被保留此一樣態。某方面而言，此種超人類主義與浪漫主義、超越主義等唯心主義有其共同之處，兩者皆重內在精神、心靈或靈魂，而輕視外在的物質、肉體世界。與之相反的則是強調身體、物質的理論，例如海爾斯（N. Katherine Hayles）或哈洛威（Donna Haraway）等後人類學者批判的正是去身體、去歷史脈絡化的後人類論述，試圖在愈趨失重、抽象的後現代、後人類世界裡找回身體、歷史與文化情境。[1]

　　在台灣，我們也經常聽到超越這兩個字，不過它的廣泛使用似乎不在宗教或哲學方面，而與政治比較有關聯。1987年解嚴之後，台灣社會逐漸脫離極權統治，成為自由開放的社會。但自由的另一個面向往往是矛盾、衝突、對立，其中政黨、黨派對立尤其明顯。2000年以後，厭倦了所謂黨派對立的選民逐漸對帶有鮮明立場的特定政黨感到失望，因此超越黨派、超越藍綠、超越對立等論點順勢而起，並為台灣社會廣泛接受。從政治人物到市井小民，人人皆認為超越是解決當前台灣問題的良藥。但究竟什麼

---

[1]　文章稍後我將提出儒家思想如何以「身體」作為超越精神與物質，形上與世界二元對立的方法，既將身體視為歷史文化的產物，也賦予它某種產生質變的能動力。就此點而言，儒家思想中的身體與後人類思想中將身體視為高度複雜的個體，足以生成複雜變化的新身體，兩種存在一些共通性。

叫做超越？超越黨派、超越藍綠的具體內涵為何？

　　讓我們先從一則競選廣告談起。2010年蘇貞昌競選台北市市長，打出的競選廣告中，最重要的訴求即是「超越」：「台北市的朋友，讓我們一起加入改變台北、超越台北的團隊，讓我們在對話中形成共識，凝聚力量，改變現狀，超越自己，超越過去，打造一座理想的城市，讓台北超越台北。」（〈台北〉）在這裡「超越」指的是與過去切割，並與某一亮麗未來產生連結的正向能力，雖然欠缺具體歷史內容，但具有明顯的進步論歷史觀以及濃烈的烏托邦色彩，這在他所拍攝的一系列以「台北超越台北」作為主軸的競選宣傳影片中尤其明顯，影片裡清一色都以平滑、光亮、快速剪輯的影像跳接遙指未來的台北如何是與世界都會零時差的烏托邦城市。從結果來看，這些以「超越」作為主軸的廣告似乎並未獲得選民青睞，選民選擇了郝龍斌，而不是蘇貞昌作為他們的市長。但四年後，醫生出身的柯文哲以超高票數當選台北市長，在首場電視辯論會中，他標榜的即是「超越藍綠」、「公民參與」的價值觀：「為了對抗藍綠對抗的局面，我堅持以公民參政的角度整合『在野大聯盟』。在野大聯盟的意義就是：所有公民要團結起來，把台北還給公民社會，不要讓這個城市被少數權貴階級所壟斷」（柯文哲）。

　　柯文哲的「超越」論當然也有烏托邦色彩，但比蘇貞昌的零時差台北烏托邦多了歷史內容，有其具體指涉對象，是一種相對於「少數權貴階級」的公民力量或「在野大聯盟」。問題是如此一來，所謂的超越其實並未超越自身，它只將所要超越的某對象（藍／綠、統／獨）替換為另一對象（少數／多數、權貴／平民）。這就是為何雖然許多人認為超越藍綠的訴求是柯文哲能夠

當選市長的主因，但仍有論者指出他的「超越」僅限於在網路科技的使用上：「如果真的硬要說，我認為柯文哲真正超越藍綠的地方就是超越藍綠的組織方式（其他不予置評）。柯文哲就是網路動員操作得最好的候選人」（范綱皓）。某種程度而言，此種超越論仍侷限於具體歷史與現狀，甚至將它們物化或浪漫化，因此並未達到真正的超越。近年來政治人物紛紛積極爭取「中間選民」或年輕人的認同，某種程度而言就是將所謂中間選民、年輕人、「公民」浪漫化為接近客觀、公正、無私的超越立場。西方宗教、哲學、文學傳統中，超越經常指涉某種神祕、無法再現或象徵化的事物，它指向現實的裂縫，朝向更為倫理的未來，但在台灣，超越經常被現實綁架，淪為現實的奴隸。例如某候選人就將超越量化為具有固定內容的「超越藍綠三要事」，分別是「捍衛國家領土主權」、「鞏固邦誼擴展外交」、「全力救災共同防災」。超越有其未來性，不論未來如何無法被再現。我們不能因為無法想像「超越藍綠後，我們要往那裡去」（吳傳立），因此將超越從未知的高度拉回已知的現實。簡單地說，超越不應停留於「打迷糊仗的虛偽中間意識」，一旦簡化為與現狀無距離的「國家」、「中間」、「公民」、「年輕人」、「無黨派」，「超越」就應該被超越：

> 超越藍綠，可以是一種積極的政治改造，生活在同一塊土地上的一群人，本來就應該試著理性平和地討論對未來的共同想像和願景；但同時，超越藍綠也可能是一種打迷糊仗的虛偽中間意識，將所有亟待討論和解決的政治議題一概棄之不談，以為這就是藍綠和解，這就是共榮共生。（胡景祥）

　　如果超越不是容易淪為空洞符號自我演繹的舞台，或陷入被歷史綁架的危險，兩者皆缺乏足以批判現狀的能量，那麼所謂具有未來性的超越論又是什麼？在一篇論及台灣是否應該進口美國豬肉的評論文章中，作者指出美豬議題在不同政黨執政期間都是個燙手山芋，美豬牽涉的議題不僅僅是食安或產業問題，更「牽動了美、台兩國政治、外交與貿易戰略關係」（孫友聯）。但有一個超越這些歷史、政治條件的因素應該被正視，那就是人民的健康，文章中身體被視為超越藍綠、政治、國際關係的最大公約數：

　　　　撇開不同政治及經濟意識型態立場的差異，例如，政黨政治不同的政治考量，或不同團體對於自由貿易的偏好等，這個議題的紛擾更凸顯了政策健康影響評估法制化的重要性，而透過公開、透明的法定評估程序，將可以成為社會尋求共識的最大公約數，並以人民健康商榷的決策考量，將可成為一國對抗其他國家不當要求的重要依據，用「健康」維護台灣的主權。（孫友聯）

　　在「政治及經濟意識型態」凌駕一切的台灣，如何「透過公開、透明的法定評估程序」，使得「健康」得以成為維護台灣主權以及「對抗其他國家不當要求的重要依據」，這確實並不容易。但有意思的是，在各式傳媒取代個人想法，以及內與外、個人與集體、人與機器已逐漸模糊的台灣社會，作者在這裡提出了一個以身體、「健康」作為超越藍綠、統獨對立的原則或方法。姑且不論這個原則或方法在實際層面上如何可能，但此方法展現

出某種與外部生命控制機器既切割、又連接,既超越又內在的態度。以身體作為超越的方法首先須將身體置放於生命控制機器的情境中,也就是承認當代人乃是人機合體的賽博格(cyborg)此一歷史現實,並以此為基礎思考重新找回人的價值、定位或出路。換言之,以身體作為超越的方法並非將身體浪漫化為超越歷史、社會的獨立體,而是在承認身體勢必被社會污染此一原罪的前提下,思索超越歷史的可能性。儒家思想強調修身,但東方思想中的身體似乎與西方強調身心二元對立的看法有所不同,以下我將對儒家思想中的身體以及其中蘊含的超越可能性稍做解釋。

表面看來,身體乃是會腐朽、衰敗的形而下存有,在重精神心靈而輕身體物質的傳統中,身體本是該被超越的對象,怎能成為超越的原則或方法呢?有別於西方傳統下的身心二元對立,以及將身體視為低於心靈的物質存有,儒家的身體觀是一種超越內部與外部、身體與心靈、精神與物質的綜合結構體,將身體視為形、氣、心互涉相滲的有機體,[2] 而身體同時也是「精神修養所體顯之場所」。[3] 根據楊儒賓的說法,儒家思想中的理想身體應該同時具備四種涵義:「意識的身體、形軀的身體、自然氣化的身體與社會的身體。這四體實際上當然不是可以劃分開的,而是同一機體的不同指謂。」[4] 透過訓練或者是教育,身體可以產生質變,臻於完美,而儒家的教育目的乃是「培養一種內外交融/身心交

---

2 楊儒賓,《儒家身體觀》(台北:中央研究院中國文哲研究所,1996),頁10。

3 黃俊傑,〈中國思想史中「身體觀」研究的新視野〉,《中國文哲研究集刊》20 (2002年3月),頁551。

4 楊儒賓,《儒家身體觀》,頁9。

攝／心氣交流的機體性人格」。[5] 身體力行的實踐是達到如此完美身體的必要方式，儒家談「修養」或者「工夫」，指的即是理想身體的鍛鍊過程與方式。身心修養達到高度境界者，其「身體雖是肉體的，但也是道德的，而且還是形上的、道的」。[6] 此身體既具有個體性，亦具有普遍性；既屬於物質世界，亦有著精神道德層面的意義；既屬經驗世界，也超越了經驗世界。

在西方也有類似東方修行、訓練或工夫論這樣的說法，較為人所知的是像傅柯（Michel Foucault）所提出的，在希臘時期以禁慾手段達到自我完美技術的方法。雖然儒家思想將身體視為形、氣、心相互滲入的有機體此一說法或許過於玄奧，但將身體（透過工夫或修養）視為可產生質變的場域，並進一步改變外在環境的說法頗具啟發性。解嚴之前，身體向來是被治理、控制的對象，鮮少具有能動性。解嚴後，隨著政治、經濟、媒體、思想、言論自由的開放，強調身體自由、身體解放的言論逐漸受到重視。但弔詭的是，強調身體的解放性（或性解放）未必真正開啟一個解放的身體，如果這裡的身體依然被理解為物化、固定不變、自我保有式的（self-possessive）身體。儒家思想的身體觀超越了主體與客體、個人與環境的二元對立，將身體視為有能力自我改變以及改變環境的有機體，如此對於身體的理解在生命與政治兩者界線逐漸模糊的當代情境特別顯得有深入思考的空間，它提供了某種美學、整體式（holistic）的自我修身範式，超越了西方思想中常見的以對抗作為抵拒外部權力的方法。完美的人不是

---

5 同前注，頁21。

6 同前注，頁24。

對抗的身體，而是將身體實踐、修養為超越物質與精神的新身體或超身體，此即為儒家思想中的「聖人」：「聖人的當下呈現永遠是自足的、唯一的……因為他的身體是種體驗證成的三體合一，他當下就是形氣意志的交融體，或者該說是形氣心的完美呈現。」但此種身體也必然是特定時空下的社會身體，因此必然有其限制：「既然人是社會人，聖人的三體展現出來的模態不可能不溶入社會性。因此，一種不全的、歷史的、社會的、語言的要素自然而然會被整編入身，成為其有機體的成分」。[7]

　　解嚴前，台灣曾經歷過一段將國家視為猶如上帝一般的超越主體，在此主體之下，個人並無具體價值、內容、意義，僅是隨時可被替換消弭的抽象化概念，「以國家興亡為己任，置個人死生於度外」所標示的即是此種超越個人經驗、感受的大主體。解嚴之後，雖然各種超越的論述甚囂塵上，但類似國家此種物化的超越主體幻化變形為「中間」、「公民」、「年輕人」或「無黨派」，依然未能跳脫本質性思考以及遭歷史綁架的命運。身體超越論讓我們重新思考一種以身體作為超越歷史社會的方法。以身體作為超越的方法，其重要意義在於所謂的身體並非具有固定內容與意義的客體，而應將它視為可自我改變與改變環境的流動體。如果公民力量、在野大聯盟等想法仍存在著藍綠政治（無）意識，甚至企圖動員身體，將身體政治化、現實化，身體超越論拒絕政治。這並不意味著身體超越論有去政治化傾向，相反地，它是具有高度政治批判力的行動，因為它既不否認身體乃是歷史、政治之產物，但同時也反求諸己，超越歷史與政治，並藉由

7　同前注，頁25。

此種反求諸己的反身性回絕了全球化時代那些無所不在，企圖將身體納入治理機器的政治力。幾十年來，我們早已習慣從國家、藍綠政黨等外部機器角度思考「超越」，或許在文化、歷史、政治、媒體等面向都高度淺碟化的台灣應該回過頭來，思考個人、身體能發揮何種效力。當身體超越了身體，我們或許可以某種不同的方式觀看「台北」、「台灣」或「藍綠」問題。

參考書目

西文

Deleuze, Gilles（2001）. *Pure Immanence: Essays on a Life*. Trans. Anne Boyman. New York: Zone Books.

Schwartz, Regina（2004）. "Introduction." *Transcendence: Philosophy, Literature, and Theology*. Ed. Regina Schwartz. New York: Routledge. Vii-xii.

華文

〈台北超越台北〉。《超越基金會》，8 June. 2010, http://eball.tw/node/80/398. Accessed 10 March, 2017.

吳傳立。〈超越藍綠後，我們要往哪裡去？〉。Buzz Orange, 25 Nov. 2014, https://buzzorange.com/2014/11/25/over-blue-green-kmt-dpp/. Accessed 10 March, 2017.

柯文哲。〈大選辯論──柯文哲結論全文〉。《蘋果日報》，7 Nov. 2014, http://www.appledaily.com.tw/realtimenews/article/new/20141107/502476/. Accessed 10 March, 2017.

胡景祥。〈當我們談起超越藍綠，是一種進步，還是原地踏步？〉。New Bloom, 29 Nov. 2014, https://newbloommag.net/2014/11/19/. Accessed 10 March, 2017.

孫友聯。〈健康影響評估──讓美豬爭議超越藍綠〉。《自由時報》，26 April. 2016, http://talk.ltn.com.tw/article/paper/983301. Accessed 10 March, 2017.

范綱皓。〈把眼光往基層放會發現──國民黨沒有全面潰敗，台北市也沒有超越藍綠〉。《天下雜誌》，1 Dec. 2014, http://www.cw.com.tw/article/article.action?id=5062738. Accessed 10 March, 2017.

黃俊傑。2002。〈中國思想史中「身體觀」研究的新視野〉，《中國文哲研究集刊》20（2002年3月）。頁541-64。

楊儒賓。1996。《儒家身體觀》。台北：中央研究院中國文哲研究所。

韌性能力
（Resilience）

王驥懋　周素卿

背景說明

　　呼應「台灣關鍵詞」寫作計畫的要義，本文想要處理的關鍵詞是「韌性」或是「堅韌」。這字詞來自於「韌」，《說文解字》的定義是：柔而固也。白話文是說：柔軟而結實，受外力作用時雖變形，而不易折斷。然而這只是一個形容詞的界定，作為具有社會文化涵攝與涵構的關鍵詞，我們想進一步指陳「韌性」還具有名詞——「本質與特徵」，以及動詞——「社會力」的要義，主要是認為這個詞義，具有台灣歷史地理所涵構出來社會文化特性與作用力。

　　當極端氣候的重擊變成常態，除脆弱山林與邊際地域的家園屢受重擊外，就連資源豐沛的都市核心區域，其防護與回復力也面臨嚴峻考驗，從全球到地區（不同的空間尺度）都在談論「韌性」，此一詞成為當代社會面對環境變遷與考驗的調適能力之代名詞。然而「韌性」一詞在台灣社會的生活史中並不陌生，特別

是常常被用來描述特定的社群（如客家族群、女性[1]）在面對艱困
與匱乏的生活環境，或是邊境（邊際）地區住民或原民在面對巨
災情境（如九二一大地震、莫拉克風災），所展現的堅韌特性與
生命力。因此，不難從脆弱的地文環境、土地開發的印記與移民
社會的社會生活史中，看到因應極具不確定性與脆弱的自然環境
以及變遷快速與受制於外的社會經濟環境所形成的日常生活之生
命哲學。然而，用「韌性」來描繪台灣社會所具備有的體質與基
因，本文並非是從本質論與全稱的觀點出發，而是認為韌性能力
的生成與建構，是有特定的脈絡與機制，可以透過歷史地理的考
察，部分地予以探觸與解釋，此外，也想指出邊境與邊際地域這
類社會空間是韌性能力的種苗場。

前言

　　韌性（Resilience）一詞，最近二十年來在都市規劃（Eraydin
& Tasan-Kok, 2013; Lu & Stead, 2013; Pelling, 2003）、區域經濟發
展（Tamásy & Revilla Diez, 2013）、心理學（Norris, Stevens,
Pfefferbaum, Wyche, & Pfefferbaum, 2008）、人文地理學等領域成
為學術界流行名詞以及研究的焦點（Weichselgartner & Kelman,
2015）。總整與爬梳相關的文獻，韌性的概念指涉一個系統、組
織、城市或是個人，在面臨外在不確定性因素以及風險威脅時，
可以吸收衝擊或是恢復原有穩定狀態的能力。這個概念受到學界

[1]　如利翠珊（2006）談華人婚姻的韌性，或黃怡瑾（2011）所企圖呈現的女性的
　　世代變遷與階級流動。

的重視，最早可追溯至1970年代生態學的研究（Holling, 1973）。對於生態學者而言，韌性是個常見的概念，用來描述生態系統在遭受外在環境衝擊後，恢復穩定的能力。一個系統或是生態系的韌性愈強，則表示這個系統的穩定程度愈高，愈不容易在經歷環境變遷的過程中而瓦解。韌性的隱喻後來開始被引介至其他學科中，例如心理學開始研究社區或是個人的心理狀態，吸收外在衝擊的能力（Norris et al., 2008）。而在地理學領域中，隨著全球氣候變遷加劇，極端降水或是環境災難成為常態的情況下，地理學者透過對於災難治理的研究，將韌性的概念延伸至討論社會、環境、社區以及個人在面對自然災難下的脆弱性（vulnerability）以及反應能力，也就是一個社會如何面對和處理極端自然災難（Weichselgartner & Kelman, 2015）。和生態學者關注自然環境以及心理學者關心個人不同的是，地理學者整合了自然、社會以及外在的建成環境，提供了一個整合性的觀點和視角。但值得注意的是，韌性這個概念雖被引用至災害治理上，然而到目前為止，並沒有一個整合性的定義或是看法，除了不同學術研究和討論的爭論外，對於不同的政府、單位以及非政府組織而言，對於韌性的看法亦不相同。雖然有上述這些分歧，但是晚近的研究很大一部分將焦點放在韌性能力（capacity）的打造上。

　　從地理學的角度出發，本文指出，韌性能力應該被放置在歷史地理的脈絡當中來討論；亦即一個社會、[2] 或是空間，其韌性能力之所以呈現現有的樣貌，是有其地理及歷史的意涵，本文將焦

2　李宗義、林宗弘（2013）在探討汶川地震後災後重建，即採取災害社會學的觀點，以「社會韌性」的概念來統攝「韌性」。

點放在台灣邊緣社會聚落（如漢人鄉村社區）的韌性能力的生成上，並指出這些社區及組織的韌性能力，大致上反映出不同歷史地理的層次：從漢人聚落宗教、宗族，及經濟（拓墾）力量所開展出來的韌性、互助（reciprocal）系統到伴隨殖民現代性所帶來的國家治理系統而衍生出來的民防體系等，都是韌性能力生成與建構的脈絡與機制。本文可以大致上分為三大部分，在第一部分快速地回顧現今學術文獻對於韌性的看法以及爭議，第二部分則從地理學的視角出發，將焦點放在韌性能力的討論上，最後一部分則透過「地域社會」的概念，來初步處理漢人社區韌性能力的歷史地理發展過程。

工程韌性（engineering resilience）以及生態韌性（ecological resilience）

根據Holling and Meffe（1996）的看法，韌性在災害治理上，有兩種不同的詮釋：工程韌性以及生態韌性。工程韌性關注自然災害對於整個工程系統的威脅，因此強調都市應該關注工程系統對於災害的忍受力或是強度，而且主張工程韌性的強弱端視工程系統在外在衝擊之後，恢復原來狀態的能力。這個主張於是將韌性的焦點放在「恢復能力」上，一個系統愈快速、全面性地復原或是「彈回」（bouncing back），則該系統的韌性就愈大（Hollnagel, Nemeth, & Dekker, 2008; Liao, 2012）。相較於工程韌性而言，Holling（1973）將韌性的概念引介至生態學的研究之時，主要是挑戰當時生態學對於生態均衡的假設：即認為所有生態系統都有一個預設的穩定狀態（predetermined stable state），在

遭遇各種變異之後，最終皆會恢復此一狀態。Holling認為，生態系統因為外在的擾亂不斷，內部經常處於高度變動的狀態，因此一個生態系統在不同的階段或是過程，有著不同的均衡狀態。對於Holling而言，一個生態系統可能具有多重均衡（multi-equilibrium）或是完全處於變動的無均衡（non-equilibrium）的樣貌。從這樣的觀點重新看待生態系統時，Holling將韌性定義為一個生態系統吸收（absorb）擾亂、波動或是維持（persist）現有狀態的能力（Holling, 1973）。因為系統甚難達成均衡或是完全恢復某特定時空下的均衡，因此韌性應該被重新指涉為系統重新重組或是忍受衝擊的能力（Carpenter, Walker, Anderies, & Abel, 2001; Liao, 2012）。

　　不管是工程韌性或是生態韌性的概念，最近這幾年來均被廣泛應用到各種範疇中。在1990年代之後，隨著氣候變遷的加劇，韌性的概念開始被引入都市規劃的領域（Mileti, 1999），都市規劃學者、建築學者等開始認識到，都市已經無法完全利用工程、或是個人行為改變等策略，而把災害隔絕於都市之外，災難現在是都市生活的一部分，於是韌性開始整合減緩（mitigation）以及調適（adaptation）等概念，成為都市規劃的重要概念。（例如：荷蘭的都市水治理，在1990年代開始從keeping feet dry到living with water策略的轉變）（Lu & Stead, 2013）。生態學者、都市防災以及地理學者等，使用調適循環（adaptive cycle）的概念來指認特定的空間區域、系統、經濟體或是社會在遭受重大自然災害後的復甦能力，這個調適循環的概念並不強調單一均衡狀態（如工程韌性所強調或是早期生態系統的預設），但卻指出一個系統受到變動或是災害後的動態演變過程，大致上可以分為四個階

段：成長（growth）、保護（conservation）、瓦解（collapse）以及重組（renewal）（Folke, 2006; Gunderson & Holling, 2002; Walker, Hollin, Carpenter, & Kinzig, 2004）。使用調適循環的概念來看待一個社會、系統或是社區因應外部威脅時，堅韌（robustness）以及反應速度（rapidity）就成為描述以及度量這個系統韌性的指標。堅韌指涉一個系統能夠吸收或是容許外在不確定變因的能力；而反應速度則是此系統在遭受衝擊之後，重新調整自己而恢復相對穩定的狀態所需的時間（此穩定狀態不一定要和衝擊前相同）。

　　Jabareen（2013）的研究則認為，如果政策制定者把重點放在單一災害上，則將忽略了災害具有多面向且複雜的本質，例如氣候變遷通常和水治理、能源政策有關。過度強調單一外部威脅，缺乏對於災害多領域面向的認識，導致其他可能影響都市韌性表現的因素被政策制定者排除。此外，Jabareen也提醒韌性研究學者，一個系統或是空間的韌性通常具有多元的、不同的社會、文化與經濟面向的。回應Jabareen的論點，本文認為：一個系統的韌性發展之所以呈現現有的面貌，有其歷史地理脈絡，而且這歷史地理脈絡的演變，亦影響到未來的韌性發展。台灣漢人社會的韌性發展，除了早期基於墾殖所需而形成的經濟網絡之外（例如：不同土地開墾組合，造就了不同的經濟網絡）（施添福 2001），地方宗族（kinship）以及宗教系統（religious system）在維持漢人社會、自然系統的穩定性上，亦扮演相當重要的角色。本文從台灣歷史地理學的角度出發，討論漢人社會的不同社會及空間關係，對於漢人社會韌性的影響，希望作為考察「韌性」這個台灣關鍵詞的出發點。

親屬、宗教與漢人社區韌性

　　施添福（2006）曾以「地域社會」的概念來詮釋漢人的各種社會關係在空間上的展演。透過對於日本漢學學者森正夫的理論梳理，施添福認為地域社會有兩種特徵：「其一，地域社會是各種關係的運作『場所』，通過『地域社會』這個概念，可以整合各種社會關係；其二，地域社會作為人們生活的基本『場所』，並非固定在一個具體的地理領域，而是以人際關係的網絡和共同的認知體系為界限。因此，地域社會的空間範圍是流動的，是一個從內部發展、柔軟可變的框架。」[3]從森正夫的視角出發，施添福認為清代漢人的「地域社會」中，血緣以及地緣仍然是漢人社會凝結的重要作用力。血緣包括了親屬領域，而地緣則包含了經濟以及宗教的祭祠活動等。血緣和地緣都透過不同的儀式、活動以及經濟行為來維持血緣和地緣凝聚力的再生產。例如：血緣包含了維持父系社會的各種儀式活動，如招婚、葬禮、過房以及共同祭祖等（Ahern, 1973）。透過這些儀式活動，父系社會的各種社會關係得以被延續。至今這些血緣所構成的各種社會關係，仍然在漢人的鄉村社會當中，扮演重要的力量。Ahern以及David Jordan等西方人類學者透過對於台灣鄉村聚落的民族誌報導，呈現出戰後的台灣漢人社會如何透過財產繼承的設定，來維持穩定父系的社會結構（Ahern, 1973; Jordan, 1972）[4]；同樣的，在謝國雄

3　施添福（2006），〈社會史、區域史與地域社會——以清代臺灣北部內山的研究方法論為中心〉，頁6。

4　Emily Ahern的民族誌，透過三峽的民族誌，認為伴隨漢人社會祭祖、死後入宗祠、入贅以及透過遺產的給予、饋贈，都反映出漢人對於父系血緣延續的重視。

（2003）坪林的社會民族誌中以及丁仁傑（2014）在台南保安村的民族誌，雖然凸顯出漢人父系結構在經濟全球化所面臨的挑戰，但是招婿、祭拜亡者、宗祠祖先祭祠等活動，仍然形塑地域社會的社會結構。而這些地方活動所蘊含的地方知識，亦形構了地方對於「公共性」的想像，這些公共性的想像在很大程度上，仍然不脫費孝通所言的「差序格局」（Fei, 1983）。[5]一旦社區遭遇到「眾人」、「公的」事務或是災難，人力動員的基礎或是行為法則，就往往奠基於「地域社會」的基本準則上。

　　另外一個施添福所強調的漢人集體行動基礎為宗教活動。宗教向來為漢人農民社區的重要日常生活活動，宗教活動具體體現了各種農民價值（如互惠reciprocity）分工等。然而，宗教組織在另外一方面卻擁有重要的象徵資源，以及經常被視為政治資源。在Duara Prasenjit（1988）的研究中，即認為晚清帝國經常通過他所稱的「權力的文化網絡」（cultural nexus of power），來控制地方社會。所謂的文化即是「鑲嵌於網絡或是組織中的準則或是象徵意義」（Duara, 1988, p. 24）。對於Duara而言，地方的儒生在農民社會當中扮演了重要宗教儀式的詮釋者，他們通過儒教的觀點來解釋及再現忠君的倫理價值，同時扮演了連結地方農民社會及帝國王朝的角色；而地方的仕紳亦透過不斷地參與宗教活動，來追求或是體現他們在地方社會領導者的角色，Duara的研究凸顯出了地方宗教和政權之間的複雜關係。在台灣，從劉銘傳

5　費孝通在其著名的著作《鄉土中國》一書當中指出，相較於西方「團體格局」的社會組織形式，華人社會的社會構成，乃是以個人、親屬等關係，來作為社會的行為法則。每個人都像是把石頭投入水中，所形成的水波紋，而這水波紋所形成的同心圓就是漢人社會的親屬關係。

時代至日治時期，在地的宗教因為具有高度的政治動員意義，因此經常成為統治者高度監督的對象；在 Robert Weller（1987）的研究中，就曾指出劉銘傳大力取締中元節搶孤的活動。而日治時期在皇民化的政策底下，傳統的中元普渡的傳統，亦以運動會的形式來掩飾其背後的宗教象徵意義。在二戰後，台灣的地方宗教仍然受到各種形式的打壓，在 Emily Ahern（1997）對於三峽殺豬公習俗的報導中，台灣的治理者常以「浪費」為名，明文禁止這種習俗，但是地方民眾仍然將這種習俗以「農業競賽」的名義來進行。

　　上述的這些案例揭露了農民傳統信仰的政治動員意涵，甚至有些學者進一步地認為，地方傳統信仰是一種農民的自主性合作，成為形成西方市民社會的基礎（Anagnost, 1994; Dean, 1997）；相對地，對於一些持不同看法的漢學學者而言，漢人社會的宗教仍然要留意到農民們自己對於公共性的想像，是不同於西方公民社會的預設。這些學者認為，從費孝通的差序格局來看待漢人的傳統宗教仍然是說得通的，因為宗教活動雖然作為一種社區共同的事務，社區的宗教節日看似居民自發性地形成公共領域，然而事實上趨動社區農民參與這些宗教節日，仍然是以個人的、家庭親屬的立場作為動員的基礎的（Chau, 2006; Gates, 1987; Weller, 1994），在這個意義上，將漢人傳統宗教比喻為西方公民社會，缺乏對於漢人宗教深入的考察。漢人傳統宗教，雖然不能化約為西方的公民社會，但不可否認的是宗教活動對於漢人社會集體動員的潛在力量。其次，除了動員的力量外，漢人傳統民間宗教，對於災難（disaster）的降臨，也有一套自我因應的方式（包括了諸多儀式）以及自我詮釋邏輯（丁仁傑 2012; Jordan

1972）。簡單來說，漢人社會的傳統宗教對於社區在面臨重大災
難或是變動時，不管是在動員人力或是詮釋災難，都扮演著重要
角色。

結語

　　本文簡單地回顧了目前西方討論韌性這個概念的起源以及爭
論，我們認為，對於韌性的討論，不能單單從工程或是技術的角
度切入，應該多將關注的焦點放在當前的社區韌性如何形成？而
這樣的社區韌性，又如何影響到未來的社區韌性發展？從這樣的
視野出發，我們認為一個既有系統、社會或體系的韌性發展，是
具有路徑依賴的特性，歷史以及地理要素在形塑韌性的過程當
中，起著相當重要的作用。

　　我們從「地域社會」的角度出發，漢人社會的血緣和地緣所
建構出來的社會關係，仍然在今日漢人社區在面臨重大威脅或是
災難時，形塑社區採取何種方式來回應災難或是威脅。雖然我們
指出宗教和親屬關係，在社區韌性中所扮演的角色，然而後續仍
然有許多層次的議題，仍然值得進一步討論的部分，例如在日治
時期，透過保甲制度以及警察系統的建立，建立了新的消防系
統。這樣的社會結構的重組，雖然在某一定的程度上削弱了血緣
和地緣的力量，但時至今日，後二者在發生重大災難時扮演的角
色，仍然不可忽視。而這樣的新技術和血緣和地緣的複雜關係，
如何形成當今台灣邊際社會的韌性，是值得進一步研究的。

　　然而，我們的視角也極易落入以男性為主力、或為關係核心
的宗族社會建構論點，忽略了女性在應災、調適與復原之生活體

系與社區互助體系的回復力所扮演與擔負的角色，另外因為她們
也是家戶自身，從宗教的慰藉獲得生存力量的執事者。另一位地
理學者陳文尚（2001），曾從家屋的祭祀空間及祭儀活動，來說
明家族女性在祭祀文化中重要的執行角色，是福佬人家族社會空
間與宇宙觀之關聯的傳承者，[6]她們在年節的祭儀中承續著漢人社
會透過有計畫與意向性的活動，以向先祖祈求獲取平安、福氣、
生殖力、生產力及創造力等的家族綿延願望，這個部分也是韌性
的社會空間考察，可以進一步延伸的。

　　上述的一些淺薄的觀點，作為考察「韌性」這個台灣關鍵詞
出發點，主要還有一個理論上的預設，那就是「韌性」是社會體
系內因性的社會力量！

參考書目

西文

Ahern, E. M.（1973）. *The cult of the dead in a Chinese village*. Stanford, Calif.: Stanford University Press.

Ahern, E. M.（1997）. The Thai Ti Kong festival. In E. M. Ahern & H. Gates（Eds.）, *The Anthropology of Taiwanese society*（pp. 397-425）. Taipei: SMC Pub.

Anagnost, A.（1994）. The Politics of Ritual Displacement. In C. F. Keyes, L. Kendall, & H. Hardacre（Eds.）, *Asian visions of authority: religion and the modern states of East and Southeast Asia*（pp. 221-254）. Honolulu:

6　雖然陳文的觀點還是延續傳統漢人社會「男主外、女主內」的社會關係模式，
　　和我們想要陳述的觀點仍有所差別。

University of Hawaii Press.

Carpenter, S., Walker, B., Anderies, J. M., & Abel, N. (2001). From metaphor to measurement: resilience of what to what? *Ecosystems, 4* (8), 765-781.

Chau, A. Y. (2006). *Miraculous response: doing popular religion in contemporary China*. Stanford, Calif.: Stanford University Press.

Dean, K. (1997). Ritual and Space: Civil Society or Popular Religion? In T. Brook & B. M. Frolic (Eds.), *Civil Society in China* (pp. 172-192). Armonk, N.Y.: M.E. Sharpe.

Duara, P. (1988). *Culture, power, and the state: rural North China, 1900-1942*. Stanford, Calif.: Stanford University Press.

Eraydin, A., & Tasan-Kok, T. (2013). *Resilience thinking in urban planning*. Dordrecht ; New York: Springer.

Fei, X.-t. (1983). *Xiangtu Zhongguo (Folklore China)(Reprint of 1947 version)*. Hong Kong: Phoenix Publishing Co.

Folke, C. (2006). Resilience: The emergence of a perspective for social-ecological systems analyses. *Global Environmental Change-Human and Policy Dimensions, 16* (3), 253-267. doi:10.1016/j.gloenvcha.2006.04.002

Gates, H. (1987). Money for the Gods. *Modern China, 13* (3), 259-277. doi:Doi 10.1177/009770048701300301

Gunderson, L. H., & Holling, C. S. (2002). *Panarchy: understanding transformations in human and natural systems*. Washington, D.C. ; London: Island Press.

Holling, C. S. (1973). Resilience and Stability of Ecological Systems. *Annual Review of Ecology and Systematics, 4*, 1-23. doi:10.2307/2096802

Holling, C. S., & Meffe, G. K. (1996). Command and control and the pathology of natural resource management. *Conservation Biology, 10* (2), 328-337.

Hollnagel, E., Nemeth, C. P., & Dekker, S. (2008). *Resilience engineering perspectives*. Aldershot, Hampshire, England; Burlington, VT: Ashgate.

Jabareen, Y. (2013). Planning the resilient city: concepts and strategies for coping with climate change and environmental risk. *Cities, 31*, 220-229.

doi:http://dx.doi.org/10.1016/j.cities.2012.05.004

Jordan, D. K.（1972）. *Gods, ghosts, and ancestors; the folk religion of a Taiwanese village*. Berkeley: University of California Press.

Liao, K.-H.（2012）. A Theory on Urban Resilience to Floods—A Basis for Alternative Planning Practices. *Ecology and Society, 17*（4）, 48.

Lu, P., & Stead, D.（2013）. Understanding the notion of resilience in spatial planning: A case study of Rotterdam, The Netherlands. *Cities, 35*, 200-212. doi:http://dx.doi.org/10.1016/j.cities.2013.06.001

Mileti, D. S.（1999）. *Disasters by design: a reassessment of natural hazards in the United States*. Washington, D.C.: Joseph Henry Press.

Norris, F. H., Stevens, S. P., Pfefferbaum, B., Wyche, K. F., & Pfefferbaum, R. L.（2008）. Community resilience as a metaphor, theory, set of capacities, and strategy for disaster readiness. *American journal of community psychology, 41*（1-2）, 127-150.

Pelling, M.（2003）. *The vulnerability of cities natural disasters and social resilience*. Sterling, VA.: Earthscan Publications.

Tamásy, C., & Revilla Diez, J.（2013）. *Regional resilience, economy, and society: globalising rural places*. Burlington, VT: Ashgate.

Walker, B., Hollin, C. S., Carpenter, S. R., & Kinzig, A.（2004）. Resilience, adaptability and transformability in social-ecological systems. *Ecology and Society, 9*（2）. Retrieved from <Go to ISI>://WOS:000228062200010

Weichselgartner, J., & Kelman, I.（2015）. Geographies of resilience: challenges and opportunities of a descriptive concept. *Progress in Human Geography, 39*（3）, 249-267. doi:10.1177/0309132513518834

Weller, R. P.（1987）. The Politics of Ritual Disguise - Repression and Response in Taiwanese Popular Religion. *Modern China, 13*（1）, 17-39. doi:Doi 10.1177/009770048701300102

Weller, R. P.（1994）. *Resistance, chaos and control in China: Taiping rebels, Taiwanese ghosts and Tiananmen*. Basingstoke: Macmillan.

華文

丁仁傑。2012。〈災難的降臨與禳除——地方性社區脈絡中的改運與煮油
　　淨宅，保安村的例子〉。《臺灣宗教研究》11（1）。頁53-88。

丁仁傑。2014。〈由象徵功能論到象徵資本動員論——臺南保安村的宗教
　　場域變遷〉。《臺灣宗教研究》13（2）。頁5-40。

利翠珊。2006。〈華人婚姻韌性的形成與變化——概念釐清與理論建構〉。
　　《本土心理學研究》25。頁101-137。

李宗義、林宗弘。2013。〈社會韌性與災後重建——汶川地震中的國家與
　　地方社會〉。《東亞研究》44（2）。頁1-38。

施添福。2001。〈日治時代臺灣地域社會的空間結構及其發展機制——以
　　民雄地方為例〉。《臺灣史研究》8（1）。頁1-39。

＿＿＿＿。2006。〈社會史、區域史與地域社會——以清代臺灣北部內山的
　　研究方法論為中心〉，史學專題講座論文。台南。

黃怡瑾。2011。〈地方女力與韌性——台灣女性在台南諮平經濟活動的世代
　　觀察與階級流動〉，劉開鈴主編。《女力與韌性：婚姻、家庭、姊妹情
　　誼》，國立成功大學性別與婦女研究中心專書系列三。台北：五南。
　　頁144-159。

謝國雄。2003。《茶鄉社會誌：工資、政府與整體社會範疇》。台北：中央
　　研究院社會學研究所。

漂泊
（Drifting）

黃英哲

　　晚近，王德威提倡「後遺民」文學論述，指出「台灣在歷史的轉折點上，同時接納了移民與遺民。如果前者體驗了空間的轉換，後者則更見證時間的裂變。回歸與不歸之間，一向存有微妙的緊張性。台灣經驗的兩難，正是古已有之，於今為烈」。在台灣的歷史脈絡中，「移民」、「殖民」與「遺民」共同構成了台灣的離散經驗。當然，證諸歷史，離散並非台灣獨有的歷史經驗，誠如李有成曾指出離散社群的複雜性、多樣性及差異性。世界上許多種族都有自己的離散敘事。「離散不只是許多個人與種族的歷史經驗，也是許多國家與社會長期存在的現實，更是後殖民與全球化時代跨國流動之下的普遍現象。」因此，台灣離散的歷史經驗，除了具有台灣的地方意義之外，或許也具有了某種世界史的普遍性。

　　近代歷史中的全球資本主義發展的內在驅動力，國際關係的紛爭，戰爭的影響，帝國規模的社會流動，戰後復員的地理空間上的國境收縮，與政治上公民身分的複數國民化等因素，擴大了台灣18世紀以來至今的大規模的人口移動。台灣地理位置，以及

台灣的歷史發展機緣，使得其歷史充滿了各種人群的遷移的故事，南北往來，漂泊東西，離散經驗，早就內含於台灣歷史發展的動力中。在全球化成為今日熱門的流行語，離散成為當代的文學批評與歷史建構的語言之前，人們早就自願或者被迫參與了各種尺度規模的移動了。然而屬於兩岸的離散經驗，不盡相同於猶太人的離散經驗，兩岸的離散經驗，在中文解釋上我傾向以「漂泊」（drifting）取代「離散」（diaspora）用語，「漂泊」指的是自身主動地前往異地，具有主動的意涵，而「離散」指的是失去自己的故鄉，被迫前往他鄉。以下將以晚近兩岸知識分子的事例，具體呈現屬於台灣、中國的漂泊、越境與入境的複雜歷史經驗。

張深切的事例

　　張深切（1904-1965）是台灣日治時期活躍的政治運動家、文化活動家之一，1904年出生於台灣南投，1917年插班東京的傳通院礫川小學，1919年，升學豐山中學，1922年轉學青山學院中等部，當時如火如荼的台灣議會設置請願運動與台灣文化協會之活動，除了提高台灣青年關心民族問題與社會問題之外，更帶動了前赴中國大陸留學的熱潮，1923年底，張深切懷著對中國之憧憬，由台灣前赴上海，1924年於上海參加「台灣自治協會」，1927年就學中山大學，並在廣州組織「廣東台灣革命青年團」，從事抗日運動。後來回台轉向文化運動，1930年組織「台灣演劇研究會」，1934年擔任「台灣文藝聯盟」委員長，發行《臺灣文藝》，極力主張：「台灣文學不要築在於既成的任何路線上，要築於台灣的一切『真、實』（以科學分析）的路線上，以不即不

離，跟台灣的社會情勢發展而進展，跟歷史的演進而演進。」
（《張深切全集》卷11，文經社，1998）中日戰爭期間再度前往中
國，1939年於淪陷區的北京創刊《中國文藝》，在《中國文藝》
創刊號〈創刊詞〉上，他宣稱：「水雖善能活人，同時也善能殺
人，文化也是一樣，苟不善融洽而治理之，即文化之流毒也，不
下於洪水之禍害。整理舊文化和創造新文化的確是目前的急務，
但是這並非空談得以實現必須要有實踐而後能見效的。吾人創立
本刊的意義與目的也只在此而已。」創刊號〈編後記〉中又寫
下：「吾人不怕國家的變革，只怕人心的死滅，苟人心不死，何
愁國家的命脈會至於危險，民族會至於淪亡？」（《張深切全集》
卷11）。可以理解張深切雖然有自民族主義本身退後一步的姿
態，同時也有絕對要固守文化這個民族最後一線的決心，編輯
《中國文藝》其內心也許是苦悶與矛盾的。

　　日本戰敗後，張深切又從北京返回台灣，就任台中師範學校
教務主任。1947年「二二八事件」發生時，因被誣告為共產黨首
腦而避難於山中。雖然後來證實無辜，卻對公職喪失興趣，之後
就專注於著述，生命晚期重新回復投入劇本創作，成為戰後初期
的台語電影先驅。

楊基振的事例

　　楊基振，1911年出生於台中清水，幼年曾就讀漢學私塾，
1919年進入清水公學校，1924年考進台中師範學校，因無法忍受
學校對台日學生的差別待遇，1926年自動從台中師範學校休學，
遠赴東京升學，先就讀正則補習學校、郁文館中學，1928年入學

早稻田第一高等學院（現早稻田高等學校）就讀。這時期的楊基振，對未來志向已有明確的方向，決定要進大學攻讀政治經濟學。晚年曾自述當時他已經意識到要解放台灣的殖民地現狀，必須打倒日本帝國主義。可是單靠台灣人的力量是不夠的，一定要借助中國之力才有可能。因此，首要之務便是要引起中國的矚目，積極參加中國革命，努力活躍於中國（《楊基振日記》國史館，2007）。楊基振開始對中國種種懷抱興趣，沉迷於三民主義研究，並決定學習北京話，努力與中國留學生打交道。1930年畢業前的最後一個暑假，他由台灣基隆出發前往上海，旅行蘇州、杭州、南京、北京等地三個月。1931年，楊基振自早稻田第一高等學院畢業，進入早稻田大學政治經濟學部（系）就讀。期間他對中國大陸深感興味，滯留北京的時日愈來愈長，大學一、二年級的前兩個學期都待在北京，每年第三個學期才回到東京準備學期考試。這樣兩地往返的生活，直到三年級為專心準備畢業論文才停止。

　　1934年，楊基振自早稻田大學畢業，參加日本銀行、安田保善社、三菱商事、南滿洲鐵道株式會社的就職考試皆合格，當時大學方面建議他進入安田保善社工作，但本著想進一步了解日本在大陸建設的實情，最後他選擇進入日本帝國主義的最前線——南滿洲鐵道株式會社（俗稱滿鐵），於大連的滿鐵本社鐵道部任職，1935年10月擔任大連列車區車掌，36年4月轉任大石橋車站副站長，37年4月又轉任新京（滿洲國首都，現長春）車站貨物科副科長，1938年5月轉任華北交通株式會社天津鐵路局貨物科長。1940年被指派回華北交通的北京總公司任職，1942年升任副參事，擔任運輸局運費費率主任。他晚年曾回憶，任職華北交通

的近八年間，是一生中最光輝的歲月（同上（《楊基振日記》），升任副參事後，他僅花了兩年時間便完成華北八鐵道的運費統一。在華北交通的最後幾年，楊基振同時參與民間企業啟新水泥公司的營運，1945年3月底，他離開華北交通，5月專心轉任啟新水泥唐山工場副場長兼業務部長，直到二戰結束。

　　1945年8月，日本戰敗。9月，自重慶派來的國民黨的接收部隊現身唐山。楊基振相當興奮，為慶祝國民黨接收主動捐獻金錢，還開放工廠倉庫作為先遣隊的宿舍，但此舉反而為他招來不幸。晚年楊基振曾回憶，當時自重慶派去的官員甚為腐敗，以為他是出手闊綽的財閥，為謀奪其家財，特意羅織漢奸的罪名，企圖逮捕他（同上（《楊基振日記》）。1945年12月，楊基振離開唐山，前往北京、天津處理公務，卻因傷寒生了一場大病，在他滯留京、津期間，接收部隊包圍他唐山住家，企圖以漢奸罪將之逮捕。楊為避風頭，再也無法回唐山。這期間，元配淑英不幸因肺病病逝唐山。1946年5月，楊基振舉家輾轉歸台，期間雖無意外，但一路風霜，飽嘗人情冷暖，他認為是生平最狼狽的一段。1947年，因時任台灣總商會會長陳啟清的推薦，任職台灣省政府交通處，之後轉任省政府鐵路局，直到退休。50年代後半到60年代初，楊基振與雷震、齊世英、蔣勻田等人來往頻繁，參與了台灣戒嚴時期曇花一現的民主化運動。

陳蕙貞的事例

　　陳蕙貞1932年生於東京荻窪。父陳文彬（1904-1982），台灣岡山人，為著名語言學者，母何灼華，嘉義人，日本東京的昭和

醫學專門學校畢業。陳文彬祖父因牽涉西來庵事件被日警逮捕拷問致死，陳文彬自台中一中畢業後，即留學上海復旦大學，習古文字學和語言學，畢業後留校繼續研古文字學，自始至終懷有強烈的中國民族主義精神。其後因與中共地下黨有接觸，接受潘漢年的領導，被汪精衛南京政府特務組織察覺，乃逃往日本，任法政大學中文講師。1945年，日本戰敗，隔年陳文彬舉家返台，在台灣大學擔任教職並兼任建國中學校長，陳蕙貞隨父母返台，插班台北第一女中初中部。時值蘇新擔任《人民導報》總編輯，陳蕙貞以〈日本歸來〉（日文）一文投稿，寫下她返台後的第一印象：「在我被喜悅的淚水模糊的眼中，最先映入眼簾的故鄉景象是什麼呢？竟是穿著破爛衣服，赤著腳，蓬頭垢面地在路旁賣東西的可憐孩子們，也就是和我同年紀，不，甚至是比我還小的孩子們拉著手推車的窮困場景。他們努力地大聲叫賣。讓我感覺到，眼前的這副光景，就是曾受帝國主義極端壓迫之下的升斗小民之姿。」（《人民導報》，1946年3月7日至8日），蘇新大為讚賞，立即於1946年3月7日、8日的《人民導報》上分兩天連載其文。同年10月，在蘇新的呼籲下，集資成立「陳蕙貞文藝出版後援會」，印刷其從日本返台前夕，利用等船期間寫成的半自傳式日文小說《漂浪的小羊》，並於正式出版上市之前應徵《中華日報》的小說徵文，獲得首獎，被譽為天才少女作家。惜因同年國民政府廢止新聞日文欄，故未能在《中華日報》連載，使得該書的流傳非常有限。《漂浪的小羊》寫下了陳蕙貞自己在日本生活的漂泊經驗與見聞。

　　二二八事件發生後，陳文彬被警總逮捕，九死一生，幾經輾轉，一家於1949年先後經天津抵達北京。其後，陳蕙貞改名陳

真，長期在北京新華廣播電台擔任日語播音員，文革期間，夫馬忠泰被下放西域，父陳文彬被下放湖北五七幹校，母追隨父親而去，一家四散，陳蕙貞獨留北京，繼續日語相關工作。文革結束後，一家才又團圓。1991年赴日，擔任NHK電視台和廣播台中國語教師。2005年病逝北京。

　　陳蕙貞被譽為天才少女作家的半自傳式日文小說《漂浪的小羊》的時代背景，設定在1936年中國對日抗戰前夕到1945年日本敗戰為止的9年間，小說場景設定於東京與疏散區的山梨縣和新潟縣，以及極短暫的台灣返鄉描寫，故事的主軸是書寫陳蕙貞一家父母姊妹四口人在東京生活的半自傳式小說，是一討論20世紀上半期台灣人漂泊非常好的文本。（詳細參考《漂浪的小羊》，陳蕙貞著，王敬翔譯，台灣大學出版中心，2015）

陶晶孫的事例

　　陶晶孫，本名陶熾，又名熾孫，筆名晶孫、陶藏、烹齋等，1897年生於江蘇無錫，1906年隨父移居日本，先後就讀東京錦華小學、東京府立第一中學、第一高等學校。1919年入學九州帝國大學醫學部，低郭沫若一級，入學九州帝大後，對文藝熱愛日深。1921年春和郭沫若、郁達夫、何畏等人共創同仁誌《グリーン》（綠），同年七月，與郭沫若、郁達夫、張資平、成仿吾等人共同發起成立「創造社」，提倡「為藝術的藝術」。1923年九州帝大畢業後，轉入東北帝國大學理學部物理學教室就讀，1926年陶晶孫取得醫師證書，移居東京，任東京帝大醫學部助手，又兼東京帝大附屬泉橋慈善醫院醫師，1927年代表作短篇小說集《音

樂會小曲》，由上海創造社出版，日後被稱為是中國最初受到日本新感覺派文學影響的作品。

　　1929年，陶晶孫告別寓居二十三年的日本返國，任上海東南醫學院教授，同時繼續創作活動，1930年3月，「中國左翼作家聯盟」成立，陶晶孫為盟員之一，8月，返回故里無錫開設厚生醫院。1932年，厚生醫院停辦，回任上海東南醫學院公共衛生學教授，並兼任日人創辦之上海自然科學研究所研究員，從事寄生蟲學等調查研究。1937年7月，抗日戰爭爆發，東南醫學院遷移重慶，8月，上海發生「八一三事變」，夫人攜三子暫離滬赴日，陶晶孫體弱多病，獨居上海，任上海自然科學研究所衛生研究室主任。1941年，夫人攜子返滬，1944年11月，以上海市代表身分，出席在南京舉行的第三次大東亞文學者大會。1945年8月，抗日戰爭勝利，陶晶孫與東南醫學院院長郭琦元等人奉派為接收專員，前往南京接收日軍陸軍醫院。1946年赴台，擔任台灣大學醫學院熱帶醫學研究所教授兼衛生學研究室教授，其時長男與次男皆在日本求學，故僅帶著三男易王和夫人赴任。

　　1949年10月，中華人民共和國成立，中華民國政府撤退到台灣，陶晶孫的連襟郭沫若擔任了中國人民政治協商會議全國委員會副主席。50年代初期，韓戰爆發前夕，中國隨時準備「解放」台灣，如驚弓之鳥的國府積極追捕彈壓所謂的「共黨分子」，過去身為「左聯」一分子的陶晶孫處境的艱難可以想像，1950年年初，陶晶孫從擔任國府祕密警察的遠房姪兒張延生處得知三男因參與學運名列黑名單，遂決意逃離台灣。同年4月，以赴日參加學術會議之名，一家三口從台北抵日本，居住東京郊外的千葉縣市川市，陶晶孫再度重返度過少年時代與青年時代的日

本。其後約在1951年初獲得永久居留權，4月，受東京大學文學部倉石武四郎教授之邀，擔任文學部兼任講師，講授中國文學史，並以寄生蟲學的研究論文取得千葉大學醫學博士學位。此時也開始應《文藝》、《展望》、《歷程》等文藝雜誌之邀稿，恢復日文創作，同年7月，在文藝雜誌《展望》，根據1950年1月發生在台北的一起男女殉情事件，發表了日文小說〈淡水河心中〉（《展望》，1951年7月號，筑摩書房），受到日本文壇矚目，除了與舊識著名作家佐藤春夫、詩人草野心平、評論家河上徹太郎、文化人內山完造相往來外，也與著名詩誌《歷程》同仁時有交遊。

1952年2月，因肝癌於千葉縣市川市國立國府台病院逝世，享年五十五歲。同年10月，日本友人整理其晚年在日本發表的文章，題名《日本への遺書》，由東京的創元社出版。

結語

歷史中的參與者，在大時代的政治結構變遷中，個人進退出處之際，存在著多方的路徑，以及各種漂泊離散又回歸的人生經驗，從以上四個事例的人生軌跡，多元地呈現了相異的漂泊與越境的經驗。

橫跨戰前與戰後的張深切與楊基振的人生軌跡，從個人的角度反照時代的變遷。出身於殖民地的張深切，在1920年代就參與了反殖民的政治社會運動，以及稍後的保衛中國、台灣文化主體的文藝活動，為逃避殖民當局的壓迫，遠走中國，卻也捲入更複雜的戰爭期的文化政治中。而楊基振的事例，更讓我們看到一個

台灣人青年，前往日本受高等教育後，前進滿洲與華北的漂泊路徑，反射出一個大時代的殖民地知識分子的圖像。而陳蕙貞的經歷可說是20世紀台灣人生命史的類型之一，截至今天，關於反覆於台、日、中20世紀台灣人的漂泊與回歸（回歸中國，或回歸台灣，或繼續漂泊），在歷史的翻弄過程中充滿了多元性與複雜性。另外，中國現代作家陶晶孫，戰後來台，任職於臺灣大學醫學院教授，其本身就是一個漂泊的人物，從中國到日本再回到中國，戰後來台幾年後為躲避白色恐怖的網羅，逃往日本，最後病逝於日本。

　　20世紀上半，穿梭中國、日本、台灣三地的知識分子，他們在分裂動盪的時代，或為求學之故，或因政局因素，漂泊異鄉，也使原先可能固著的文化與知識產生流動，知識分子的際遇呈現了近代東亞離散經驗，或是說呈現出兩岸知識分子的漂泊經驗。在這樣的大變動時期，卻同時也是文化重組與再生產的時代，雖然國民國家的文化政策試圖將文化國族主義化，建立文化上的國界以及民族界線。但同時，從文化傳播的路徑來看，自願或他力導致的移動或漂泊，卻也產生打破地域壁壘劃分的可能性。近代的資本主義與殖民帝國的擴張，以及國族國家的交涉與互動，在重層的歷史發展中，形成了多重的邊界。這些歷史中形成的境界線，有物質的、有精神的，有實體的、有象徵的；是政治經濟的國境線，也是文化身分的認同邊界。重層的歷史與多重的邊界，形成了生活在其中的，擁有跨境能力的社會資本與主觀意願的文化資本的知識分子，展開其自主性的漂泊之旅。

參考書目

王德威。2007。《後遺民寫作》。台北：麥田。

李有成。2013。《離散》。台北：允晨文化。

中國現代文學館編。1999。《陶晶孫代表作》。北京：華夏。

張深切著。1998。陳芳明、張炎憲、邱坤良、黃英哲、廖仁義編。《張深切全集》。台北：文經社。

陳蕙貞著。2015。《漂浪的小羊》。王敬翔譯。台北：國立臺灣大學出版中心。

黃英哲。2016。《漂泊與越境：兩岸文化人的移動》。台北：國立臺灣大學出版中心。

黃英哲、許時嘉編譯。2007。《楊基振日記》。台北：國史館。

腐
（Fu）

廖勇超

　　作為一種次文化現象，「腐」在近年來的主流文化中有愈來愈浮上檯面之勢：無論是原初動漫小說遊戲同人誌的脈絡，或是流行文化中的搞基情和BL哏置入，腐文化可以說是從當初的遮遮掩掩、自我貶抑到如今儼然成為主流文化情慾想像不可或缺的一部分，理直氣壯地在各式行銷手段的推波助瀾之下一躍成為當今性別文化現象中的顯學。不僅主流媒體正大光明地賣弄腐哏（如男偶像團體、電視劇、廣告、電影等等），連一般出版界和學術界也開始對於「腐」進行各式的研究和論述，試圖將腐文化持續深耕至台灣的文化脈絡之中。[1]然而，撇開「腐」作為一種次文化形式、另類情慾展現，以及主流文化行銷手段之外，「腐」在台灣的脈絡之下是否具備某種理論性的可能？而該理論性又該如何跟台灣文化嫁接，形成某種基進性的情慾想像、實踐、甚或是

1　關於學術界對於腐文化的研究與觀察，可參閱下列作者的著作：劉品志、何雨縈、張秀敏、張茵惠、張瑋容、張婕妤與林奇秀、鄭力行、楊曉菁、楊若慈、葉原榮、王佩迪。

運動？

　　在對於「腐」的理論性做探討之前，筆者擬先對於「腐」在
其原初文化脈絡的發展略做回顧。[2] 從「腐」的生成脈絡而言，雖
然該詞的使用和出現約略坐落於1990年代末期至2000年初的網
路次文化之中，然而其所指涉的文化現象卻必須更往前推，直指
1970年代初期由所謂「花之二十四組」女性漫畫作家所帶起的
「少年愛」作品風潮（如萩尾望都《天使心》、竹宮惠子《風與木
之詩》等等）。[3] 之後，隨著同人誌文化興起（1975年第一屆コミ
クマーケット舉辦），以及雜誌《JUNE》於1978年的出版，[4] 對於
「少年愛」或「耽美」[5] 情有獨鍾的腐文化前身便在日本開始逐漸

2　由於本文的重點並非在於爬梳腐文化的歷史脈絡，故僅以少數篇幅帶過其歷史
　　發展。此處筆者參考了下列作者的著作，還請有興趣的讀者自行查閱：西村マ
　　リ、溝口彰子、何雨縈，以及かつくら編集部所編撰之《腐女子語事典》。

3　根據溝口彰子的說法，《JUNE》雜誌編輯栗原知代甚至將時間更往前推移，
　　認為近代日本文學家森鷗外之女森茉莉所創作的〈戀人們的森林〉（1961）才
　　是當代腐文化之始祖。對於將此作品視為是腐文化起源的說法，溝口彰子有詳
　　細分析，請參閱其《BL進化論》，頁24-28。

4　這形成了所謂的JUNE風格的BL文本，通常描述被遺棄小孩被愛治癒的過程
　　（栗原知代的定義）。另外，竹宮惠子1982年在該雜誌成立的「畫家教室」以
　　及中島梓（栗本薰）在1984年成立的「小說道場」都對於BL創作者具備指導
　　和帶領的作用，進一步奠定了《JUNE》在腐文化中的獨特地位。

5　雖說目前「耽美」（aestheticism）此一用法在華文BL文化的脈絡下較為被使
　　用，然而這起初指涉日本耽美文學（如谷崎潤一郎和三島由紀夫等人作品）的
　　詞彙在「BL」以及「腐」這兩個指稱出現之前還是被某些日本BL出版社採
　　用，並非全然與腐文化無關（溝口彰子，頁51）。而石田美紀更在其《密やか
　　な教育—"やおい・ボーイズラブ"前史》一書中指出，《Comic JUN》雜誌創
　　刊號的英文便是以「Aesthetic Magazine for Gals」為名，進一步證實了「耽美」
　　此一概念與《JUNE》的關聯性（頁206-208）。

發芽茁壯，到了1990年代開花結果，以BL之姿在主流出版業開始普及和商業化，而後漸漸成為主流文化的一部分。值此，腐文化從1970年代末由坂田靖子和波津彬子所稱具自嘲意義的「やおい/Yaoi」（意指「沒有高潮、沒有結尾、沒有意義」）逐漸轉變成商業性和次文化共存的BL（Boy's Love）。而從台灣的脈絡來看，腐文化也約莫在1980年代末期藉由盜版漫畫夾帶同人誌的方式進入台灣，隨後也因著同人誌社團出現和網路文化的興起，在1990年代開始茁壯，而在2000年後逐漸穩定成長，成為台灣當今次文化不可或缺的一環。[6] 另外，論者也指出，台灣的腐文化除了有日本MAG（manga/anime/game）的影響之外，BL元素與台灣言情小說的結合也在1990年代末期逐漸面世，形成日本次文化轉譯的重要面向。[7]

腐論述及其限制

從論述的層次來看，當今對於腐文化的論述大致具備下列幾種面向，各自針對其所欲顛覆的對象進行論述：**觀視關係的性別權力、二次創作的解構性、多元情慾位置的開發**，以及**閱讀的愉**

6　千翠在其對於台灣腐文化回顧的文章中分享了1980年代末從盜版《聖鬥士星矢‧金歡樂版》漫畫看見腐元素的有趣經驗：她從原作中的男男對立開始閱讀，到卷末卻發現之前對戰的男人們，最後竟然手牽手一起滾床單彼此相親相愛。這說明了在文化轉譯的時空變換中亦具備某種取消或顛覆譯出方文化霸權的在地可能性。

7　關於台灣BL言情小說的考察，請參照楊若慈。何雨縈也提出台灣BL漫畫受日本少女漫畫影響，而BL小說受台灣言情小說影響的說法。

悅／逾越感。以下筆者擬簡略針對各點進行介紹。

1. 從觀視的性別權力來看，論者認為BL讀者能藉由配對故事中男男關係平反主流父權文化中物化女性的性別權力不均。在BL的世界中，掌握物化主導權的是讀者自身，而非男性凝視，也因此，相較於一般異性戀言情小說將女主角視為是男主角欲望的對象，BL閱讀和創作能藉由排除女體規避了女性被物化的可能，進一步借力使力，以女性觀者位置或視野的優越性拉開距離，恣意欣賞、「YY」（意淫）兩個男人的情感和情慾化的身體。

2. 從創作的角度來看，BL研究強調二次創作的主動性。這也就是說，BL讀者／衍生同人誌創作者對於原作的改寫事實上挑戰了原作（及其性別霸權）的權威性。藉由重寫或解構原作中佔據霸權位置的異性戀主義價值觀，BL讀者和同人誌創作者能鬆動原作品的性別意識型態，進而介入意義生發過程，產製男同性情慾想像與非典型情慾形態。

3. 從讀者的性別／情慾位置來看，BL讀者能在上述對原作解構或二創的過程中開發自身的情慾多元性，從而連結文本情慾想像與自身情慾實踐。這不僅僅反映在BL讀者對於CP（配對）的多元配置，亦形構了讀者本身的情慾和性別身分認同。相較於第一點強調男女視覺權力關係反轉的說法，此處的論述顯然更朝向情慾／性傾向／性別三者雜糅協力的複雜性。

4. 最後，BL閱讀／創作行為所產生的「愉悅／逾越」性（pleasure as transgression）也往往是論者所強調的重要顛覆

性之一。論者多強調，BL讀者／二次創作者在「腐」的過程中能藉由男男曖昧情誼／情慾想像得到某種跨越主流性別意識型態界線的愉悅性，而如此奠基於逾越律法的愉悅性則一方面鬆動主流性別霸權，一方面強化了讀者／二次創作者能動性。由此觀之，男男情誼／情慾的曖昧性事實上是某種BL閱聽主體「主動」、「自由」或「恣意」選擇所產生的曖昧性，而如此的曖昧性則相對在閱聽主體身上產生逾越律法的愉悅——所謂「腐」的快感。

誠然，這四種面向的確在各自的脈絡中具備某種抵抗或是顛覆性，然而，當今關於「腐」的論述仍具備許多限制，需要我們注意與反省。首先，所謂反轉視覺霸權的說法是否複製了原先陽具理體中心視覺性的霸權？從物化女性到物化男性我們是否還是擺盪在物化客體以迎合主體的自由人本主義迷思之中？再者，腐論述中強調的愉悅性是否是律法的共謀而非其顛覆？若愉悅總來自於律法的確立與超越的話（無律法則無法逾越之，也就沒有愉悅生成的來處），那麼當今資本主義是否已經將此愉悅／逾越性的雙重面向納入其行銷機制，在想像和消費的層次上鼓勵愉悅的產生卻減弱了社會結構上對於性別／情慾政治的關注和運動性，形成一種多元情慾已廣被接受的假像？最後，當今的BL文本中往往具備隱含某些主流價值的公式元素，如純愛論述或幸福論述等等強調傳統性別甚至是家庭價值觀的設定。而這些主流價值觀在腐的閱讀中是否也必須受到和異性戀中心作品一般的批判和省視？在本文最後，筆者將大膽提出「腐」作為一種理論概念動能的三大可能面向，作為拋磚引玉與大家分享和思索。

腐的（偽／猥）開創性

1. 腐的糟糕（誤！）認識論

　　腐化—破壞—重組—連結—再崩壞之無限循環。腐的認識論看似是尋求遙不可及的平行宇宙（二元世界、妄想情境），然而卻是切切實實地在主流性／別符碼中就地取材，進行腐化—破壞—重組—連結—再崩壞的認識論解構／再組構。一般眼見的男男情誼瞬間崩壞為男男姦情，原作兩男追求一女的老套愛情劇立馬成為男男滾床單的同性基情，甚至無機物也能成為孳生糟糕物的絕佳材料。腐之認識論不侷限於腐什麼，而是如何腐、何時腐、隨時讓「清水」變雞／基湯、擾亂常模化的認知定位系統。

　　由此出發，腐之力應一次次藉由羞恥情緒的表／操演永遠將主體位置虛擬化、偽裝化為邊緣的戰鬥裝置，裝配與主流性／別價值套數迥異的猥褻迴路。腐之力應不只滿足於愉悅／逾越的追尋，而是對於主流收編性採取持續的挑釁、戰鬥與猥褻。腐的配對、妄想、萌指數，應有效分離自由人本主義主體性的限制，開啟不同時空地域下的偽／猥戰鬥位置。

2. 腐的怪胎時間性

　　若腐的限制在於其受制於逾越／愉悅的制約，以及其所隱含的幸福論述的話，那麼要如何思考另一種怪胎時間性（queer temporality）將同性情誼／情慾隱藏的顛覆性爬梳而出，便成為當今性／別政治的當務之急。誠如當代BL研究者指出，BL／腐文本具備言情小說和羅曼史的系譜傳承，也使得愛情成為許多

（但非全部）腐閱讀大眾的追尋目的（telos）。如何藉由腐之力的連結開創出非線性的時間論述，逆寫或甚至取消線性時間觀的幸福論述，擾亂異性戀霸權的親屬關係甚或是當代主流同志價值中呈現的配偶關係，便成為「腐」作為一種理論概念的基進性。這不只是下克上、攻守交換的問題，而是要更基進地腐化當今某些BL／腐文化中的有情人終成眷屬情節，開啟單體、多體、人機複合體等等連結所帶來的另類時間性。

3. 腐之運動性

如果說腐的（偽）自卑[8]與不願自我提及來自於內化異性戀社會價值對於男同性情慾的懼怕、貶抑，以及對於女性去情慾化的要求的話，那麼將腐女的羞恥連結至當代性別政治論述便具備可能性。不只是去「腐」男男女女，而是更進一步「腐」壞異性戀霸權的收編機制，藉由腐壞腐蝕之力，進行自我—文本—社群的微政治操演。從許多訪談中可以看見，某些腐女往往背負了社會對於同性戀的侮辱，在某種（被牽連？）的連結上恰巧與同志研究裡所謂的怪胎操演性形成了共同受體（對於男同志的污名嫁接至腐女之上，使得觀看或創作BL的腐女被強迫接受此污名並羞辱之）。腐的閱讀者在被發現自己嗜好之後往往會被懷疑、質

8　在此筆者指的（偽）自卑指的是某些腐女腐男的自我指涉常常以「糟糕」、「不潔」、「污穢」等等語言／氣來自我指涉。這原來自日文婦女子（ふじょし）變形的「腐女子」（ふじょし）一詞，原指閱讀BL的女子所呈現的無可救藥狀態，然而在華文的脈絡下，腐此一詞彙似乎有加入了其負面意涵而成為與腐敗、不潔等等語意相構連的棄卻（abjection）意涵。有趣的是，該自我指涉雖有時被當真，然而在多數狀況下都是一種自我解嘲的表演式語言。

問、甚或是遭受言語歧視，使得其發展出一套與同志一般的暗櫃
保護機制。或許我們可以用腐的語言來說，腐的閱讀者作為社會
對於同性戀侮辱的「總受」，所凸顯的並不是如先前BL研究者所
謂的置身事外（即，腐女與被腐的對象具備某種距離並置身事外
地享受著愉悅）；相反地，在異性戀霸權的社會結構下，對於BL
的愛好使得腐的閱聽大眾陷入某種「類同志情境」，而如何將此
污名化的能量連結至性／別運動本身也是腐作為一種理論應關注
的方向。

　　在2016年台灣同志婚姻議題吵得沸沸揚揚之際，在腐文化的
領域中我們已經可以見到以「腐」為主體的運動能量。不論是
「動漫社會學」發起的「相挺為平權，腐腐挺同志」連署，或者
是CWT中高高懸掛的「把你買的本，帶去凱道看」彩虹旗，這
些文化實踐都指向了「腐」作為一種與在地運動結合的理論動能
性。由此看來，「腐」作為一種在地理論／實踐才正要萌芽，而
名為「腐」的戰鬥，或許才正要開始。

參考書目

日文

石田美紀。《密やかな教育——"やおい・ボーイズラブ"前史》。京都
　　市：洛北出版，2008。

かつくら編集部。《腐女子語事典》。東京都：新紀元社，2013。

西村マリ。《BLカルチャー論：ボーイズラブがわかる本》。東京都：青弓
　　社，2015。

華文

溝口彰子。2016。《BL進化論：男子愛可以改變世界！日本首席BL專家的社會觀察與歷史研究》。黃大旺譯。台北：麥田。

千翠。2015。〈從「同人女」到「腐女子」〉。《動漫社會學：別說的好像還有救》。王佩迪編。台北：奇異果文創。頁57-69。

劉品志。2014。《「腐女」的幻想與望／妄想》。高雄：國立高雄師範大學性別教育研究所碩士論。

何雨縈。2013。《腐女的歡愉：萌》。嘉義：南華大學傳播學研究所碩士論文。

邱佳心。2015。〈BL色情的承襲與威脅〉。《動漫社會學：別說的好像還有救》。王佩迪主編。台北：奇異果文創。頁223-31。

張婕妤、林奇秀。2015。〈BL（Boys' Love）閱讀的「治癒感」及其發生情境〉。《教育資料與圖書館學》52.4。頁359-388。

張秀敏。2005。《薔薇園裡的少年愛：同人誌文化與青少女性別主體》。高雄：國立中正大學電訊傳播研究所碩士論文。

張茵惠。2007。《薔薇纏繞十字架：BL閱聽人文化研究》。台北：國立臺灣大學新聞研究所碩士論文。

張瑋容。2013。〈從「BL妄想」看另類情慾建構——以台灣腐女在「執事喫茶」中的妄想實踐為例〉。《女學學誌：婦女與性別研究》，2013年6月。頁97-133。

鄭力行。2015。《腐、壞而喜：腐男的多樣認同建構與實踐》。台北：世新大學性別研究所碩士論文。

楊曉菁。2005。《台灣BL衍生「迷」探索》。台北：國立政治大學廣告研究所碩士論文。

葉原榮。2010。《王子的國度：台灣BL（Boy's Love）漫畫迷的行為特質與愉悅經驗之研究》。新北市：國立臺灣藝術大學應用媒體藝術研究所碩士論文。

王佩迪編。2015。《動漫社會學：別說得好像還有救》。台北：奇異果文創。

酷兒
（Queer）

紀大偉

　　乍看洋化的「酷兒」其實是解嚴後的台灣土產。在1990年代台灣，「同性戀」這個戒嚴時期的舊詞被「同志」這個新詞快速取代。「同志」是新加坡人、香港人的「土產」，進入台灣流行後，台灣土產的「酷兒」也登場較勁。「酷兒」具有1990年代「時代精神」：它力求除舊布新（因此想要淘汰舊詞「同性戀」）、挑戰壟斷性的威權（因此企圖抗拒「同志」壟斷話語權的趨勢），卻還是憧憬西方現代性（因此向西方「queer」學舌；「酷兒」是「queer」音譯）。但在2010年代，「酷兒」使用者未必繼續仰慕西方。

　　雖然日本和中國早就在19世紀採用「同志」這個漢文詞彙來呼應西方的「comrade」，[1]但是新加坡人、香港人在「同志」這個舊瓶裝入新酒。出身新加坡的作家邁克早在1970年代，就挪用「中共本黨同志」的「同志」一詞取代「同性戀」。[2]邁克表明他挪

1　見紀大偉在《同志文學史》的史料爬梳，頁380-81。

2　邁克，〈同志簡史〉，《互吹不如單打》，頁244-47。

用同志的做法被香港影評人林奕華拿去台灣發揚光大。[3]我要強調，邁克說的同志，跟林奕華說的同志，並不是同一種。林奕華採用「同志」來呼應在1990年代英美同志圈「敗部復活」的「queer」一詞。然而，邁克等人使用的「同志」卻不是「queer」的譯文——與邁克同一時代的70、80年代的英美同性戀者仍在使用「gay」這個詞，還沒有「回收使用」（recycle）「queer」一詞。

1994年，台灣的刊物《島嶼邊緣》第十期「酷兒QUEER」專號率先提倡將「queer」翻譯為「酷兒」，企圖在開始流行的「同志」譯文之外，提出「酷兒」這個另類選擇。也就是說，不要用一個充滿歷史包袱、文化包袱、情感包袱的舊有漢字詞語（即「同志」）當作裝新酒的酒瓶，而要用一個看似沒有包袱的音譯（即發音類似「queer」的「酷兒」）。邁克、林奕華等人不管怎麼調侃現代中國的「同志」一詞，畢竟還是借用（中國既有的）「同志」舊詞來為（取代「同性戀」的）「同志」新詞爭取正當性，畢竟「同志」無論如何還是比「同性戀」悅耳。但是「酷兒」不要大中華的正當性，只要西方同志運動的正當性、只要「queer」這枚護身符。「酷兒」的價值取捨，在當時與其說是在質疑中國，不如說是在質疑體制。「同志」一詞被社會各界輕易接受，被右派體制快速收編；「酷兒」選擇崇尚「queer」，是因為據說「queer」跟西方社會體制格格不入，仍有體制外抗爭的潛力。到了2010年代，東亞情勢大變，「酷兒」一詞的每個使用者對於中國、對於體制的態度各自殊異，不可一概而論。

3　同前，頁244-247。

　　英文的「queer」先出現，中華味的「同志」後出現，台灣的「酷兒」更晚出現。這個時間先後次序催生了兩個一再浮現的問題。第一個問題是「台灣的『酷兒』」是否背叛了英文的『queer』？」第二個問題是「『酷兒』跟『同志』有什麼不同？」這兩個問題都有可疑的預設立場。

　　第一個問題擔心台灣「酷兒」是否忠於西方原味。這個問題建立在「先來後到、先貴後賤」預設立場之上：西方早、本土（台灣）晚；西方先有原文、本土後有譯文；原文等同真理的「源頭」、譯文等同真理的「影子」；源頭必然是對的、影子難免出錯。這種立場肯定西方的高貴血統，卻也同時貶低了本土的土俗成果。印度學者尼蘭冉納（Tejaswini Niranjana）早就在《翻譯打卡》（*Siting Translation*）一書質疑上述立場。[4]我受尼蘭冉納影響，寧可多加留意經過本土化歷程的本土收成。

　　這種太在乎「源頭」的立場，有時候質疑華語語系的土產不忠於西方（彷彿西方就必然比華語語系諸眾高超），有時候則質疑華語語系裡頭的晚輩不忠於前輩（彷彿前輩就必然比晚輩更有權威）。因此，「同志」一詞的採用者常被質問有沒有忠於當初提倡「同志」的邁克、林奕華，而「酷兒」一詞的採用者常被挑戰是否背離了《島嶼邊緣》「酷兒QUEER」專號。然而，正如英美國家無法控制「queer」在世界各地流傳轉變，那麼林奕華等人也就無法壟斷「同志」的定義，《島嶼邊緣》也不該是詮釋「酷兒」的終極權威。如果有人堅持酷兒的「定義」要回歸1990年代的

4　尼蘭冉納（Tejaswini Niranjana），《翻譯打卡》（*Siting Translation: History, Post-Structuralism, and the Colonial Context*），pp 47-86.

《島嶼邊緣》，那麼這種「溯源」的努力就可能陷入兩種教條主義式的迷信：一、迷信「原初」（發明、創發、正版）等等被神聖化的概念。二、迷信「單一標準答案」（即「一元」）而疏忽了「多元」。我說的一元，是各界偏好的單一標準答案：「『gay』等於『同志』」、「『queer』等於『酷兒』」之類「堅持一對一」（「一個詞只能夠對應一個譯文、一個目的地」的信念）說法。但是我推崇多元：「『同志』可以對應『gay』也可以對應『queer』」、「同志文學並非只關心同性戀，反而也關心異性戀、雙性戀」等等「拒絕一對一」（「一個詞可以對應多種目的地」的信念）等等說法。

　　第二個問題「『酷兒』跟『同志』有什麼不同」，在「凸顯」同志和酷兒這一組詞彙的時候，同時「不凸顯」另一個關鍵詞：愛滋。我認為，如果沒有將愛滋與同志、酷兒一併討論，就等於忽視同志和酷兒得以立基的歷史基礎。也就是說，忙著追問「『酷兒』跟『同志』有什麼不同」的人，可能有意無意「去歷史化」了、將愛滋的歷史擱置了。正是因為愛滋帶給同性戀人口重大痛苦，所以有些人偏偏主張同性戀的光明與快樂、有些人則選擇承認同性戀本來就有黑暗、頹廢、羞恥的面向——前一批人喜歡「同志」這個詞，後一批人採用「酷兒」這個詞。

　　同志和酷兒這兩個詞享有不同的地盤。1990年代的時候，「同志」的地盤分散在民間各界，「酷兒」的地盤在「玩理論」的學院。地盤的差異正好對應了另一種差異：對於身分認同（例如「同性戀者」、「中國人」等等身分）的態度差異。在民間，人道主義（humanism）是貨真價實的、主體性是不容挑戰的、身分認同也是需要捍衛的。但是在學界，在後結構主義以及後現代主義

衝擊之後，許多學者指出：人道主義是虛妄的、主體性是要被解構的、人道主義和主體性衍生的身分認同都是想像出來的。同志被認定擁抱身分認同，酷兒被認定質疑身分認同。換句話說，同志傾向現代性，酷兒傾向後現代性。

正因為酷兒不相信身分固定不變，所以酷兒傾向於「轉變」身分、「逆轉」身分的想像。同志則沒有這種樂於投入轉變的傾向。偏好轉變的傾向和「酷兒閱讀」（queer reading）、「酷兒化」（queering）的策略息息相關：這兩個策略很像，都是把看似不是同性戀的人事物「解讀成為」（也就是，藉著閱讀進行扭轉、改變）同性戀的人事物。酷兒閱讀（我稍後會舉例）的成果，終究是為同志找來更多人事物資源；也就是說，酷兒未必處於同志的敵對位置，反而可以壯大同志的陣容。

同志和酷兒，與其說是不同的兩種人，不如說是不同的兩種態度。「不同人種」這種說法就暗示了固定不變的身分認同，但是酷兒相信身分會變。我接著要說，同志文學和酷兒文學，與其說是不同的兩種文學，不如說是文學的兩種不同面向（不同面向可以共存在同一種文本之內）。有些人堅持同志文學和酷兒文學截然不同，認為既然酷兒被認為比同志冷僻古怪，那麼酷兒文學就被認為比同志文學更誇張炫示文學技巧（形式的賣弄）和情慾實驗（內容的賣弄）。這種說法預設同志和酷兒是不同的兩種人種（我剛才已經質疑「兩種不同人種」這種信念），還投合資本主義市場的癖好：這種立場鼓勵酷兒和酷兒文學追求馬戲團表演一般的種種差異性，已經捨本逐末。被逐的末，就是不斷推陳出新以便迎合不斷消費奇觀的消費市場；被捨的本，就是酷兒對於人道主義的基本質疑。

　　為了說明文學能夠怎樣酷兒，接下來我列出三類文本，各自呈現「古人類」、「新人類」、「假人類」。這三類文本的特色並不在於它們和同志文學對立（其實它們也都可以算是同志文學的成員），而在於都對人道主義提出質疑。根據人道主義信念所寫出來的文學角色（包括同性戀角色）應該是得以讓人感動共鳴的，要讓讀者覺得「文本裡的那個角色就是在寫我」；可是我列舉的文本偏偏不符合人道主義信念、讓人難以共感。

　　第一類文本呈現的「古人類」距離當代太遠，讓讀者難以感同身受。舞台劇《毛屍》（1993）強烈暗示孔老夫子本人就是同性戀；這齣戲只要求聳動，並不訴諸感動。因為愛滋而去世的田啟元（1964-1996）是這齣戲的編導。他撰文在報紙上自況，「《毛屍》由教育、儒家、同性戀的議題切入。」[5]這齣戲大量引用詩經作為台詞的《毛屍》（毛詩？）選擇向孔子下手，挑戰1980年代推崇儒家的黨政霸權。

　　戲中六位演員唇槍舌劍。有角色說，「子路叫太太妻兄，妻子的妻，兄弟的兄」。[6]另一個角色接著說，「對，妻兄妻弟就是同性婚姻最好的例證」（按，「妻兄妻弟」跟「契兄契弟」諧音）。[7]結果，F這個角色出聲抗議。原來，角色們「故意」將孔子心愛的子路「誤解」為同性戀，惹得F大怒。F是儒家的捍衛者。F向其他角色們抱怨，「我養你們三十九年了！你們不應這樣對待我。」[8]F跟政權領袖學舌——從這齣戲首演的1988年回溯三十九

5　田啟元，〈戲，我愛，我做〉，《中國時報》，1995年5月27日46版。

6　《毛屍》，頁60。

7　同前，頁60。

8　同前，頁64。

年，就是蔣介石轉進台灣的1949年。

　　角色們又說，「孔子說──」「說男女授受不親！」「既然男女都授受不親，這食色的色──」有人回答F，「恐怕就不是女色了！」[9]這種暗示孔子提倡「非異性戀」的說法，再度激怒F。《毛屍》早在「同志」、「酷兒」流行之前就已經演出，但是它剛好實踐了我先前提及的「酷兒閱讀」，將經典地位的孔子（以及孔子弟子、相關四書五經）「酷兒閱讀」（按，「酷兒閱讀」這個詞在此為動詞）為同性戀。不少同志運動者故意將古代詩人屈原詮釋為同性戀者，也形同進行「酷兒閱讀」（按，「酷兒閱讀」這個詞在此為名詞）。[10]這兩種「酷兒閱讀」（把孔子讀成同性戀、把屈原讀成同性戀）不會帶給觀眾將心比心的情動（只會讓觀眾覺得滑稽好玩），也因而與人道主義的信念脫鉤。

　　第二類文本呈現的「新人類」（指未來的人類）也不訴諸感動。這類文本擁抱未來但否定當下。詩人陳克華（1961-）的名詩〈「肛交」之必要〉（1995）提供了例子。〈「肛交」之必要〉歌頌肛交，讓人聯想男同性戀。然而，我認為這首詩是以歌頌肛交之名，進行「否定當下」之實：只有超脫這個詛咒肛交和同性戀的「當下」，才能夠抵達得以歌頌肛交的「未來」。這首詩倡言：「我們是全新的品種豁免於貧窮、運動傷害和愛滋病。」[11]也

9　同前，頁65-66。

10　在1995年6月1日第一屆「GLAD校園同性戀甦醒日」，已有人倡議屈原可以讀做一位同性戀前輩。詳見紀大偉，〈你們看到的不是「金童玉女」，而是「乩童慾女」──回應對於GLAD的質疑與「觀察」（gaze）〉（1995），《晚安巴比倫》，頁278-85。

11　陳克華，〈「肛交」之必要〉，《欠砍頭詩》，頁68-72。

就是說，只有未來的（還沒有到來的）新人類才可以免於愛滋，但是當下的舊人類還是要面對苦難。這首詩和讀者疏離，與其說是因為很刺眼的肛交（這種行為並非跟當時讀者絕緣），還不如說是因為豁免愛滋的新人類（這種人類對當時讀者來說才是無法企及的）。

　　第三類文本呈現的「假人類」和前兩者最大差異之一，在於跟當代讀者的距離。「古人類」、「新人類」被寄託到古代和未來，跟當代讀者保持遠距離。但是，「假人類」逼近當代讀者。我指出的「假人類」，是指肖似（同性戀的）人類卻又不盡然等同真人的角色。正如佛洛伊德提醒，這種似人非人的人偶給予讀者「詭異」（uncanny）的感覺。[12]邱妙津（1969-1995）作品《鱷魚手記》（1994）中的「鱷魚」就是人偶似的角色。

　　《鱷魚手記》分為兩條故事線進行：自稱「拉子」的同性戀大學女生這條線是悲情的——她的故事比較容易讓人共感；卡通人物一般的「鱷魚」這條線是逗趣的——牠的故事並不訴諸感動。這兩條線各自進行了兩種翻譯：前者接受了「被翻譯、被發明」的「拉子」這種身分（原文是「lesbian」，譯文是「拉子」），另一條線則「翻譯、發明」了「鱷魚」（同性戀者可能透過鱷魚這個假面，進行腹語術）。現實生活中的女同性戀者忙著迴避媒體偷窺目光；小說裡的鱷魚卻招搖過市不怕偷窺——原來，同性戀者還不方便去做的事（即，光明正大上街），可以讓

---

12 Sigmund Freud, "Uncanny," *The Standard Edition of the Complete Psychological Works of Sigmund Freud. V. XVII.* Ed James Strachey.（London: Hogarth Press, 2001），pp 219-52.

鱷魚代替（vicariously）同性戀者去做。

　　邱妙津的作品（而不是邱本人）以「痴人說夢」的方式，在主流的公共領域之外，另外打造了一個假人類的「假」公共領域。「痴人」就是傻呼呼的鱷魚；「夢」就是鱷魚和媒體玩捉迷藏的假公共領域——和鱷魚一樣假。邱妙津習慣以假亂真的策略（假人類，替身，腹語術，假公共性）逃脫當時仍然性苦悶的台灣。

　　幸好台灣享有同志文學的歷史，我才能夠「就地取材」說明文學能夠怎樣酷兒。這種台灣經驗未必能夠在其他國家複製。在台灣之外的其他國家，同志的文化生產（不限於文學）未必豐碩，也就未必促成相關詞語的「在地化理論生產」。

參考書目

西文

Freud, Sigmund Freud（2001）. "Uncanny," *The Standard Edition of the Complete Psychological Works of Sigmund Freud.* V. XVII. Ed James Strachey.（London: Hogarth Press）, pp 219-52.

Niranjana, Tejaswini（尼蘭冉納），*Siting Translation: History, Post-Structuralism, and the Colonial Context*（《翻譯打卡》）（Berkeley: University of California Press）.

華文

田啟元。1993。《毛屍》。台北：周凱劇場基金會。

———。1995。〈戲，我愛，我做〉，《中國時報》，1995年5月27日46版。

邱妙津。1994。《鱷魚手記》。台北：時報。

紀大偉。2017。《同志文學史:台灣的發明》。台北:聯經。

———。2014。〈你們看到的不是「金童玉女」,而是「乩童慾女」——回應對於GLAD的質疑與「觀察」(gaze)〉(1995)。《晚安巴比倫》(新版),台北:聯合文學。

陳克華。1995。〈「肛交」之必要〉。《欠砍頭詩》。台北:九歌。

邁克。2003。〈同志簡史〉,《互吹不如單打》。香港:香港牛津大學出版社。

摹仿
（Imitation）

史書美

　　摹仿為一個多義詞，有許多不同和可能的意義，可為名詞，也可為動詞。

　　摹仿兩字為名詞，描述一種論述、一種理論或一個概念時，其前提為摹仿物和被摹仿物的兩者獨立存在的二元關係。在這個二元關係中，被摹仿的對象被建構成是原創的、本真的，而摹仿來的論述、理論和概念則是複製或再生的，因此沒有原創力且缺乏本真性。為動詞，則描述一種行為或一個動作，前提也是摹仿者和被摹仿的對象的分離，雖然經由摹仿達到某種相似性，卻也表達兩者之間的差異，且有先來者和後到者的時間性上的差別，即時差。這個時差是有價值性的，加諸被摹仿的對象某種優越性及先驗性。

　　日本學者竹內好曾經批評日本人愛摹仿的傾向，缺乏自主思考及創新的動力，只是把別人的東西挪來用。因為是去語境的、掏空了的摹仿，沒有歷史根基，也沒有和現實接軌，因此所摹仿的東西或概念，是虛空的，沒有足夠內涵的，不能持久的，所以用夠了就自然拋棄，再去摹仿新的玩意或想法，因此不斷摹仿別

人，不斷拋棄，而這種做法也就必然以不斷加快的速度產生。在台灣，學術界和文化界不斷引進新興的學術理論和文化內容，一波一波的文化思潮先前常常是一波一波留學國外學成歸來的學者們或到外取經的文化人士帶來的新東西，包括現代舞或現代音樂、文學理論，以及各式各樣的論述、潮流、生活實踐等。從比較尖銳的、負面的角度看，我們常常會覺得很多都是摹仿品，橫的移植在沒有批判或創作意識的情況下，只是原作的蒼白的回魂，沒有在地的實質性。因此，正如竹內好所說，這樣的論述或文化無法在在地形成有機的一部分，不是稍縱即逝的、就是浮面的。而且，這樣的摹仿，由於摹仿者感覺心虛，更形成一種焦慮的狀態。台灣學界所謂的、一般感覺到的「理論焦慮」可能就是由此而來。對於像台灣如此在世界的知識體系邊緣的小國來說，理論焦慮在所難免，也因此「摹仿」為一個課題，需要理論性的分析與闡發，也因此自成一個理論概念。事實上，摹仿為一個理論關鍵詞，不僅關乎台灣，也關乎全世界所有在知識體系邊緣的地方。因此，這個關鍵詞不只有特殊性、也有普遍性。以下暫舉三個例子來引出世界的和台灣的「摹仿」為理論關鍵詞的說法的來由。

　　在以印度為對象的後殖民論述裡，Homi Bhabha所提出的mimicry的概念，和摹仿（imitation）的概念有相當的共鳴，但也有所不同，因為台灣的歷史經驗和印度非常不一樣。按照Bhabha的說法，被殖民者一方面由於受制於殖民者強力加諸他們的教育、知識、文化、語言等的結構，被迫摹仿殖民者。另一方面，殖民者不想被他們所殖民的人，完全學會殖民者的一切，因此也想盡辦法保留他們文化或知識的精髓，以保護並持續支撐殖民者

的優越性。因此，殖民地的教育的質量通常是比較低劣的、或是不徹底的，一方面要彰顯殖民者文明的優越，一方面又要防止被殖民者變成像殖民者一樣的擁有他們所謂的優越的文明。Bhabha因此提出，當被殖民者摹仿殖民者非常逼真、成功之時，殖民者必會感到威脅，而這種成功的摹仿即是一種反殖的表現。這裡我們必須指出，這一意思上的摹仿，對Bhabha來說，它的反殖意義，並不在於被殖民者主體式的有意識的、刻意的摹仿，它只存在於被殖民者的感知當中，才有威脅的意義。因此，這裡指涉的被殖民者的摹仿行為事實上是被動的，不是主動的。如果殖民者沒有感到威脅，那摹仿這個行為的反殖意義就不形成。

印尼的著名作家Pramoedya Ananta Toer在其監獄中寫就的長篇小說《布祿四部曲》當中，對於殖民教育的摹仿效用，有著深刻的批判。在荷蘭統治下的印尼，受高等教育的印尼人，其書寫和口說語言多為荷蘭語，而思維模式也因為耳濡目染變得比較接近荷蘭人。這四部曲小說的男主人公，就是這樣的殖民教育的經典產物，他不僅無法用流暢的馬來文書寫，也對於傳統印尼文化，如統治階級文化當中他認為極為老舊和野蠻的等級制度，有極度的反感。雖然他心理是反殖的，他的作為、想法和所可以完成的一些工作，常常竟然反過來變成服務於殖民者，讓他懊惱不已。身為殖民教育成功的例子，也就是摹仿有成的殖民地知識分子，在殖民結構當中扮演著的，不得不是一個非常複雜且弔詭的角色。第三世界幾乎所有幫助自己的國家從殖民者那裡獲得獨立的知識分子或革命家，都曾借助於從西方學來的民族主義思想來建立他們的反殖論述。這種民族主義思想確實有助於殖民地獲得獨立，但這種民族主義和其帶來的獨立，卻有形無形與殖民者的

知識結構有著千絲萬縷的依附關係。所謂的獨立，因此也不定然是徹底的，尤其是在知識層面上。這種後殖民的複雜性，就表現在民族主義為一個「派生」或「衍生」（derivative）的論述，從殖民者那邊學來的。就是後殖民史學家 Partha Chatterjee 著名的一個論點。在這一個層次上，民族主義，如同所有相似的殖民結構下產生的思想或論述，也是摹仿的論述。

　　事實上，加勒比海牙買加詩人及思想家 Kamau Brathwaite 早在1971年就分析過被殖民者摹仿殖民者的想法，提出「摹仿人」（mimic-men）的概念。這個名稱，指的是與英國殖民者生活關係比較密切的學舌殖民者的牙買加人。他們的慣常語之一，曾經是「大雪落在甘蔗田上」，雖然牙買加從來就沒有下過雪。這和中華民國非正式的國歌〈梅花〉當中，「越冷它越開花」的歌詞，有異曲同工之妙。台灣亞熱帶的氣候，有些許的梅花可以開，但是台灣冷不到哪裡去，台灣人是否就無法成就梅花所指示的那種高尚冰冷的情操呢？在此我們可以看到這種摹仿意識的可笑，是台灣人主體性缺失的標示。但是，Brathwaite 比 Bhabha 和 Pramoedya 更進一步提出，其實殖民者也必然會受到被殖民者的影響，因此殖民地的文化事實上是互相摹仿的，也是互相滲透和混合的，不是單向的，而是雙向的來往。他們之間的摩擦，雖然是殘酷的，卻也可以是有創造力的，這樣造就了牙買加混融的文化，即所謂的克里歐化（creolization）或「混語創建」的過程，也就是不同語言文化的混成創造出嶄新的語言文化的過程。

　　從以上印度、印尼和牙買加的例子中，我們可以看到摹仿和殖民主義的關係非常密切。這裡，不只牽涉政治殖民也牽涉文化及知識殖民。

　　在台灣的歷史脈絡裡，政治殖民首推漢人的定居殖民主義（settler colonialism）。漢人從17世紀左右開始渡海移民來台，來了不走的人，變成定居者，殖民了台灣南島語系的原住民，數百年來如一日。這是台灣恆常的殖民狀況。漢人利用各式各樣的方式，如政經壓迫、土地佔領、文化剝奪、種族歧視、通婚、漢化及分化（如平埔族被歸類為漢人）等，不只是統壓原住民，更是取代原住民，自稱本土或本地人（如「台灣人」）。而殖民者變成人口的多數之後，他們就不可能全部離開，因此原住民永遠就無法獲得任何意義上的全面解殖。在這個意義下，台灣是一個典型的定居殖民地，如美國、澳洲、紐西蘭、加拿大等地。除了漢人之外，還有荷蘭人、西班牙人、日本人及20世紀中期中國內戰之後到來的新漢人政權，在台灣形成「連續殖民」（serial colonialism）的現象，而這連續殖民的現象，加上各殖民勢力的重疊、沉澱、遺留、轉換，形成台灣複雜的殖民史。不管殖民者是誰，或他們之間有沒有殖民關係，從原住民的角度看，他們都是殖民者。因此原住民的殖民狀況，正如澳洲學者Patrick Wolfe所言，不是一個事件，發生然後結束，而是一個結構，永恆存在。對原住民來說，他們永無完全解殖的可能，只能在多個層面上不斷訴諸去殖（decolonization）的行動。

　　在這樣的殖民現況下，原住民的知識形成，與日本人和漢人經由教育或其他模式強加的同化意識，有著密切的關係，因此身為被殖民者，原住民摹仿殖民者的狀況，和世界各地的原住民的情形都有相似之處。由於這種重疊的殖民結構，在日據時期，才有像花岡一郎這般的悲劇人物，在日本人和原住民兩個身分當中無法取捨而自殺身亡。日據時代結束，漢人當政強勢漢化的潮流

下，原住民文化身分認同探索過程的徘徊、失落與危機，也更為
深邃，導致學者謝世忠所謂的「認同的污名」。以原住民的文學
作品為例，我們可以看到多層面的文化衝突與協商，表現在對文
學的表達方式（口傳或書寫）、文體（族語詩歌或漢語小說）、文
字（以羅馬拼音、注音符號或漢字表達族語，或直接沿用漢語）
等的選擇和應用上。台灣漢人學者魏貽君指出，在戰後有些原住
民作家的作品中，我們可以看到以漢人的價值觀看原住民事物的
例子，表現「向漢人學舌的價值思維模式」。[1]但是，到「原運世
代」（1984-1996）作者的產生，「重返原鄉」意識的崛起與實踐
之後，我們看到原住民文學家對台灣的各種漢語，如「古漢文、
北京話、台北國語、台灣國語、英文翻譯式漢文」以及各族語的
語言系統，不僅以「文字政變」的態度拿來「揉搓」「諧擬造
詞」，並以混語書寫的方式，表現他們去殖民的主體性意識。[2]這
裡，雖然「諧擬」二字，也意指一種摹仿，這裡的摹仿，多了一
層自主地對摹仿對象有意識的一定程度的操控。這種實踐，在相
當意義上呼應了在美國執教的澳洲學者Michael Taussig談到以英
文詞mimesis指出的想法。他認為，摹仿是自我同化他者的一個
過程，可以解釋為自我簡單地嚮往他者的表現，也是一個強化自
我和他者差異的一個過程。Taussig的觀點中，雖然給自我保留了
相當的主動性與差異性，但是原著或被摹仿者基本上還是擁有相
當的優勢和權利。而這種權利的不平等，正好指示了定居殖民狀

1　魏貽君，《戰後台灣原住民族：文學形式的探察》（台北：印刻，2013），頁
　　182。
2　同前注，頁336-337。

況中的原住民書寫的困境。摹仿可以同化他者，更或者是被他者同化；摹仿可以彰顯差異，但是這裡還有權利分配不平的重大問題。

至於台灣漢人的知識界和文化界，摹仿西方的理論或文化已然成為某種現實，在全球知識新殖民分配的版圖裡，可以說是扮演下游挪用者、引介者、摹仿者的角色。但是因為台灣漢人為定居殖民者，他們對西方理論的挪用，是以一個現代化論述的模式進行的，直接間接又強化了漢人的殖民，因此在這個層次上是兩層的知識殖民——以西方為上、其次台灣漢人、再其次原住民——共存。如果我們說，西方的知識殖民牽涉到台灣漢人，則台灣的原住民則處於雙重的知識殖民的結構中。

文學理論的領域裡，戰後的台灣漢人學界，從西方引進了新批評、符號學、結構主義、心理分析、解構主義、後現代主義、後殖民論述等的理論，形成一波一波的思潮。這種現象，最奇特之處，在於它似乎是獨立存在或是與西方平行存在的，雖然摹仿的對象是西方，卻似乎在運作上和西方沒有直接的接觸或交錯，也沒有直接的對話。在西方，很少有人，甚或沒有人知道台灣有這樣的文學理論場景。每有美國或其他國外學者到台灣，和學界接觸後，都驚嘆地指出，台灣學界的理論思維竟然和他們那麼接近或同步。在全球化的知識權利分配圖形中，台灣佔著邊緣的一個小地方、扮演著小角色，基本上是被忽視甚或無視的。這樣的情形，應該如何理解、如何看待、如何克服，是台灣各學科的理論界非常切身且需要面對的一個課題。

台美作家張系國曾提出「諧音雙關」的概念，來解釋台灣文化界如何面對這個摹仿的難題，和上面提到原住民對漢人文化

「諧擬」的概念遙相呼應。如他提出的「滔滔邏輯」一詞來自英文tautology，既是音譯也是意譯，表達這個詞本身即同義反覆、自圓其說的邏輯，同時沿用的是原先就有的詞語，是一個混語創造的新詞。這樣的諧音雙關的翻譯下產生的新詞，充滿創意，且表達了台灣的主體性。較早的一個例子，是王禎和小說《玫瑰玫瑰我愛你》中，以「內心對內心，屁股對屁股」來諧音雙關的翻譯nation to nation，people to people一句英文，表達出強烈的對國家主義和民主主義的虛偽性的批判。國民黨統治下越戰時期的台灣，曾經是美軍在越戰時期過來性消遣的場所。台灣這個國家對美國這個國家的關係是內心對內心的關係（台灣妓女是美軍心愛的玫瑰），而台灣人民和美國人民的關係竟然下流到是性交易中「屁股對屁股」，根本就是極端不對等的。王禎和的這一句諧音雙關的說法，彷彿就在問，台灣的國家主權以及國家尊嚴到哪裡去了？如陳映真在《將軍族》以及黃春明在《兒子的大玩偶》和《莎喲娜啦，再見》等小說中所揭發的，西方和日本在台灣的殖民主義的形式，不僅是政治層面的，更是經濟層面的，而這種經濟的模式之一、尤其有指標意義的是性殖民，因為性交易也是全球不平等分工的一面。21世紀的新殖民（neocolonialism）狀況，大多以經濟殖民的方式運作，有時候區別於政治殖民。21世紀的台美關係，雖然已經不是這種的分工法，但是台灣仰賴美國提供海峽安全的保障，在實質上有保護國和宗主國的一層關係。拉美論述中談得比較多的依賴國（dependency）事實上對台灣有很深的借鑑作用。人類學家Sidney Mintz在很早就提出台灣相繼為中國、日本和美國的依賴國的問題，認為這樣的依賴關係，對台灣社會的本質的了解有舉足輕重的意義。因為，「我們不僅可以從

一個社會與其外面世界的連結的方式了解這個社會的組織，這些連結的準確的性質其實宣布了這個社會的本質。」[3]

　　以上談到所有摹仿的例子和論述，大部分和各種殖民情況——定居殖民、正式殖民、連續殖民、知識殖民、新殖民等——有關。但是，在此，我們也必須提出：第一，摹仿為一種行為，是人類最自然的行為之一，事實上是所有學習的起端。小孩子和學童學習的主要方式是摹仿大人或老師。所有的學習行為都和摹仿有或多或少的關係。第二，如果沒有摹仿，即不斷的重複，我們就沒有辦法有所謂文化的傳承。某一文化實踐或禮儀，在不斷的重複過程中，才能變成傳統。摹仿和重複，就是傳承，是成立所謂的「傳統」所需的必要條件。摹仿在這個意義上是一種生產或製造傳統的行為，因此，雖然摹仿是一種再生產（reproduction），在這個意義下，再生產其實就是生產（production）。那麼，所謂摹仿的時間次序，也就是以上提到的時差——摹仿對象為前來者，而摹仿者一定是後來者的觀念——在此有待改正。這裡的時間性，不是前後的，而是共時、循環或重複的。生產和再生產不斷循環和同時發生，先後時序的價值觀因此被打散，因為後來者對傳統的改進或改善的貢獻，也可以同樣擁有價值，甚或更高的價值。人類的文明，我們如果說有所進步，就是在這樣的摹仿和重複當中，不斷地改進而來的。因此，後來者也不斷在生產傳統，我們可以不考慮誰是摹仿對象，誰是摹仿者，把自我和他者的權利關係持平。摹仿變成一種創造，或創造進程中的必要實踐。

3　Sidney W. Mintz, "Afterword," in Emily M. Ahem and Hill Gates Eds., *The Anthropology of Taiwan Society*（Palo Alto: Stanford University Press, 1981）, p. 436.

參考書目

西文

Bhabha, Homi (1984). "Of Mimicry and Man: The Ambivalence of Colonial Discourse," *October* 28 (Spring 1984), 125-133.

Brathwaite, Edward Kamau (1971). *The Development of Creole Society in Jamaica, 1770-1820*. Oxford: Clarendon Press.

Chatterjee, Partha (1993). *Nationalist Thought and the Colonial World: A Derivative Discourse*. Minneapolis: University of Minnesota Press.

Mintz, Sidney W. (1981) "Afterword," in Emily M. Ahem and Hill Gates Eds., *The Anthropology of Taiwan Society*. Palo Alto: Stanford University Press. 427-442.

Pramoedya, Ananta Toer. *The Buru Quartet* (1980-1988). New York: Penguin, 1996-1997.

Taussig, Michael (1992). *Mimesis and Alterity: A Particular History of the Senses*. London: Routledge.

Wolfe, Patrick (1998). *Settler Colonialism and the Transformation of Anthropology: The Politics and Poetics of an Ethnographic Event*. London: Bloomsbury.

華文

魏貽君。2013。《戰後台灣原住民族：文學形式的探察》。新北市：印刻。

謝世忠。1987。《認同的污名：台灣原住民的族群變遷》。台北：自立晚報。

張系國。2008。《帝國與台客》。台北：天下。

王禎和。1984。《玫瑰玫瑰我愛你》。台北：洪範。

陳映真。2001。〈將軍族〉。收錄於《我的弟弟康雄（陳映真小說1）》。台北：洪範。

黃春明。2009。《兒子的大玩偶》。台北：聯合文學。

———。2009。《莎喲娜啦，再見》。台北：聯合文學。

鬧鬼
（Ghosting）

林芳玫

「鬼」（ghost）是一個名詞。「變成鬼」或「鬧鬼」（ghosting），則是一個動態的過程。被主流社會邊緣化、他者化、被賤斥與被排除，這是被當作鬼的社會運作過程（to be ghosted）。鬼不被理性接納為存在，卻殘留徘徊，既非活人也不是死人。這種似有若無、殘存又同時被排除的狀態，就是鬼。

當代文化理論受後結構、後殖民與後現代主義，以及精神分析學說的影響，開始對鬼魅提出新的看法並賦予寓意。在晚期資本主義消費社會中，各式商品推陳出新，媒體與數位資訊瞬息萬變，新舊產業亦在短時間內產生更迭與代謝。這些現象迅速製造了物質、商品、社會趨勢、個人與集體認同的老舊化，乃至凋零，卻又被懷舊心理以「殘存」的方式保留下來。種種物質與非物質現象該去而不去，於是成為各式各樣的鬼。

當代社會的快速替換使得時空被壓縮，很短的時間內便可讓遠距的資本、商品或人力進行流動與交換。時間不再是線性的單向發展，而是重層交疊。不同的人對過去有不同的記憶（或失憶），其敘事方式因而分歧衍異。本該屬於過去時空的產物，卻

出現於當下，產生時空錯置體。

鬼魂可分明鬼與暗鬼——前者身處當下公共空間，然而沉緬於過去。至於暗鬼，往往不被群眾或個人直接感知，而是創傷經驗被賤斥與排除，壓抑於意識與無意識的縫隙，形成歷史失憶症與未被療癒的、隱隱作痛的傷口膿瘡。鬼魂通常具負面意義：是過去時間與當下空間的糾纏、非生非死的曖昧狀態、心懷怨念而意欲復仇的幽魂。另一方面，當代鬼魂亦有正面積極的意義：經由喚起遺失的歷史記憶，我們得以面對傷口、哀悼死者、安慰受冤屈而不被了解的逝者。此外，快速的社會變遷使得「自我」不斷更新，昨日之我似乎消失而又殘存，形成自我鬼魅化（self-ghosted）。「我是誰？」這個問題困擾著每一個人，而「我是誰」又與「我不是誰」息息相關。我們因感受「他性」（alterity）而產生同情與了解，並透過自他互動形成自我（self-other-in-the-self）。「鬼」是他性的表徵，督促我們與其互動對話。

台灣在短短三百多年內經歷數次政權更迭，以及外部的與內部的殖民。重層的殖民史與一波波人口遷移，致使當下的台灣人具有不同的過去、不同的歷史記憶與失憶。誰存在？誰不存在？誰被認可？誰被排除？這些問題的答案都具有相對性。自認為被排除的一群人，也許對另一群人而言，前者才是進行排除、屠殺、消滅的人。這種相對性，使得台灣人各族群相互成為鬼魂與自我鬼魅化。被當作鬼，或是自願成為鬼，可能是怨念的累積，也可能是新生的契機。

「鬼」不是活人，也不是死人。它被某些人感知其存在，而其他人可能完全感受不到——這使得鬼往往以一種缺席的、不在場的形式存在著。鬼的中介性質（in-betweenness）對於解釋中華

民國／台灣的政治、歷史、社會、文化能發揮相當大的功能。

　　鬼，恆常處於時空錯置體之中。它來自過去的時間，卻出現於現在，擾亂當下的秩序。以中華民國的主流歷史敘事而言，辛亥革命推翻滿清，在中國建立中華民國。當時的台灣，已於十六年前被割讓給日本，成為日本的殖民地。因此，中華民國固有的領土並不包含台灣。國共內戰以後，國府播遷來台，中華民國實際有效的主權範圍縮小至台灣及其周邊離島。中華民國的歷史敘事內容由1949年以前的中國大陸銜接到1949年後的台灣，然而憲法中關於領土的範圍卻沒有隨之更改。戰後初期移居台灣的外省人作家身在台灣，書寫中充滿對過去中國家園的鄉愁，統治當局也透過反攻大陸的政策強化人民對過去、對中國的執念。對過去中華民國的想像與書寫必須發生在當下的台灣空間，然而台灣這個空間的歷史，尤其是日治史，在解嚴以前並不受到重視，甚至成為禁忌──這樣的時空錯置體，使得中華民國具有鬼魅的特質。

　　中華人民共和國成立後漸獲國際承認，是1945年籌建聯合國時就加入的常委理事國之一。1971年中華民國退出聯合國，成為國際孤兒。進一步思考，「鬼」比「孤兒」更適合用來形容中華民國。孤兒雖然處境艱難、沒有歸屬，但並未處於時空錯置體──孤兒的生命史由過去的時間與空間延續到現在的時間與空間，鬼則不然。中華民國的當下空間，逐漸被居住此地的人感知為「台灣」。然而認同中華民國的人及其歷史認知，以及中華民國憲法，恆常處於過去的時間與現在的空間錯置狀態，以及二者之間的縫隙。中華民國既存在，擁有對台灣領土的主權與治權；但它同時也不存在，不被國際法所承認為「國家」。中華民國不是國家，也不是非國家，這種二者皆非的狀態，構成中華民國的鬼魅狀態。

從中華民國到台灣，中間還隔有一個「台灣省」。1949年後，中華民國幾乎與台灣省重疊，而離島金門與馬祖則隸屬「福建省」。1997年國民大會修憲，將台灣省政府「凍結」與「虛級化」，但並未完全廢除。台灣省政府成了政治組織上的「漸凍人」，其似有若無的存在以及時空錯置體性質也讓它成了鬼魅。台灣省政府的政治組織空間，所對應的並非荷治、清治、日治等歷史，也不是1911年所成立的中華民國的一省，而是二戰結束後，中華民國統治領土中的一省。時隔幾年，又實質等於中華民國的全部。最後，於1997年修憲次年被凍結。台灣省政府幾乎毫無功能，似乎消失，但其實虛級化後，台灣省政府仍然存在，也繼續編制有省主席與省政府全球資訊網。至於金門與馬祖所屬之福建省政府也仍然存在，那是另外一隻鬼。中華民國這隻大鬼底下，又包含許多小鬼──除了台灣省與福建省，還有屬於明鬼一類的「外省人」與「外省第二代」。至於暗鬼，光是與戰爭相關者，就包括：到南洋或中國的台籍（漢人與原住民）日本兵、慰安婦、二戰時於偽滿洲國遭殺害的抗日分子、國共內戰後期撤退至滇緬的國軍。此外，二二八事件與白色恐怖受難事件在戒嚴時期是暗鬼。解嚴後，政治與社會民主化，各項歷史檔案陸續公布，公民團體公開悼念逝者，以求台灣社會的新生，卻被立場相對者認為提及二二八事件意在撕裂族群──此種質疑乃是將二二八事件的受難者二度鬼魅化。

　　台灣的多重殖民史使得台灣人經常處於抗拒新政權、懷念舊政權的狀態──「遺民」狀態。不過，遺民一詞原指從清朝過渡日本統治時期，認同漢文化、抗拒異族統治的舊文人。追究其意涵，「遺」字具有雙元的、逆反的意義：「遺」是遺失，使得當事

人懷抱失落感而對逝去的過往懷念不已；「遺」也是遺留，以殘存的方式留到現在。過去的政權及其文化表徵，不是活著，也不是死去，遺民因而可以視為政治及文化臣民的鬼魂狀態。

如果將「遺」字定義為遺失與遺留，遺民所指涉的對象則可大幅擴增，鬼魂也就更多了。台灣原住民，比起日治初期的清朝舊文人，更適合被視為遺民。原住民本無文字，以口傳方式將歷史傳承給下一代，使得過去與現在得以連結。自17世紀荷蘭人統治台灣，並以羅馬拼音記錄原住民的語言開始，台灣原住民便在各種統治之下逐漸流失自己的文化。不論是荷治、清治、日治時期，還是國民政府來台、公元兩千年政黨輪替，原住民永遠處於被殖民狀態。至此，或許有人將要提問：原住民既然永遠處於被宰制狀態，那麼對前一政權有何留戀？何以是遺民？我們可以說，原住民對新來政權有時反抗、有時依附。其反抗現狀、企圖保有過去自主狀態的行動，構成自身文化的遺民。原住民意欲捍衛原有的自主權，卻終究難逃被宰制的命運。日本殖民政府帶來一批人類學家，詳細觀察、記錄原住民的風俗習慣、語言與文化。原住民文化一方面消失，另一方面又成為學術研究的客體而被保存與「遺留」下來。原住民成為遺民，也成為日本人與漢人社會的他者及邊緣人，似有若無地存在──被幽靈化。

鄭氏及其東寧王國的覆滅帶給漢文人第一次遺民狀態。清廷將台灣割讓給日本，則是漢文人的第二度遺民化。戰後，台灣人懷抱期待迎接「祖國」，卻換來殘酷的二二八事件，讓台灣人對新政權失望並懷念日本統治時期，這是第三度的遺民化──然而這種懷念不能公開言說，成為意識的伏流與幽微狀態。台灣人的屬性游移在「中國人」與「日本人」之間，在日治時期被統治當

局認為是日本臣民卻又不是真正的日本人；在國民政府統治期間也被灌輸以自己是中國人但又不是真正的中國人的認知。不是真正的日本人，也不是真正的中國人，此無所歸屬的狀態讓台灣漢人幽靈化。從戰後到解嚴，台獨言論處於幽靈狀態，不能公開出現，其似有若無的存在帶給中國中心主義的國民黨政府強大的威脅感，使得國民黨政府如驅魔般，非要將之驅趕、消滅。

　　此外，我們可以從「鬧鬼」的表層意義、一般意義、英文對應詞來討論。「鬧」的表面意義是熱鬧、吵鬧、人多擁擠、擾亂秩序。幽靈隱而不顯，無聲無息。鬼可以像幽靈那樣安靜，也可因怨念深重、意欲訴說委屈而大聲吵雜，挑釁既有秩序，謂之「鬧鬼」。鬧鬼的一般意義是指某地有鬼魂出沒，對應的英文為「haunting」，再譯回中文則是「作祟」。死去之人本該埋葬而消失，鬼卻不甘心消失，是為不死不活的異類，為了「出示」（祟）自己而糾纏著活人。

　　鬼魂徘徊不去，執意向活著的人提醒它過去所遭受的冤屈。因此，受害者心態、悲情與怨念長期籠罩台灣各族群。戰後來台外省人戀眷過往在中國大陸的美好童年與青春歲月，而昔日歲月同時也是對日八年抗戰及其後國共內戰所帶來的顛沛流離，反日與反共構成了外省人的悲情與怨念。外省人在台灣當下空間所遭受的白色恐怖反而不構成其悲情元素。我們在外省人的悲情與怨念中，再度看到時空錯置體──也就是鬼魂的特色。過去的悲慘經驗只能在當下的空間顯現；或者反過來說，唯有透過當下這個不同於過往的空間，歷史悲情才有了表現的場所。解嚴後，台灣民主化與本土化運動帶給社會新的契機與改變，第一代外省人逐漸退下政治舞台。外省第二代面對本土化運動所提出的建立台灣

主體性的呼聲，他們認為自己被邊緣化，怨念的來源因而由父輩的共產黨轉變為本土政黨及社團。外省第二代沒有父輩的中國可茲懷念，也難以認同當下的台灣。他們將父輩的時空錯置體再度扭曲，不屬於過去也不認同現在，成為後遺民──遺民的後代，以及失落感本身的遺失、失落感殘留的夢境化與虛擬化、受害者心態的代際遺傳而造就重層化的後遺民。外省第一代被中共驅逐，外省第二代則自認為被本土派驅逐，許多知名的外省第二代作家因而以此為書寫主題。這群作家被評論者稱為「後遺民作家」。他們是一群聲音很大的鬼，在文壇佔有重要地位，其自我邊緣化的姿態與活躍的出版能量，顯示這是一群熱鬧的鬼，持續於台灣文壇鬧鬼。若說遺民本身及其時空錯置體造成其鬼魅狀態，那麼後遺民並非遺民狀態的結束，而是遺民狀態的延續與當代版本。遺民雖然不接受當下政治處境，卻有過往可供憑弔懷念。後遺民沒有可供懷念的過去，亦不接受當下的現實，為時空錯置體的二度錯置，被鬼魂作祟的鬼魂。

解嚴前外省人掌握了政治權力以及文化與歷史詮釋權，也住在台灣這塊土地上，卻以上位者姿態將「本省」人變成自己土地上的異鄉人與鬼魅。戰後到1987年解除戒嚴令期間，大批外省人在中華民國體制下從事軍公教行業，縱然中華民國退出聯合國，仍不知中華民國已死，猶如鬼魂不知自己已死，仍然活著。1990年代本土運動崛起，千禧年政黨輪替，加上外省第一代逐漸凋零，外省第二代這才驚覺自己是活著的鬼魂。此種已死又未死的狀態激發大量文學創作能量，寫作主題包括反思上一代並覺察其父輩於活著的時候即已處於鬼魅狀態。

另一方面，李昂《看得見的鬼》一書，以各時代的女鬼作為

觀點，反思台灣歷史，最後昇華為自由自在的「會旅行的鬼」——以正面積極的方式召喚過去的鬼魂，並以莊重的態度悼念歷史悲情，至終得到自我成長的力量。由此可見，「鬧鬼」也可以具有積極的能動性，有助我們不將過去忘記又同時把握當下、展望未來。

　　然而，本土派也不缺「幽靈人物」。前總統李登輝促進台灣的民主化與本土化，提高台灣意識，但他卻曾多次於公開場合表示自己過去是日本人。對過去日治時期念念不忘，使得李登輝比外省人鬼魂更具驚悚效果，展現死人復活的能耐：一方面帶動民主化，讓台灣得以展望未來，另一方面又提醒不是中國人也不是日本人的年輕世代台灣人，日本的幽靈仍徘徊不去。1990年代，李登輝大力提倡「新台灣人」概念，這是為了讓各族群皆得以融入台灣，卻也讓「台灣人」這個身分才剛出現就被取代，猶如嬰屍。以「新台灣人」來融入各族群的過程並不簡單——各族群都有不同原因的悲情與怨念，都有各自的時空體，不斷以現在發明新的過去而沉溺其中，台灣因此而恆常處於鬼島、鬼國的狀態。

參考書目

西文

Redding, Arthur（2011）. *Haints: American Ghosts, Millennial Passions, and Contemporary Gothic Fiction*. University of Alabama Press, Tuscaloosa.

華文

李昂。2004。《看得見的鬼》。台北：聯合文學。

蕭阿勤。2010。《回歸現實：台灣1970年代的戰後世代與文化政治變遷》。台北：中央研究院社會學研究所。

謠言電影
（Rumor Cinema）

孫松榮

　　台灣當代藝術面臨的其中一個挑戰，正如其他人文社會學科一樣，即是思辨著在如何可能逃逸於泛西方化的理論框架和視域之際，展開一種自我方法化的概念工程與藝術實踐。值得強調的，這並不意味著二元化的分離，更不是非此即彼的專斷。更確切而言，這和評論家與藝術家兩端對於文字與作品所投注的複雜且後設的實踐行動密切相關。象徵性地講，它近乎是一個在歷經西方化、解西方化、再西方化，及尤其原生化之間產生激烈作用的思想沖刷進程。就歷史脈絡而言，在台灣此種對於現代性的反思甚至否思，尤以文學評論與創作的論爭最為知名。而從台灣當代藝術的視域來說，從理論概念到藝術實踐，無不深受歐美理論思潮的方法論與創作方法的影響。於是，對於如何透過自我方法化的概念工程與藝術實踐另闢蹊徑，突圍不管是來自浸染於歐美現代性思想的知識體系、創作技藝，還是評論系統的固有框架，成為台灣藝術家與評論家的當務之急。如果僅著眼於影像藝術領域，陳界仁肯定是其中最熱衷於匯融理論與創作、概念與實踐、歷史與思想的藝術家。自2012年台北雙年展開始，他所演練的一

種「謠言電影」概念──一方面藉由多篇長短不一的文章，另一方面則透過極具複合形態的作品《殘響世界》（2014-16）──而逐漸顯得明晰透澈。「謠言電影」在陳界仁的作品與書寫中不僅屬於兼備歷史與觀念的向度，更是極具理論涵義與啟示意義的政治行動。

何謂謠言電影？首先，從〈「謠言」電影與「謠言」策略〉（2012）、〈謠言電影──記憶殘響的擴延行動〉（2014）到〈從《蔣渭水：臺灣大眾葬葬儀》紀錄片談異議音像「從對抗策略到再質變運動」〉（2015）這三篇核心文章，陳界仁引用《詩經》裡人民通過詩性語言、歌謠與虛構敘事策略對權力者展開異議史觀的「謠言」之意，作為電影概念的基礎。再者，藝術家以1925年由「臺灣文化協會」第二屆理事長蔡培火組織的電影巡迴放映隊「美臺團」為例，說明身兼敘事者與詮釋者角色的影片解說員（辯士），本來是擔任翻譯西方視覺再現及日本殖民現代性的工作，竟在向觀眾以台語翻譯字卡之際，脫稿演出，不僅曲解影片內容，更進一步偷渡甚至將之延展至對於台灣現實境況的批判。在陳界仁眼中，此舉意義非凡：辯士從字卡的翻譯實踐到對於影片敘事與被殖民處境的連結與評論，進而啟蒙觀眾向他人轉述與翻譯自身腦海中的影像與語聲（藝術家將之稱為「記憶殘像與殘響形態」）的觀影經驗，乃是一種反帝、反殖及反資意識的謠言電影之體現。1931年，一部由在台北開設寫真館的日本人真開利三郎拍攝的紀錄影片《蔣渭水：臺灣大眾葬葬儀》，成為陳界仁進一步具體化謠言電影的關鍵文本：五千多位參與大眾葬葬儀的群眾，作為展現蔣渭水精神的「複數分身」與「被附身者」，「藉由喪禮的遶境儀式，於禁止集會、遊行的嚴酷現實下，進行聚集

與再生的另類政治遊行」，並「通過他們自身的記憶殘像、殘響與能動性，再發展出五千多部不同樣貌和不斷運動的『謠言電影』」。

謠言電影，不僅意味現代化的影像投映與辯士解說的話語在觀眾腦中生成出一部部有著不同音畫關係的影片，也指向再現影像中關於被殖民者的臨時集結與抗衡行動。確切而言，真開利三郎紀錄影片的可貴，是使得藝術家能曲解與翻轉由殖民者（或外來者）目光所記錄的影像，同時能將「美臺團」的電影放映對於觀眾主體性所做的啟發，巧妙地進行置換與想像，並將之轉化在那些參與大眾葬葬儀的群眾如何在殖民者的治理下，仍頑強地展現兼備主動性、反抗性及顛覆性的主體能量。因此，從「美臺團」電影放映的辯士解說到無聲黑白紀錄影片《蔣渭水：臺灣大眾葬葬儀》，一種形構觀眾主體性及影像能動性的概念和實踐成形，連成一氣。換言之，謠言電影的核心意義及啟迪性，一方面在於觀眾透過混合媒體的現代媒介向當權者及其殖民空間展露並索回作為他者的表徵，也同時展現自身的多重性、想像性及能動性；另一方面，則是以此基礎形構兼融主體性、抗蝕性及批判性的作品。由此來思索陳界仁的《殘響世界》，作品的野心與目的，乃是為了在樂生療養院歷經社會運動之後，對於其歷史與當下、事件與現場、院民與群眾展開重新介入與想像的基礎上，尤其針對身為群眾的觀眾（及也是觀眾的群眾）進行關於多重性、想像性與能動性的招喚，並同時實踐政治藝術。

依此定義進一步分析《殘響世界》與謠言電影之間的潛在關係，《殘響世界》作為個別影片文本展現的歷史性、批判性與激進性的電影特質，是它讓謠言電影涵義在當代實踐變得可能。而

謠言電影作為概念，極其重要之處，則是陳界仁將1920-30年代「美臺團」彰顯反殖精神的電影放映、辯士講解及《蔣渭水：臺灣大眾葬葬儀》，具體化為台灣當代藝術開啟異議行動與思想脈絡的嶄新源頭。具體而言，《殘響世界》之於謠言電影，在於它一方面透過影片中同時連結著院民、志工、陸配、政治犯幽靈形體乃至多重歷史檔案，來表現從日殖到國民黨與民進黨的政治治理如何將個人逼成鬼的暴力，及人民被壓迫卻毫不屈服的抵抗力；另一方面，則是經由多重形態的展演，尤其是「《殘響世界》回樂生」的放映活動，陳界仁將群眾—觀眾的主體性分別於愛樂園（靈骨塔）的丹鳳山上的觀看，以及山下歷史遺址（臺北監獄圍牆遺跡）的繞境中逼顯且轉化出來，進而實踐謠言電影作為批判不公義社會的政治行動潛勢。

　　此種兼容歷史與批判的電影概念，對於台灣當代藝術極具啟示意義。蘇育賢與高俊宏兩位中生代藝術家兩部截然不同風格的作品，可謂謠言電影系譜的延伸之作。蘇育賢以紙紮文化作為題旨與形象的單頻道錄像《花山牆》（2014），即援引「美臺團」於日殖時期辯士在電影放映的轉譯角色，呈顯話語闡述影像所具有的抵抗性與傳導性的力量。這一部基本上由靜態影像構成來指涉「鄭南榕自焚事件」的影片，藉由辯士的台語旁白逐步推進敘事，同時在極具平面性且混搭風格的紙紮屋影像中，尤其嫁接了漢式廟殿、日式洋樓、綴飾在金銀山左右兩旁的國旗圖騰（五星、白日），及綴著火焰的混身等等形象，意欲在傳統與殖民的視域下，凸顯台灣文化與身分認同錯置於漢日文化的意圖。特別值得強調的，蘇育賢巧妙地在台語、中文字幕與英文字幕之間——譬如：憨番（Han fan）、西方路（Paradise）、樂國家（joyful old country）等──創造音、譯、義在翻譯與延異的曖昧，在催化觀眾的想像性與能動性之際，將混雜的文化身分論題，一舉推進至糾纏於統獨、中國性與台灣性的政治認同及國族想像的矛盾張力中。

相較蘇育賢以辯士講解來表徵為了建國夢而壯烈成仁的寓言，高俊宏的《博愛》（2016）則著重以現地投映影片的政治行動來接續謠言電影。這件發表於2016台北雙年展上卻不在美術館展映的作品，如同陳界仁的《殘響世界》，它既是一部影片，也同時是一項藝術行動。影片以四個歷史場景（海山煤礦、博愛市場、臺汽客運、安康接待室）為主要敘事背景，一方面透過當事人（在博愛市場擺攤賣內衣的藝術家母親、前煤礦員工等）的現身說法，另一方面則藉由不同表演者與朗讀者轉換於台語、華語、日語、德語等語言系統來演繹多重文本的形態（諸如霍布斯的《利維坦》、海耶克的《通向奴役之路》、黃錦樹的《南洋人民共和國備忘錄》、日本童謠《野餐》等），發動歷史批判。至於作為藝術行動的《博愛》，最值得關注之處，無疑是高俊宏化身辯士帶領群眾，以流動且游擊的方式回返這四個現場，展開一場結合引導與敘說、文件展示與影片投映的臨時集會。從拍攝到放映，藝術家實地複訪甚至不惜非法闖入歷史現場重新佔據已被財團收購的土地，除了是為了重新尋回那些在學院教育制度下被歐美現代藝術與理論抑制的集體記憶與感性經驗，另一方面則是意欲透過空間的佔為己有來重新敘述這些已遭遺忘卻與台灣歷史進程息息相關的地點，作為招喚觀眾主體性的現場基礎。投映影像和身處現場融為一體，歷史暗影於焉浮現：敗破失能的經濟與軍事廢墟是冷戰以來，台灣政經制度的極權化、自由化及私有化的

縮影。由此回到謠言電影的命題，如果陳界仁的「《殘響世界》回樂生」藉由遷移式的投映進程，展開一場由觀眾至群眾的轉化，並使之生成抵抗、反抗與批判力量的行動；高俊宏重返原地的行動《博愛》，則讓觀眾在轉化成群眾進入並佔領田野現場之際，緊密連結著歷史語境，重新感受與思想這些關於戒嚴時期的恐怖政治治理，及新自由主義的暴力場景。

　　在謠言電影的框架下，上述三位藝術家的政治行動主義彰顯兩個關鍵意義：首先，陳界仁、蘇育賢及高俊宏音畫並重的作品以獨特音像語彙與多重展演形態，實踐了一種精準轉化在地歷史與社會文化語境的政治電影，進一步體現台灣當代藝術的政治影像與行動主義之涵義，可上溯至日殖時期的殊異音畫形態與文化意涵來展開自我的連結、再造與反思，進而開啟一種差異於歐美現代性的台灣藝術現代性。此一創造另種在地創作形態與思想脈絡的做法，彌足珍貴。就某種程度而言，這適時地補足了自1980年代中期以來，台灣知識界不斷試圖透過歐美世界的「反抗電影」（counter-cinema），及亞非拉三大洲的「第三電影」（Third cinema）等相關摹仿論來定位特定電影範式（例如「台灣新電影」、「綠色小組」）以凸顯一種迥異於主流商業電影與作者電影的反叛電影概念，實則卻產生一定程度語境落差的論述匱缺。謠言電影可說是補述了此種概念空缺，並以其原生性的表徵體現自我實踐化、方法化及理論化的可能。

　　再者，謠言電影作為連結台灣文化史與當代視覺藝術史的概念，奠基於政治行動主義的當代藝術作品並非以藝術機構（美術館、畫廊、替代空間等）為其藝術實踐的展映所在。以陳界仁的《殘響世界》與高俊宏的《博愛》所展開的現地投映行動為例，

當代歐美藝術理論闡釋「後電影」有關媒介播映空間轉變的前沿概念「再置」（relocation），在此失去精確涵義。兩位藝術家的作品只有在回返至歷史現場並集結觀眾時，影片所闡釋的政治批判論題尤其能強烈地被逼顯出來。由此，影片敘事語境不僅與現場及所述對象的生命政治重新發生連結，某種歷史幽靈性油然而生；更關鍵之處，還在於由觀眾至群眾的身分轉化，體現人民重新介入歷史以展開社會運動的契機，從而啟動其主體性。

在此雙重涵義之下，作品、藝術家及觀眾—群眾—人民之間的政治行動主義潛勢才具備多重性、想像性與動員性的強度，台灣影像藝術的歷史批判亦彰顯其當代意義。尤其值得強調的，根植於在地固有歷史、文化與現實等物質基礎的謠言電影，乃是一個從相對於當權者的弱勢位置與視域出發，反客為主，採取抗殖與解殖等擴散式行動的影像藝術概念。

參考書目

《殘響世界》。陳界仁導演。紀錄片，錄像裝置。2014-16。

《花山牆》。蘇育賢導演。單頻道錄像。2014。

《博愛》。高俊宏導演。單頻道錄像，重返現場藝術行動。2016。

陳界仁。2012。〈「謠言」電影與「謠言」策略〉。《想像的死而復生：2012臺北雙年展誌》，2012年12月。台北：臺北市立美術館。

———。2014。〈謠言電影——記憶殘響的擴延行動〉。《今藝術》258期（2014.3）。頁88-91。

———。2015。〈從《蔣渭水：臺灣大眾葬葬儀》紀錄片談異議音像「從對抗策略到再質變運動」〉，《藝術觀點ACT》63期（2015年7月）。頁132-159。

壞建築
（Bad Architecture）

辜炳達

Mésarchitectures／ダメ建築／壞（穢）建築

　　壞建築一詞挪用自法籍跨界建築藝術家Didier Faustino的事務所名稱 *Bureau des Mésarchitectures*。聽覺上，*mésarchitectures* 和 *mes architectures* 諧音：我的建築；詞義上，*mésarchitecture* 意味著惡劣建築（*mauvaises architectures*）或建築事故（*mésaventures architecturales*）（Faustino and Francblin）。此一詞彙在語音和詞義上的雙重性隱含了一股惡趣味：壞建築是（屬於）我的（私）建築。藉著將自己合資（另一合夥人是Pascal Mazoyer）的事務所命名為壞建築，Faustino宣示了他的另類建築概念：他熱衷創造迷人而醜陋、作為防衛卻又構成威脅的事物，藉此將社會從法律控制中解放出來（Chaillou 34）。無獨有偶，在Faustino的 *mésarchitectures* 脈絡之外，《東京製造》一書也提出「ダメ建築」的概念。「ダメ」更常以平假名「だめ」或漢字「駄目」出現在日本建築術語中（だめ工事／駄目工事），對應於中文的「補救工程」。《東京製造》舊詞新解，將「ダメ建築」定義為違反

傳統建築常識中類型、結構、使用方式,以及計畫道德性的無美感建築(16),聲稱《向拉斯維加斯學習》是將ダメ建築「置於建築歷史連續性當中的強力宣言」,企圖將ダメ建築的系譜追溯到賭城大道旁混亂的後現代建築景觀(12)。《東京製造》的中譯本將ダメ建築譯為濫建築,但我們不妨參考該書選定的英譯 bad architecture,將之統一譯為壞建築,以便在ダメ建築與 *mésarchitectures* 之間梳理出一支另類建築系譜。那麼,兩種不同語境中的壞建築究竟壞在哪裡?又如何使壞?壞建築是一種建築的恐怖主義。以 Faustino 的 *mésarchitectures* 為例,法文字首 *més-* 如增建物一般嫁接在 architecture 上,象徵性地扭曲建築本體,就算將增建物拆除,建築的密閉結構也將被引爆。壞建築企圖使壞顛覆的是服膺資本主義邏輯的現代建築,而巴黎可說是現代資本都市的濫觴。David Harvey 在《巴黎,現代性之都》中指出:「第二帝國必須適應急速發展和需索無度的資本主義,在當中,多重的經濟和政治利益有意識地為自己尋求各項優勢或解決方案。」(116)19世紀巴黎的華麗變身透露了都市計畫與資本主義的共謀關係:「奧斯曼成功地讓巴黎成為由資本流通掌握一切的城市。」(Harvey *Paris, Capital of Modernity* 129)巴黎改造之後,世界各地無數都市計畫皆一再複製 Georges-Eugène Haussmann 的都更模式。由資本國家機器主導的都市計畫是為了加速資本流通和強化政府治理,而非回應居住的需求,甚至透過土地徵收和強制遷移剝奪人民的居住權。建築現代性弔詭地創造一種無家感——如同 Theodor Adorno 在《最低限度道德》中發出的哀嘆:「居住,就其確切的意義來說,在現今已經是不可能了。」(38)

　　興起於19世紀的新城市亦是 Michel Foucault 筆下規訓社會

（disciplinary society）的產物（Preciado 121）。法國大革命之後，生命權力（biopower）透過科技手段掌控人口、衛生以及國家利益，並且形塑各種規訓建築（disciplinary architectures），諸如監獄、軍營、學校，以及醫院（Preciado 122）。Faustino 的壞建築正是要將建築從規訓機器扭轉成微型革命基地，用違規建築向國家發動空間戰爭。Faustino 在訪談中引述了左翼恐怖組織紅軍派（Rote Armee Fraktion）首腦 Andreas Baader 和 Ulrike Marie Meinhof 的宣言：「非法地帶是大都會中的『僅存解放區』。」（Chaillou 35）Faustino 的壞建築延續 Gordon Matta-Clark 的反建築（anarchitecture）──如其構成所暗示的：一種無政府主義建築──脈絡，顛覆 Le Corbusier 式的現代主義都市觀。Le Corbusier 的《邁向建築》主張都市應該「朝向一種新秩序的穩定性」，而構成都市的單元則是作為「居住機器」（*une machine à habiter*）的住宅；這些單元「能以工業化方式建造，系列化生產，像製造車身一樣」（99-131）。相對於 Le Corbusier 回應需求的機能主義建築，Matta-Clark 所提出的反建築宣言「NOTHING WORKS」本質上即是反機能主義的（Attlee）。壞建築不是為了都市解決問題、創造和諧的秩序，而是揭露問題、製造動亂。

　　然而，大眾可能不會以醜陋來形容 Faustino 的壞建築。這種建築恐怖主義只是藝術場域內的概念性展演，並無法爆破真實的資本主義都市。儘管 Faustino 姿態叛逆，他的壞建築仍舊是「建築師的建築」，並服膺著資本主義的運作方式：透過委託人和贊助商提供的資金，由事務所承包完成，並借助全球性建築競賽自我行銷。就此角度而言，ダメ建築的壞比 *mésarchitectures* 更具顛覆性。如《東京製造》所定義，ダメ建築毫無美感，甚至不夠格

作為建築。ダメ建築或許可納入Bernard Rudofsky《無建築師的建築》中風土建築（vernacular architecture）的討論範疇；這種建築彷彿結締組織般「產出跨越建物輪廓、超越類型的『整合』型態」，並且「刮除與建造反覆進行，如多變的街道立面一般沒能留下持續性的構造。與鄰接事物之前／後、表／裡的關係，也因為『整合』的手法而輕易造成反轉，形成東京的流動狀態。」（11-15）ダメ建築打破建築的靜態秩序，取消建築內外空間的區隔，使東京成為面目難以界定的變形蟲城市。

　　綜合*mésarchitectures*與ダメ建築，台灣的在地對應型態已呼之欲出。作為一種壞建築，違章建築可說集上述兩者大成：既逾越法律又醜陋礙眼。壞建築或許可用台語轉寫為「穩建築」，「穩」一詞意味著「醜陋，惡劣，糟糕，差勁，不好」。一方面，穩建築呼應了*mésarchitectures*對國家權力的挑釁姿態，違法佔領公共空間，破壞城市穩定性以及土地市場價值。另一方面，它也像ダメ建築一樣是無建築師的醜陋建築，彷彿有機物一般不斷增生變形、改變城市景觀。

壞（穩）建築考掘學

　　台灣違章建築的發展史呼應著戰後的居住危機和經濟轉型史。在進行穩建築考古之前，我們不妨先參照德國的近代建築史。比較兩國解決居住問題的方案之後，我們將發現截然不同的城市景觀背後存在著類似的趨力：如何使人「安居」？

　　面對安居這項現代性社會問題，Martin Heidegger採取了一條有趣的思考路徑。他追溯building（*bauen*）的字源*buan*，指出古

英文和高地德語中的 *buan* 一詞原本意味著「to dwell」：建造即是居住。爾後，拉丁文 colere 的語意「the raising up of edifices（*aedificare*）」滲透進 *buan* 並鳩占鵲巢，使人們最終徹底遺忘了 *bauen* 一詞原本的語意「to dwell」（"Building, Dwelling, Thinking" 144-46）。Heidegger 認為 bauen 的語意變遷不只是語言學上的現象，而是揭露現代人「非詩意地居住」（"Poetically Man Dwells" 226）。當人遺忘如何詩意地住居，便是失去了人的生存本質，因為「詩意是人居住的基本能力」，「『人的生活』乃是『居住的生活』」（227）。Heidegger 點出 20 世紀以降德國建築師和理論家所面對的最大難題：建築如何「讓居住」？

因應這項難題，威瑪共和時期的法蘭克福市政府主導了一項驚人住宅計畫：在 1925 年被任命為都市建設局局長（*Stadtbaurat*）之後的短短數年，Ernest May 迅速在城市外圍建造出十五萬戶集合住宅（*Siedlungen*），每十一位市民就有一位居住其中。May 所擁抱的最低限度住宅（*Die Wohnung für das Existenzminimum*）呼應 Jürgen Habermas 所說的「現代計畫」（the modern project）：這項住宅計畫延續了啟蒙意識型態的進步樂觀，運用資本主義的技術服務社會「理性」（Heynen 44-46）。同樣成立於威瑪時期的包浩斯學校（Staatliches Bauhaus）試圖融合機能主義和表現主義，創造新的建築風格。受到包浩斯風格和 Le Corbusier 吸引的 Sigfried Giedion 在《法國建築、鋼鐵建築、混凝土建築》（*Building in France, Building in Iron, Building in Ferroconcrete*）中寫道：「（上個世紀）仍然不朽的建築是那些在結構上有所突破的稀少例子，完全基於臨時的目的、服務性與易變性的結構是建築中唯一呈現持續發展的部分。」（中譯引述自 Heynen 30）玻璃、

鋼鐵結構與混凝土這些 Giedion 視為建築「潛意識」的技術在 20 世紀初推動了新建造（the New Building），透過福特式生產線快速提供住宅，進而塑造了德國現代城市的樣貌。

　　相對於德國以國家力量回應現代居住困境，二戰後台灣採取了截然不同的方案。作為軸心國日本的殖民地，台灣城市在二戰中多次遭到空襲破壞，而戰後國民黨和大量中國移民湧入台灣，同時台灣也開始急遽工業化，一切因素都使得居住困境難以紓解。台灣違建景觀的生成和全球化資本主義密不可分：60 年代台灣因應國際冷戰趨勢，成為當時的世界工廠，由於生產線大量吸納農村人力，都市人口在短時間內暴增，現存住宅無法負荷超載的居住需求。當時的國民黨政府無力回應人民對安居的需求，於是長期默許人民在國有土地上搭建臨時住宅，逐漸群聚形成都市的非正式部門（urban informality）。John C. Turner 用正面的角度解讀開發中國家的違章建築聚落，認為違建聚落反映出都市計畫並未真正理解中下階層人民的需求，故人民自行尋求生存的替代方案。Ananya Roy 亦提出類似觀點：違建貧民窟並不一定是反烏托邦的（dystopian）；我們應該重新思考底層都市性（subaltern urbanism）在提供棲地和自我治理上的積極性。延續 Turner 和 Roy 一脈的邏輯，黃麗玲認為「台北市的違建其實是『第一代的社會住宅』。在政府沒有提供適足的公共住宅時，它支持了弱勢居民在城市中謀生的基本權利」（27）。

　　就此觀點看來，違章建築可說是人民回應居住困境而採取的自救方案。值得注意的是，鐵皮、鋼架、玻璃採光板等違章建築最常採用的建材巧妙呼應了 Giedion 所迷戀的「新建造」，而違建亦可被視為一種最低限度的居住空間。違建之所以被視為壞建

築，往往是因為它全然捨棄裝飾且擁抱機能主義。鄙視壞建築的大眾並未意識到資本主義美學所歌頌的是一種庸俗藝術（kitsch）；庸俗藝術透過讓人愉悅而陳腔濫調的裝飾掩蓋現代生活的破碎性，進而維持和諧的幻象（Heynen 27）。換言之，壞建築讓大眾感受到威脅的真正原因，在於它們破除了資本都市和諧的幻象，暴露出安居的不可能與糾纏著現代經驗的無家感：建築不等於家，建造也不等於居住。

　　另一方面，我們似乎也可以將台灣戰後蔓生的違章建築解讀為一則政治寓言。如David Harvey所說，建築的內部形式往往反應了社會秩序（*Social Justice and the City* 31）。台灣的違建景觀必然也是一種社會建構的結果。「中華民國在台灣」長期處於Giorgio Agamben所描繪的例外狀態（*stato di eccezione*），而在法外空間恣意增生的增建物正具體顯現了例外國家的徵候：伴隨過渡政體閾限狀態（liminality）而來的非法狀態（illegality）。正如獨立建國主義者常用的戲謔類比「中華民國是台灣最大的違章建築」，兩者皆在法理上（*de jure*）不成立但實際上（*de facto*）存在。多數由鐵皮和塑料構成的違章建築本質上是一種臨時建築，而這種臨時性且生長在法外空間的建築之所以能長久在台灣蔓延，根本原因正是例外國家的無意／無能執法。

瘤變建築

　　違章建築自從戰後開始在政府默許下大量蔓延，但近年來城市治理者似乎再也無法忍受它們的存在。執政者對違建態度的轉變暴露出新自由主義下台灣土地商品化的趨勢：「都市更新具有

更強大之土地資本累積、鼓勵投資意涵，與公私合夥模式下之新自由主義都市發展意圖。」（邱啟新 24）黃麗玲亦梳理出違建污名化背後的政治經濟脈絡：

> 今日一般大眾對於「違建」（illegal structure）、「佔用」（squatting）的定義以及負面意涵、甚至法律上的有罪認定，因此認為政府要下決心積極處理，則是後來的發展，是在福利制度削減、強調個人責任而非國家責任的新自由主義治理中所發展出來的主流觀點。（18）

我們可以參考他國對抗新自由主義潮流下房價飆漲的經驗。60年代的荷蘭為了抵制房地產炒作，國際情境主義分子（Situationist International）等組織曾發起體制外的佔屋運動（包含在一系列名為Provo Movement的反文化運動之中），其基進手段最後逼迫讓政府讓步，允許佔領者擁有閒置空屋的居住權。台灣的違章建築也是一種空間佔領運動：人民透過侵佔溢價的城市空間，使其從虛幻的金融數字轉化為真實的居住場域。Michel de Certeau在《日常生活實踐》（*The Practice of Everyday Life*）將建築比喻成城市海洋中的島嶼（91）。該比喻賦予違章建築的空間佔領另一種想像維度：作為都市海洋中海盜基地，違章建築呼應了Hakim Bey筆下的海盜烏托邦（Pirate Utopia）和臨時自治區（Temporary Autonomous Zone）等無政府空間。邱啟新延續了違建的無政府論述：「違建是由下到上之建築學，也就是de Certeau之空間戰術，抵抗現代主義建築在國際間之強勢主導性，由屋頂違建在台灣之普遍性，可看出台灣都市地景尚未全然被現代主義

建築收編。」（31）

如同都市叛軍的違章建築往往被類比為城市之癌（癌症或許可以被視為一種生理性的無政府主義）。若我們將城市視為一個有機的整體，腫瘤般的違章建築正透露城市生態系內部存在著破壞結構的病原。然而，城市治理者往往只想粉飾太平，正如D. Asher Ghertner所觀察到的：美學治理（aesthetic governmentality）逐漸成為一種處理違建的主流模式。儘管Ghertner試圖以積極的角度詮釋這種新治理策略，我們不難發現其中的弔詭之處——違建之所以醜陋，正是因為面對居住困境者試圖用最低成本創造居住空間，而有餘力顧及美學的違建在本質上已失去了存在的迫切性。

無法在身體中安居的腫瘤在正常器官之外失控生長，而壞細胞的生存意志最終導致生命體和自身的死亡。同樣地，建築可被視為生命體延伸出的突觸／義肢，而違章建築往往本能性地使用最低資本生成最大生命空間。在台灣極端的地質氣候條件中，鐵「皮」作為一層包覆突觸／義肢的「壞組織」存在著癌變的風險，本應是居住機器（*une machine à habiter*）的壞建築常常在災變中因為結構崩潰而化身為奪命的殺戮機器（*une machine à tuer*），正如同癌細胞的過度增生導致自身的死亡。

詰問

壞建築的叛逆性正在於它難以被定義。它運用現代工業的建材——鋼鐵和玻璃——構成破壞現代城市的建築景觀。此一理論關鍵詞提供我們許多留待思考的問題：我們該如何理解在例外狀

態中作為臨時自治區的壞建築？當前壞建築與台灣政府的關係是否共謀多於敵對（例外狀態不正是壞建築賴以蔓生的溫床）？當台灣試圖從例外國家轉型為正常國家時，壞建築又該何去何從？將壞建築美學化是否具有正當性？烏托邦式社會住宅的建造是否能夠終結壞建築的紛雜異托邦（heterotopia）？最後，也是最核心的問題：壞建築要如何成為真正的生存機器？又或者，壞建築的存在即是對安居的否定，因為現代社會早已徹底剝奪「詩意居住」的可能？

參考書目

西文

Adorno, Theodor W. (1991). *Minima Moralia: Reflections from Damaged Life*. Trans. E. F. N. Jophcott. London: Verso.

Attlee, James (2007). "Towards Anarchitecture: Gordon Matta-Clark and Le Corbusier." *Tate Papers*. 7.

Bey, Hakim (1985). T. A. Z.: *The Temporary Autonomous Zone, Ontological Anarchy, Poetic Terrorism*. New York: Autonomedia.

Chaillou, Timothée (2009- 2010). "Entretien Avec Didier Fiuza-Faustino: Plan SidéRal." *ETC* 88: 34-37.

de Certeau, Michel (1984). *The Practice of Everyday Life*. Trans. Rendall, Steven. Berkeley: U of California P.

Faustino, Didier, and Catherine Francblin (2006). "Interviews: Didier Faustino." Web. 19 April 2016.

Ghertner, D. Asher (2010). "Calculating without Numbers: Aesthetic Governmentality in Delhi's Slums." *Economy and Society* 39.2: 185-217.

Giedion, Sigfried (1995). *Building in France, Building in Iron, Building in*

Ferroconcrete. Trans. Berry, J. Duncan. Santa Monica, CA: Getty Center for the History of Art and the Humanities.

Harvey, David（2003）. *Paris, Capital of Modernity. New York: Routledge.*（《巴黎，現代性之都》。黃煜文譯。臺北：群學，2007。）

———（1988）. *Social Justice and the City: Revised Edition*. Oxford: Blackwell.

Heidegger, Martin（1971）. "Building, Dwelling, Thinking." *Poetry, Language, Thought*. Trans. Albert Hofstadter. New York: Harper & Row. 141-160.

———（1971）. "Poetically Man Dwells." *Poetry, Language, Thought*. Trans. Albert Hofstadter. New York: Harper & Row. 209-227.

Heynen, Hilde（1999）. *Architecture and Modernity: A Critique*. Cambridge, MA: MIT P.（《建築與現代性》。高政軒譯。台北：國立臺灣博物館。2012。）

Le Corbusier（1928）. *Vers Une Architecture: Nouvelle Édition Revue et Augmentée*. Paris: É ditions G. Crès et Cie.（《邁向建築》。施植明譯。台北：田園城市。）

Lefebvre, Henri（1991）. *The Production of Space*. Trans. Donald Nicholson-Smith. Oxford: Blackwell.

Preciado, Beatriz（2012）. "Architecture as a Practice of Biopolitical Disobedience." *Log* 25: 121-34.

Roy, Ananya（2011）. "Slumdog Cities: Rethinking Subaltern Urbanism." *International Journal of Urban and Regional Research* 35.2: 223-38.

Rudofsky, Bernard（1964）. *Architecture without Architects: A Short Introduction to Non-Pedigreed Architecture*. New York: Doubleday & Company.

Turner, John C.（1968）"Housing Priorities, Settlement Patterns, and Urban Development in Modernizing Countries." *Journal of the American Institute of Planners* 34.6: 354- 63.

Venturi, Robert, Denise Scott Brown, and Steven Izenour（1977）. *Learning from Las Vegas: The Forgotten Symbolism of Architectural Form*. Cambridge, MA: MIT P.

Wigley, Mark（2009）. "Anarchitectures: The Forensics of Explanation." *Log* 15: 121-36.

華文

貝島桃代、黑田潤三、塚本由晴。2007。《東京製造》。林建華譯。台北：
　　田園城市。

邱啟新。2015。〈「朗讀違章」與「建構蘭花屋」──當代台灣違建論述之
　　公共空間觀點與公共性詮釋〉。《建築與規劃學報》16.1（2015）。頁21-
　　39。

黃麗玲。2016。〈「違章建築社區」的再思考〉。《全國律師》（2015）。頁
　　18-27。

「穩」。《教育部臺灣閩南語常用詞辭典》（2011）。網路資料。31 May 。

譯鄉人
（Translator）

洪子惠

前言

　　海島台灣，位居琉球和呂宋島弧之間，由歐亞大陸、菲律賓海、及南中國海三個板塊的移動、相互碰撞、隱沒而形成。這幅海陸共構的島國圖像，歷史上承載了豐饒的語言文字，我們以後見之明，常說這是族群或原鄉的故事。這如今似乎再尋常不過的在地論述，落實在新世紀的台灣社會，多半卻像是大量商品化複製的集體價值誘惑，而非不證自明的真實經驗。主流語彙中對於福佬、客家、原住民、新住民等族群的劃分，一如原鄉／異鄉、我們／他們的思維模板，固然提供了簡易好用的身分指認方式，卻往往無法梳理這海島上因渡海往返、殖民開墾、移民定居，而在族群間引起的騷動、越界、混雜，或各種合縱連橫。鍾理和筆下的「原鄉人」，從台灣移民社會的長期脈絡來看，都曾是易地而處的移鄉人，未來也可能再度遠走他鄉。黃錦樹曾寫道，族群

和原鄉多半是後設的概念，[1]我們也可說，它標示的不是一種與生俱來、有先驗價值的身分，而是從此地到異地所產生的時間、距離和經驗知識，是主客往來的互涉、對比，是他我的換位；它暗示的可能是風俗變遷，也可能是延續。這個位移的概念，我們姑且稱為翻譯——翻轉、跨越、釋義。原鄉人，首先是譯鄉人；以此觀點來談論新世紀的台灣，首先是一項翻譯的工程。

　　從70年代開始，台灣成為全球新自由主義經濟秩序的一部分。90年代起，為了因應中國經濟改革、與東協日趨緊密，以及整個亞太地區投資轉向，台灣政府實施了幾波南向政策，來自東南亞和中國的移民工，隨而越過海陸、語言、族裔、宗教等鴻溝，進入台灣充滿歧視的婚姻和低階勞力市場，成為他者。在主流媒體日漸關注下，背景不一的移民工和其家人往往被化約為幾種可辨識的身分標籤，比如充滿貶意的外籍新娘、外勞、外配，和千禧年後出現的新台灣之子、新二代等。在當今多元文化主義的收編下，相對於同樣被邊緣化的原住民，他們被稱為新住（移）民，或台灣的第五大族群。這個身分符碼，在象徵意義上佔有一席之地，卻往往不是官方國族敘事的主要參照點，在台灣公民社會裡鮮少有實質話語權。黃宗儀和李紀舍曾用「近似家人，實非親故」，來批判台灣社會對待外籍移民工弔詭的雙重標準。[2]的確，這種將他者勞役化的選擇性想像，正凸顯了本土、原

1　黃錦樹，〈族群關係，敵我——小說與移民史重層〉，《原鄉人：族群的故事》，王德威與黃錦樹主編（台北：麥田，2004），頁13。

2　黃宗儀、李紀舍，〈「近似家人，實非親故」——移工情感勞動與影像親密性的文化政治〉，《台灣社會研究季刊》82（2011），頁5-30。

鄉、在地等家國邏輯的內在矛盾，而所謂的異鄉人與原鄉人之間，因現實情境而張馳不斷的距離，和他們這互為表裡、充滿變動的關係，或許才是族群概念真正發生的場域。本文從這個視角出發，主張新移民工流動的生命書寫，其之於理論台灣的重要性，不只是記錄移鄉勞動，更在於翻譯台灣內外多語族之間，曖昧緊張的觀看距離和共構關係。

　　以東南亞移民工為例，從2003年跨國婚姻創歷年新高、「新台灣之子」[3]論述和《外籍新娘三部曲》等紀綠片相繼產生以來，以移動人口為題的文字刊物和影像陸續湧現，例如：多語出版的《四方報》、集結無證移工和外籍配偶心聲的《逃／我們的寶島，他們的牢》與《離／我們的買賣，她們的一生》兩個文集、台灣國際勞工協會策劃的《凝視驛鄉》移工攝影集、顧玉玲以文學筆觸和社運戰鬥力寫出的《我們：移動與勞動的生命記事》與《回家》兩書、收錄頭三屆東南亞移民工文學獎作品的《流》與《航》、陳又津的新二代書寫，以及目前分布全台六家的東南亞書店大聯盟等。這些出版品動員獨特的形式、內容、語言、觀點、媒體平台，從街頭勞運的場域，於近年逐漸發展出明顯的創作性，不只展現新移民工書寫在台灣公民社會的迫切性、實驗性和目的性，由於相當側重不同語言、不同文化的相互注解，更赤裸裸地說明翻譯的重要：它是交流的必經過程，卻不是零價值判斷的產物，作者、譯者、讀者往往必須共同承擔「可譯（議）性」（translatability and debatability）的問題。劉禾在《跨語際實踐》

3　蔡晏霖，〈遇見東南亞──「新台灣之子」與素質地理〉，《文化研究月報：三角公園》82（2007）。

裡寫道，翻譯是一種在認識論意義上的穿越（epistemological crossing），是通過一種事物來解說另一種事物；[4]新移民工的跨界敘事由此觀之，可說是透過處理翻譯的問題，來觀看、批判、理論並解構台灣的原鄉論述。

　　過去十年，在台的新移民工創作，實踐了幾種認知上的重要翻譯工程。本文從以下四個層面，試想新移民工身為譯鄉人，所提供的幾層重要論述契機。

集體的跨界敘事

　　首先，在敘事主體上，新移民工創作基於勞運的背景，尤重集體經驗的表述，把故事從私領域的抒發帶到公領域的街頭，發聲的主詞即使是以單數的「我」呈現，也可見「我們」的格局。長期投身勞運的顧玉玲，以記錄菲勞故事的〈逃〉獲2005年中國時報文學獎報導文學首獎，在得獎感言裡說：「如果我大量使用『我們』作為敘述的主詞，那確實是因為行動的背後是組織性的支持力量……記錄弱勢者用力發聲的歷史，是集體實踐的一部分。」[5]不同於泛政治化或現實主義裡所謂的文學為社會服務，這裡的集體創作，旨在解構單一作者的光環，挑戰說話的「我」作為族群代言的矯情假設，把創作具體草根化。例如，〈逃〉的獲獎用來補助勞協的租金，又例如促成《凝視驛鄉》攝影集出版的

4　劉禾，《跨語際實踐》，宋偉傑譯（北京：生活・讀書・新知三聯書店，2002），頁1。

5　顧玉玲，〈逃〉，《凝視驛鄉 Voyage 15840：移工攝影集》，台灣勞工協會策劃（台北：印刻，2008），頁201。

工作坊，也原是勞教課程。由寫作而生的知識，不再是個人財產，而是集體分享的社會資源。[6]

其次，這個以複數的「我們」來發聲的移民工書寫，不僅迫使讀者必須正視翻譯作品在台灣華語語系文學的位置，也凸顯出作者、譯者和讀者間互補、共構的生態。2014年首辦的東南亞移民工文學獎，頭三年徵件對象含括越文、泰文、菲文和印尼文書寫的作品，初審由母語評審先行篩選，決審則翻譯為華文，由國內作家、學者、專業編輯等組成的評審團最後決選。三屆作品分別集結成冊，華文和原文並置，進行雙語出版。[7]作者、譯者和讀者這三種發聲、閱讀的位置，雖然彼此有語言隔閡，卻各有潛在的創造性和顛覆性。首先，移民工用各自的母語創作，迫使華文讀者思考華語語系台灣文學的多語本質和流動邊界。其次，文學獎的譯者，乍看是次要的「第二作者」，然而對於多數不識東南亞語言的華文讀者而言，翻譯卻是唯一的閱讀媒介，譯者則形同「共同作者」。誠然，評審團成員如陳芳明、翁誌聰、黃錦樹和蘇碩斌等皆指出，以華文翻譯來評比且不分文類給獎，有其難度和侷限，但不可否認的是，翻譯作為溝通的主要場域，卻使東南亞母語作者和台灣華文讀者之間，有了相互觀照的契機。評審之一的駱以軍，稱此觀看的活動為「文學的協商」。[8]的確，

---

6 江敬芳，〈框外的真實〉，《凝視驛鄉 Voyage 15840：移工攝影集》，台灣勞工協會策劃（台北：印刻文學，2008），頁25。

7 東南亞移民工，《流：移動的生命力，浪潮中的台灣／第十二屆移民工文學獎作品集》（新北市：四方文創，2015）。《航：破浪而求，逆風中的自由／第三屆移民工文學獎作品集》（新北市：四方文創，2016）。

8 駱以軍，〈透過文學的隱密換渡，進到我們裡面〉，《流：移動的生命力，浪潮

語言間的鴻溝，凸顯了文化翻譯的困難，翻譯過程的主要危機和盲點，卻不一定是語言單獨所致。語言和觀點的難譯或不可譯（untranslatability），是協商的必然過程，它使得移民工文學生產，更具集體性和現時感。這個集體翻譯的工程，簡單來看是實踐族群身分政治，就創作屬性而言，如艾米莉‧阿普特（Emily Apter）所見，多少也抗拒了資本主義社會裡，有意無意將文藝創作私有化的成規。[9]

異質空間的隱喻

　　作為一種近距離觀看台灣的視角、一種跨國的台灣觀點，新移民工的文字和影像創作往往以詭譎、諷刺的對照和隱喻之姿，實踐社會批判。以台灣國際勞工協會策劃的《凝視驛鄉》移工攝影集為例，組織人吳靜如表示，參與攝影工作坊的東南亞移工，「在長期被環境塑成習慣沉默的狀況下」[10]，透過相機學習自在地表達立場、抒發情感，用影像符號當作隱喻，以照片、標題的圖文互動，對台灣社會和工作環境做諷刺的鏡像呈現。借用傅柯（Michel Foucault）的觀點，移工攝影集投射出來的台灣，是個富

　　中的台灣／第十二屆移民工文學獎得獎作品集》，東南亞移民工著（新北市：四方文創，2015），頁11。

9　Emily Apter, *Against World Literature: On the Politics of Untranslatability* (London: Verso, 2013) 15.

10　吳靜如，〈完整的人──移工攝影工作坊的組織經驗〉，《凝視驛鄉 Voyage 15840：移工攝影集》，台灣勞工協會策劃（台北：印刻，2008），頁15。

含批判性的異質空間（heterotopia）。[11]比如，菲律賓看護工雀芮絲・薩諾依赴（Cyd Charisse B. Sannoy）用照片讓觀者看到通往她睡房、半開著的房門，和插在門上的鑰匙。看似尋常、無鮮明主題的影像，一旦與標題對照，囚鳥般滿腔的無奈卻一覽無遺：

> 我沒有拿走鑰匙的權利，這也代表我其實是沒有隱私的。任何人想進來我房間都可以隨時開門進來，甚至當我熟睡時。不過沒關係，屋裡其他的人應該是不會對我怎樣的，至少我是這樣相信。何況這只是許多我必須去適應的事裡頭的一項罷了。[12]

同樣來自菲律賓、曾因三重飛盟工廠惡性倒閉而參與抗爭的廠工阿麗絲・汀森（Alice E. Dimzon），用照片記錄她與女性友人穿同樣款式的衣服和鞋子，一旁並以文字娓娓道出影像本身不為觀者所查的親密女女情誼。攝影集裡的照片和文字既各自表述，又相互翻譯，班雅明（Walter Benjamin）在〈譯者的天職〉一文中，稱這種翻譯產物為互補（complementarity）。攝影集圖文並置的異質空間，映照出移民工經驗的邊緣性，和多元文化幻影下的無聲抗議。[13]

2012和2013年，《四方報》編輯群把遭某些媒體污名化的東

11　Michel Foucault, "Of Other Spaces," *Diacritics* 16（1986）: 22-27.

12　吳靜如，〈完整的人——移工攝影工作坊的組織經驗〉，《凝視驛鄉 Voyage 15840：移工攝影集》，台灣勞工協會策劃，（台北：印刻，2008），頁45。

13　Walter Benjamin, "The Task of the Translator," *Illuminations*, trans. Harry Zohn; ed. & intro. Hannah Arendt（New York: Harcourt Brace Jovanovich, 1968）69-82.

南亞無證移工和新移民女性來信投稿的心聲、記者志工的側寫，集結於《逃／我們的寶島，他們的牢》與《離／我們的買賣，她們的一生》兩文集，展現移民工所處的真實空間。以《逃》為例，其中一篇篇匿名稿件中的暗夜逃跑場景，如張正所說，宛如一本「流亡索隱」。[14] 在多重剝削下，外籍移工被迫選擇逃的宿命，流亡在黑暗的樓梯間、忽明忽暗的小鎮外、寂寥的田野中，或漆黑的森林裡。喘息奔跑的移工，蹣跚徒步於我們所謂的寶島、他們眼中的牢，原本互不相識的移工以手足互稱，患難之情成為僅有的慰藉。

　　《離》也有類似的空間隱喻和逃跑、離異的主題。孫中興的導讀指出，在買賣婚姻和新娘、配偶、母親三位一體的性別約束之下，許多東南亞新移民女性對家的空間想像，不管是原生的娘家、或結為連理的婆家，都變成了枷鎖的「枷」。[15] 事實上，新移民工的自我表述，除了與其他弱勢族裔書寫同樣關注歧視、剝削、權利、認同等問題，更重要的是系統性地上演勞役、逃跑和患難之交的場景，以異質的文字空間揭露台灣作為一個想像實體的詭譎面貌。從這個角度來看，台灣的東南亞移民工文學與全球的移民和奴隸文學傳統之間，實有高度的互涉性。

14　張正，〈臺灣流亡索隱〉，《逃／我們的寶島，他們的牢》，逃跑外勞著，《四方報》編譯（台北：時報，2008），頁30-35。

15　孫中興，〈寶島中的悲慘世界與美麗新世界〉，《離／我們的買賣，她們的一生》，外籍配偶著，《四方報》編譯（台北：時報，2008），頁19-22。

多元族裔文學的認可機制

　　自2014年以來三屆的東南亞移民工文學獎，展示了社運和文化人士對跨文化研究和文化翻譯工程的信任。評審們即便對語言翻譯持保留態度，基本上還是肯定文學獎製造話語權和族群能見度的功能，其心得分享，也多不約而同流露了主客對照的溫情。[16] 然而當今的多元文化往往變成政治話術，少數族裔和弱勢論述隨著新自由主義的市場經濟，多淪為商品化的符碼、或象徵開放的陳腐樣板。新移民工的自我表述當然也有形式化的潛在危機：過去十多年來相關題材的紀錄片、劇情片、談話節目或電視劇，一方面反映了公民參與的創作動能，一方面卻也無意間複製了市場機制收編多元文化想像的形式套路。這類的表現，在信任多元文化的假設下，往往以等量（值）齊觀的翻譯邏輯，將族群、語言、文化的他者，化約為可一比一互相置換的客體。即便透過文學獎的建置，使跨國移動人口的主體性在象徵意義上得到些許的抒發，若不能更深入地探討並批判身分政治和族群論述的內在矛盾，不管是對於創作者或讀者來說，將很難在認知上，長期實踐對觀照台灣有真實啟發的價值。

　　從理論和操作層面來說，移民工文學什麼可譯（議）、不可譯（議）、怎麼閱讀、放在什麼位置上讀、在怎樣的媒體環境裡書寫、動用哪些資源，這些問題不同於古典人類學裡時有的獵奇式閱讀，或許可幫助我們思考勞動環境如何影響寫作者的發聲。

---

16 東南亞移民工，《流：移動的生命力，浪潮中的台灣／第十二屆移民工文學獎得獎作品集》（新北市：四方文創，2015），頁7, 13, 16-17。

移民工創作者的身分不能以單一勞動階級視之，其社會資源、教育背景等，都是影響創作語言的參數。譯者扮演的角色也須討論：母語譯者的招募方式、雙語養成的背景、是否來自移民工家庭、翻譯的工時等環境因素，也是文化翻譯的一部分。最後是族裔、國籍、語言、階級等文學歸類基準的問題：截至2016年三屆的文學獎，以東南亞移民工及新二代為徵選對象，但不包括華語圈的中國移民，箇中交錯的語言和族裔政治，如何影響我們閱讀時的基本背景假設？新移民工的台籍配偶是否應有參賽資格？這種文學是台灣文學、跨國華語語系文學、還是東南亞文學？

結語：身分符碼的流動

　　新二代作家陳又津，在《準台北人》裡，以感性口吻結合鋒利視角，跳脫符碼化、媒體化的公眾認可機制，思考跨國流動身分的可能性，不同於我們慣用的陸地，她用海和季風標示父母的原鄉。[17]陳又津80年代生於台北，父親來自福州，母親是印尼的客語華僑，在90年代外勞、外配的標籤出現之前，像她這樣尚不為媒體所辨識、不為移民政策關注的「新台灣之子」，在成長過程中被稱為外省第二代。她說：「像我以及小時候的跨國婚姻子女玩伴那樣，沒吃過什麼苦、學業馬馬虎虎，也算是新二代嗎？如果答案是肯定的，『外配』就不是90年代才有的事。婚姻仲介的家庭的確不比其他婚姻幸福，但也沒有因此而不幸。新二代不比別人優秀，也沒有因此而不優秀，這群人在沒有媒體的注視

---

17 陳又津，《準台北人》（新北市：印刻，2015），頁179。

下，早就已經『普通地』長大了。」[18]

　　我們或許可從陳又津的自述裡，找到翻譯台灣、拆解原鄉概念的另類方式。如果身分標籤和陸地一樣都有界限，無邊的海和季風則讓來自福州的外省移民、印尼華僑和其混血後代有了連結、新生、質變的契機。這些身分都經歷遷移，因為普遍，所以普通。每個人普遍地格格不入，所以都是不完全精準、不太好辨認、但極其普通的準原鄉人。

參考書目

西文

Apter, Emily（2013）. *Against World Literature: On the Politics of Untranslatability*. London: Verso.

Benjamin, Walter（1968）. "The Task of the Translator." *Illuminations*. Trans. Harry Zohn; ed. & intro. Hannah Arendt. New York: Harcourt Brace Jovanovich. 69-82.

Michel, Foucault（1986）. "Of Other Spaces," *Diacritics* 16: 22-27.

華文

蔡晏霖。2007。〈遇見東南亞──「新台灣之子」與素質地理〉。《文化研究月報：三角公園》82（2007）。

陳又津。2015。《準台北人》。新北市：印刻。

東南亞移民工。2015。《流：移動的生命力，浪潮中的台灣／第十二屆移民工文學獎作品集》。新北市：四方文創。

──────。2016。《航：破浪而求，逆風中的自由／第三屆移民工文學獎作

---

18 同上。

品集》。新北市：四方文創。

顧玉玲。2008。〈逃〉。《凝視驛鄉 Voyage 15840：移工攝影集》。台灣勞工協會策劃。新北市：印刻。頁192-201。

黃錦樹。2004。〈族群關係，敵我——小說與移民史重層〉。《原鄉人：族群的故事》。王德威與黃錦樹主編。台北：麥田。頁13。

黃宗儀、李紀舍。2011。〈「近似家人，實非親故」——移工情感勞動與影像親密性的文化政治〉。《台灣社會研究季刊》82（2011）。頁5-30。

江敬芳。2008。〈框外的真實〉。《凝視驛鄉 Voyage 15840：移工攝影集》。台灣勞工協會策劃。新北市：印刻。頁25-29。

劉禾。2002。《跨語際實踐》。宋偉傑譯。北京：生活‧讀書‧新知三聯書店。頁1。

駱以軍。2015。〈透過文學的隱密換渡，進到我們裡面〉。《流：移動的生命力，浪潮中的台灣／第十二屆移民工文學獎得獎作品集》。東南亞移民工著。新北市：四方文創。頁10-11。

孫中興。2008。〈寶島中的悲慘世界與美麗新世界〉。《離／我們的買賣，她們的一生》。外籍配偶著。《四方報》編譯。台北：時報。頁19-22。

吳靜如。2008。〈完整的人——移工攝影工作坊的組織經驗〉。《凝視驛鄉 Voyage 15840：移工攝影集》。台灣勞工協會策劃。台北：印刻。頁15-24。

張正。2008。〈臺灣流亡索隱〉。《逃／我們的寶島，他們的牢》。逃跑外勞著。《四方報》編譯。台北：時報。頁30-35。

台灣理論／理論台灣
台灣理論關鍵詞與理論「在地話」[1]

與談人：史書美、李育霖、李鴻瓊、張君玫、梅家玲、陳東升、
　　　　廖朝陽、賴俊雄[2]
主持人兼與談人：蕭立君[3]

---

[1] 2017年6月22日《中外文學》於臺大舊總圖的外文系新會議室舉辦了「台灣理論／理論台灣：台灣理論關鍵詞與理論『在地話』」這場別具意義的論壇。我們除了要感謝諸位與談人殫精竭思地參與之外，也特別謝謝臺大外文系的協辦和前系主任曾麗玲的大力支持，臺大外文系碩士生陳英傑協助錄音及錄音檔謄稿，以及現場聽眾的踴躍發言。此間文字內容雖根據論壇現場錄音的逐字稿整理而成，但不以還原現場逐一細節為依歸，而是以理念闡述的清晰完整與議題的深入探究為主要考量，加上篇幅有限，因此若干現場發言（例如主持人的引言、與談人的部分論述、來賓致詞等）只能割愛；現場提問的部分內容和此定稿版本的討論相關，但礙於其錄音內容難以辨識及篇幅所限，無法在此呈現，還望相關人士見諒。

[2] 史書美係美國加州大學洛杉磯分校教授；李育霖現為國立中興大學台灣文學與跨國文化研究所特聘教授；李鴻瓊係臺大外文系副教授；張君玫現為東吳大學社會學系教授；梅家玲現任臺大中文系教授暨系主任；陳東升為臺大社會學系教授；廖朝陽係臺大外文系教授；賴俊雄為國立成功大學外文系教授。

[3] 《中外文學》總編輯暨臺大外文系副教授。《中外文學》，第46卷，第4期，2017年12月。

　　蕭立君（以下簡稱蕭）：「理論」跟「台灣」似乎不怎麼搭調；或者說，這兩個關鍵詞並置或搭配起來沒有違和感時，大概只有在將（外來）理論應用於（本土）實例或素材的常見模式中才出現。然而，許多人或許還不知道，早已有一群學者不安於接受前述違和感背後的可能假設（譬如說，台灣不是、且不會是理論冒現的場域），並提出一系列的反思：台灣有沒有自己的理論？若有，其實質內容是什麼？若這樣的理論內容清晰可辨、也廣為接受，我們又為何會需要有上述「是否有台灣理論」這樣的提問？若台灣沒有理論，我們是否應該發展一套「台灣理論」？台灣又應該如何建構自己的理論？這些問題當然也牽涉到，是否本土的知識文化傳統就一定沒有外來的成分？在全球化的知識體系脈絡下，又如何能有意義地界定在地與外來？

　　有關台灣與理論的探討，當然不限於前面列出的問題，也並非只有在最近幾年才提出；但過去四年多來，有一群跨領域的學者已經在相關議題的思考論辯上累積出一定的研究成果和著述，並已進入籌備出版《台灣理論關鍵詞》專書的階段。《中外文學》也藉由這個討論相關議題的場合及版面，邀請主導此一共同計畫、也同時主編該部專書的史書美、梅家玲、廖朝陽和陳東升等四位學者來闡述他們的理念與觀點，並回應潛在讀者們有關其計畫與出版之源起、成果及願景的提問。我個人對該計畫的了解是，在「台灣理論關鍵詞」的構想中，台灣是關鍵；或者說，是台灣使某些既有的理論詞彙顯得關鍵，甚至造就新理論詞語出現的可能性。可以想見的是，這樣的計畫所著眼的，並不（只）是整理、選取既有的關鍵詞，而是在現存基礎或連結匱乏的前提下，**為理論的「在地話」打底**。鑑於其他台灣學者也曾以個別

的、不盡相同的方式在從事理論知識在地化的基礎工程，我們也同時邀請賴俊雄、李育霖、張君玫及李鴻瓊擔任與談人，期能促成對話的開展，深化議題的討論，並激盪出思考的火花。此外，《中外文學》不僅是在過去扮演理論知識引介與在地化的角色，近兩年多來也持續推出「理論系列訪談」以及理論議題相關之專輯和書評，因而更樂見藉由這樣的論壇提供一個觀點交流的平台以及在地理論知識生根／深耕的空間。所以，我認為這個時間點應該是（再次）深入討論上述相關議題的時機，我們難能可貴地有這樣的機會與場合邀請到幾位早已在這艱難的路徑上探索的跨學科學者們共聚一堂，希望大家在個別登山之餘，能集思廣益成一個新興的思考共群，並齊力開拓出一個新的理論境域。

　　就《中外文學》總編輯及論壇策劃人的角度而言，我很期待這次的論壇在可能的範圍內能深入探討或釐清以下幾個彼此關聯的議題或思考的大方向：**(1) 理論之「在地話」：**論壇標題中這個諧音詞其實不僅涉及我們耳熟能詳的知識「在地化」，也標示出對於「在地」理論語彙的期待（或是它已實然存在的假設）。有關理論「在地話」的發想即是關於理論語彙的思考，而這隱隱指向的，不也是一種關鍵字？**(2) 關鍵何在：**是否有個別理論關鍵詞對整個台灣之理論知識「在地化／話」有特別關鍵之效用？我在論壇海報中提到我們**「關心的不（只）是搜尋用的關鍵字，而是搜尋自己的關鍵字」**，雖然看似廣告用語，但其背後的嚴肅意涵也牽涉到一個基本假設——亦即台灣理論「現存基礎或連結（之）匱乏」。這假設當然可以是個 open question。如果說現有基礎或連結匱乏是實然，但這樣的匱乏是否反而是一種台灣理論／理論台灣的前提，甚至是契機；或者，我們也可以認為這樣的匱

乏是一種假象,源於像台灣沒有理論這樣的預設立場之錯誤認知,而我們現在需要做的是去整理、重新考察或挖掘發生在本土脈絡下的知識事件與軌跡,藉此發現潛存於台灣的各種理論之可能性。**(3)理論與翻譯**:不管我們如何界定或想像理論與台灣之間的連結,理論知識過去及未來在台灣的發展都相當仰賴狹義及廣義的「翻譯」。鑑於參與討論的廖朝陽、張君玫、李育霖都曾發表過有關理論作為一種知識翻譯或文化翻譯的論述,甚至也同時是理論知識翻譯的實踐者,我也期待我們在連結台灣與理論的脈絡下,進一步討論「翻譯」作為在地理論建構工程的可能性。

為了讓大家對即將出版的《台灣理論關鍵詞》專書計畫有初步的了解,我們先請該專書的編者們推派代表簡單介紹這項計畫與出版之源起、成果及願景,並陳述其背後共同的理念和觀點。緊接著由賴俊雄、李育霖、張君玫和李鴻瓊分別就此專書計畫以及編者們的發言提問。提問人可以直接指名其中一位編者回答問題。在問答結束之後,就由提問人發表自身有關台灣與理論的觀點——當然我希望能盡可能扣緊前述的議題及大方向。所有的與談人最後都能針對現場的提問及彼此的發言做簡要的回應。

一、關鍵計畫

梅家玲(以下簡稱梅):大家好,今天真的非常感謝《中外文學》及臺大外文系舉辦這樣一個論壇,讓我們這些年裡面對於所謂台灣理論關鍵詞的相關工作,有機會跟大家報告並同時對話,更期待在這樣的對話裡面能得到進一步的思考與收穫。我先簡單說明所謂台灣理論關鍵詞和理論知識在地化的這項工作的緣

起、發展、未來打算推動的方向。首先要談，為什麼有《台灣理論關鍵詞》的撰寫計畫？追根溯源可能要推到「知識台灣學群」工作坊的成立。其實剛才立君已經談到多年以來，許多學者都在思考關心台灣到底有沒有自己的理論、自己的知識學。那麼，台灣要如何才能建構自己的理論、自己的知識譜系呢？台灣的理論知識，又是經由什麼樣的知識生產的進程而產生的？正是基於對台灣本土知識理論的關懷，我們一群來自不同領域的學界朋友就共同組織了一個「知識台灣學群」工作坊，希望經由彼此的對話、激盪，尋找台灣理論的可能性。這個工作坊目前四位主要的發起人當中，史書美老師是我們的靈魂人物，陳東升老師是非常重要的推手，廖朝陽老師更是台柱型人物，我在這邊只是負責一些行政業務。

2012年3月11日，我們在臺大社會系的系館舉行了第一次學群工作坊的成立大會。當時到場有好幾十位來自各個不同科系、領域、學校的朋友，甚至還有海外來的朋友，大家都一直很熱烈地討論我們要怎麼樣將剛才提到的問題具體化、落實化，並且期待做出成果。也因此，接下來我們就在臺灣大學文學院的臺灣研究中心，以及文學院的邁頂計畫支持之下，先後舉辦了兩次工作坊。我們主要的目標是希望從「理論形構」跟「學科建制」兩個方向，就前述問題做些討論。這兩個工作坊相關的論文，後來已經結集成書，就是我現在手上拿的這本《知識臺灣：臺灣理論的可能性》。包括了立君、鴻瓊，以及陳瑞麟老師、湯志傑老師、廖咸浩老師、呂紹理老師等等，都有論文收錄在裡面。這算是我們第一階段的工作。

這個工作告一段落之後，我們就在思考接下來還可以做些什

麼事情。這時候史書美老師就提出了「理論關鍵詞」的構想，我
們覺得這是一個非常精彩的發想。為什麼呢？我不知道外文學
界、社會學界或哲學學界的朋友們有沒有所謂「理論的焦慮」，
但是對我個人而言，不管是在中文系所還是台文系所，長年以來
都有所謂「理論的焦慮」，因為我們對於理論的閱讀吸收，很長
一段時間，大概都要靠外文系、社會系與其他科系的朋友的轉
介，所以在試圖運用理論處理我們學科裡相關議題的時候，會有
一種不確定感，不知道理論有沒有誤用誤讀，以及這個理論在我
們使用的情況之下，是不是有它的一定的合理性、合法性跟效
度。而這個《台灣理論關鍵詞》的發想，其實很大程度上紓解了
這方面的焦慮，因為我們覺得可以以我們自己熟悉的論題、文
本，用我們自己的詮釋、自己的理論建構，為它找出希望是有效
度且可以落實的關鍵詞。因此當這樣的發想提出之後，我們前後
舉辦了兩次工作坊，分別是 2015 年 11 月 7 日跟 2016 年 6 月 18、
19 日。第一次工作坊我們有十二位學者提出了不同的關鍵詞，第
二次工作坊就增加到十六位學者。在這些關鍵詞當中，我們非常
驚喜地發現，每位學者都可以在自己的學科領域裡面，根據他對
於台灣各種現象、文本或有關社會歷史文化種種的觀察，用一個
具有創意且精要的關鍵詞為它建構理論的論述。事實上，這個關
鍵詞在發想之初，本來就是希望學者們能夠以跳脫常規用法的新
詞為出發點，發明新的關鍵詞，探討台灣歷史與文化的獨特性。
兩次的工作坊，的確是由各個不同領域的學者在他們自己學科專
長的範圍之內，就這樣的目標做出了初步具體的成果。而這些學
科，除了文學院的中文系、外文系、歷史系、哲學系之外，還有
來自社科院的社會系的朋友，甚至還有理學院地理學系的朋友來

參與，我想是相當豐富且多元的。已經有了一些初步的關鍵詞論文之後，我們當然希望能夠結集成書。下面的一個階段，就是朝結集出版的方向進行。除了兩次研討會所得到的關鍵詞論文之外，我們也用主動邀稿的方式向沒有能夠參與工作坊與研討會、但是可能有興趣，或我們也很期待能夠就他專業所長為我們提出關鍵詞的學者們來撰稿。目前還在陸續收稿當中，我們期待在不久的將來能夠把這樣一部關鍵詞的論文集交由出版社出版，也期待這本論文集的出版能在以後大家思考、討論跟台灣相關議題的時候，有助於我們提出自己的理論建構及屬於我們自己的知識體系。以上就是我針對我們從發想到曾經做過的工作的初步成果，所做的簡單報告。

陳東升：我沒有什麼高深的理論要在這邊跟大家做說明，困難的事情等一下就交給史書美、廖朝陽這兩位靈魂人物。這本《台灣理論關鍵詞》專書的構思過程，我覺得比較像是在幾次跟他們一起吃飯、聚會的過程中，一些相關的想法和後續計畫就在無意間自然而然地發生了。很高興難得有機會跟在台灣文學、中國文學還有文學理論領域的朋友們一起討論共同關心的議題，而且在文學界似乎也不常見到中生代與資深的學者共同做一些理論方面的討論，所以這場合對我來講是滿珍貴的學習機會。至於台灣要不要有自己的理論這個問題，現在對我來講可能還不是最重要的一件事情；可是如果放在我們對於台灣這個社會的理解、還有別人對於台灣這個社會的理解這樣的脈絡底下，我倒是認為有些值得我們思考之處。各位大概知道，如果以近十年來韓國研究在全球推動的狀態，跟台灣研究對照起來看的話，我們可以說是一直在沒落當中，而且我們沒有往外拓展，我們只是形成一個自

我交流、彼此安慰的社群。相對來說,韓國在推韓國研究的時候,他們比較積極地進入所謂學科為中心的、或理論為中心的範疇裡,當然他們也進入到制度裡面,跟各個國外的大學去做連結。如果我們觀察到台灣研究的重要性在全球的學術社群裡面是在降低當中,但是我們採取的做法是要回到比較傳統的區域研究的模式的話,我想我們大概會遭遇到非常大的困難。今天中午我也跟我的同事在討論,他說台灣研究如果要重新發展起來的話,我們大概必須要從每個學科領域裡面,透過比較性的研究或把台灣放在東亞、全球歷史變遷的位置上面來理解台灣相較來說有什麼樣的可能性,對不同學科領域的知識有什麼樣的意義與貢獻。我認為《台灣理論關鍵詞》正是在做這樣的一件事情。或許我們社會學或政治學在做的事不太一樣,但是我發現從文學理論學者的角度來談,可以看到台灣研究很多不同的可能性或新的機會:從「知識台灣學群」工作坊開始台灣理論的探索,到《台灣理論關鍵詞》這專書計畫,乃至於鴻瓊、立君在推動的跟國外學術機構合作的計畫,對照東亞、拉丁美洲、非洲等區域同時也在尋求歐洲中心之外之理論典範的做法——這些活動的理論視野跟突破性,我覺得是值得期待的。我也很驚訝,台灣在人文領域原本好像沒有那麼活潑,可是最近幾年在史書美、廖炳惠、還有王德威等人以及這些年輕學者的努力下,似乎看到理論建構的一些新契機。

很高興這些計畫和相關討論都在進行中,雖然有些內容我或許因學科上的隔閡仍不甚了解,但是有機會參與,從來也沒後悔過。雖然我一開始是因為吃飯時聊到好像可以一起做些什麼事情而被牽扯進來,但我在《知識臺灣:臺灣理論的可能性》這本書

裡面有一篇叫〈我們從未後進過〉的論文中也表達了一個想法：簡單講，我們對於理論的引進如果不加思索，那會形成一個非常固定的框架，使我們在思考台灣自己的現象時受限於其中。當我們從「後進」的角度來看，我們所有的事情就變得是要去追趕領先群，這個視角在看台灣種種的現象，就都會覺得它是落後的、不好的、負面的、必須被擺脫的。所以這一篇文章也是對我過去做的一些研究的反省，因為當時在引用別人文獻的觀點時，可能沒有太多深入的思考，就一直站在台灣是後進者的角度來看待我們這個社會所發生的經濟、政治與社會的現象（我並沒有談到文化）。所以，如果我們先設想，我們不是後進者，甚至我們從未後進過，那麼我們再回過頭來看在台灣發生的事，並且放在一個東亞、全球的脈絡底下來審視、探討它會有什麼樣的可能性。那樣的可能性會是什麼，我沒有確切的答案，不過我覺得比較值得高興的是，當你擺脫原來的框架的時候，你的確看到一些不一樣的事。我參與這個計畫的過程中也從書美那邊學習到有關東亞及全球脈絡的知識，以及對自身知識的理解、反省及調整。

二、台灣理論關鍵詞的行走與再生

廖朝陽（以下簡稱廖）：剛剛家玲已經把我們計畫大致的背景講得滿詳細的，然後東升又從更大的脈絡，把整個台灣研究在世界上的地位放進來考慮，我們整個計畫的方向跟動機大致就是這個樣子。我想把焦點拉回到《台灣理論關鍵詞》規劃的本身，特別想要回去講一下我們對「關鍵詞」這個書寫方式的最初想法。剛才家玲提到，我們在徵文啟事裡面明確表示「除了發明新

的詞彙、關鍵詞來探討台灣本身的獨特性」之外，「無論是多麼奇特的想法，只要是能為台灣的現實提供新的視角和論點，都可以加入我們」。這段話應該就是書美在吃飯的時候提出來的──關鍵詞愈怪愈好。這想法的背後會涉及「關鍵詞」這個參考書類型的基本作用和書寫方式的問題。因為我們要談關鍵詞，特別在文化研究或外國文學研究的領域裡，多少總是要回到祖師爺威廉斯（Raymond Williams）的 *Keywords*，從源頭去尋求自己的定位。威廉斯的做法建立了一個特別的典範；一直到今天，各個領域要出一個 glossary 或者是 keywords，大概一開始總是要回去談一下。我看到大約在 2000 年以後，各種 keywords 討論自己的定位有不一樣的地方。當然，編纂者多半仍要回去談威廉斯在二戰結束、解甲歸田之後，回到英國面對大家都在說不同的話那樣的情況，不過近年來新的講法比較特別的地方，就是會加入關鍵詞的另外一個意思。因為不管是威廉斯，或是威廉斯傳到台灣以後的分支也就是廖炳惠的《關鍵詞 200》，大概都是在關鍵詞作為重要的詞彙這樣的意義下操作的。2000 年之後的改變，就是編纂者開始注意到關鍵詞在資料庫搜尋上的意思，回到 keyword 比較原始的語意，也就是鑰匙或是密碼（雖然多半不會特別再去發展）。威廉斯的做法強調的是重要的詞彙；所謂重要，是詞的本身重要。它作為一個觀念的投射、思想的工具、溝通的媒介，它本身就是重要的。重要的詞彙出現之後，它本身就值得收集。可是如果是鑰匙、密碼的話，我要用什麼東西當密碼，這個是隨便自己想都可以，因為密碼只是一個過程，打開之後我要的東西是在後面，所以密碼、鑰匙的本身就不是那麼重要。在這個意義下，使得我們的愈怪愈好這樣的想法，稍微有點可行性。因為重

要詞彙的意思，多少是跟出現的頻率有關——因為大家都在用，風行草偃，那大概就很重要。但是常見的情況是：雖然出現頻率高，但用的時候大家意思都不一樣。愈怪愈好的要求則是相反：它出現的頻率不是那麼高，或許就是個人獨有的一種想法，可能對自己、或者某一些特定的情境重要，但是在大環境裡面並未形成風潮。

　　我後來去回顧這個徵文啟事，覺得這裡面有些文章可以做。如果再比較一下廖炳惠跟威廉斯的書寫方式或者編輯方式的話，大概會另外有一個發現：雖然威廉斯的關鍵字是所謂重要詞彙，但是他在裡面已經加入了其他的元素。比如說，他每一個詞大概都會去檢討OED裡面它的意思的歷史源流。顯然廖炳惠的《關鍵詞200》不太可能這樣做，因為它有點像是移植的，要完全去模仿威廉斯模式的話，大概就只能從華語語系本身的傳統去發展出來，不太可能停留在這種偏向西方理論或全球化知識的操作方式。另外，除了回溯詞彙的歷史，威廉斯也比較會進入到實際使用的情境。所以他的書裡面有一些詞彙，其實出現的頻率沒有那麼高，但是詞彙從特殊領域發展出來，還在散布初期的階段、使用的人還沒有那麼多，卻已經進入比較非專業性談話或者其他專業領域。雖然威廉斯對於關鍵詞是沿用比較常識性的理解，但實際操作不排除預期但尚未實現的重要性，也就是發展中、未成形的知識。這個問題背後涉及兩種知識程序的分別。如果我們採用德勒茲、瓜達希的講法，其中一種可以翻譯成**「再生式」**，另外一種則是**「行走式」**。「再生式」是reproducing，「行走式」則是following，前者是iteration，後者是itineration。也就是說，把關鍵詞當成是重要詞彙，要的是再生式知識，因為重要就是有規範

性的框架，在框架裡面我選出一個關鍵詞，大家都要來使用它、複製它。這有點像傳統的廣播，是一對多的模式。另一方面，像資料庫這種傳播型態比較特別的是：它不再是一對多，而是說一對少數、一對寡、或甚至有時候是一對無——你在網路的某個角落 PO 了一篇文，可能也沒人看，或者許多人點進來看看就離開了。這時候重點就比較不是再生，而是個人**行走在實際情境當中，接觸到各種東西而產生的反應**。從這樣的考慮來看，廖炳惠的《關鍵詞200》由於它移植的型態，就不太適合複製威廉斯書中其實已經加入的未成形、還在「行走」的知識，所以又回到整個常識性理解，變成關鍵詞就是最重要的詞彙：有一本關鍵詞出來之後，大家都要去看，看完之後就可以學得詞彙的正確使用方式。

當時書美有「愈怪愈好」的提法，其實應該是覺得在我們所處的情境、在我們這個時間點裡面，比較需要讓關鍵詞走到另外一個方向去，轉向行走式。威廉斯面對非常緊密的歷史延續，可以讓具有歷史厚度的情境像生命體一樣，長出適當的關鍵詞。不論就在地知識還是就全球資本特性來說，我們都沒有辦法去複製這樣的過程，只能用比較人為的方式，希望從行走式的知識的角度去操作關鍵詞。就結果來說，我們的關鍵詞有時候就會是五花八門；我們不太會去規範它必須有多重要、有沒有分量、能不能夠變成規範性知識的一部分等等，而是在大方向上尋求突破。當然，實際做出來會是什麼樣的情況是不一定，因為投稿的人各有不同的考慮。但既然我們有這樣一個大方向，當然希望這個計畫能偏向具有連結性、有待開發的關鍵詞：不一定是可以驗證的重要詞彙，而可能是含有其他可能性。理想上可以從這個角度來

看。

蕭：謝謝廖老師非常精闢的解說。既然計畫的緣起、實質的內容都已經初步介紹了，我們現在就先請第一位提問人賴俊雄老師發問。

賴俊雄（以下簡稱賴）：我有三個比較基本的問題想要就教幾位逐夢的理論前輩們。身為台灣人，研究西方理論二十幾年，所以看到「台灣理論」一詞時特別興奮。可是另一個聲音提醒我，此興奮的情感必須經得起多樣務實層面的理性檢驗。蘇格拉底說：「未經檢驗的生命是不值得活的」，那麼沒有被檢驗的理論是不值得相信的。我的三個提問將聚焦在理性與實務的檢驗層次，同時援引主持人所言，「台灣」跟「理論」中間的「空白」與「不搭」，以及此「空白」蘊含的可能性。

我第一個問題是：人文社會的理論是不是一個學科？在當前台灣的學術生態中，顯然不是。那麼，未來「理論」是否有機會在人文社會體制中單獨發展成一個自己的學科系所？還是說，它仍應作為所有人文社會領域的跨學科基底？例如，「台灣歷史」、「台灣地理」、「台灣文學」、「台灣政治」或「台灣經濟」冠上「台灣」兩字非常合適，具體彰顯出台灣的特殊性與區域性。然而「理論」冠上「台灣」兩字是否合適？這是一個大問號，我沒有標準答案。

我的第二個問題是：「台灣理論」有沒有大師？理論不可能從天上掉下來，任何理論都是論家的思想產物。此產物有其特定的時空，所以若沒有大師或具影響性的理論家，理論就難被普及。因此，我們須問台灣的理論大師是誰？這位大師有何關鍵詞？或其重要的理論在全球知識生產網絡裡的接受性與影響性為

何？

　　第三個問題則是：應是「台灣理論的關鍵詞」？還是「理論的台灣關鍵詞」？剛才廖老師很精闢地解說關鍵詞分為兩種類型：「再生型」跟「行走型」。如果前面兩個問題的答案都很肯定，那台灣當然有理論關鍵詞，無庸置疑。如果是否定或者是打上問號，那台灣理論關鍵詞就需要有不同的策略。依據廖老師的說明，此計畫專書《台灣理論關鍵詞》採取的不是「再生型」，而是「行走型」或「實驗型」的策略，所以在此關鍵詞中，「搞怪」是可以的，甚至是必要的。但如果此關鍵詞專書是在一個實驗的初步階段，那麼「理論的台灣關鍵詞」是否比「台灣理論的關鍵詞」來得更合適？以上是我的三個基本問題。

　　史書美（以下簡稱史）：很高興今天又見到好多新朋友和包括俊雄在內的老朋友們。剛才三位介紹我們的學群還有我們的活動時，都說是我突發奇想，但事實上這是我們一起吃飯時腦力激盪之後的產物，不光是我自己個人的想法。我覺得特別榮幸的是，有三位這麼好的知識夥伴，可以一起為台灣的理論領域發展付出一份心力。《知識臺灣》這本書裡陳瑞麟老師的論文就指出，所謂的理論或自己的理論到底是什麼意思等相關議題都與所謂的「理論家族」有關。也就是說，他思考的是一個地方有沒有自己的理論的系譜或自己的一個理論的版本，以及這些不同的理論，形成一個理論家族的過程與條件。從這樣的觀點出發，我認為我們在談台灣的理論的時候，有幾個可以做的事情：第一，我們可能需要去整理台灣思想界這一百多年來的理論的內容、系譜與家族史。這應該是大家一起參與建構的工作，而這個建構指的其實就是台灣的思想史。思想史建構的工作，也許就是朝陽所謂

的「再生式」的理論。但是像我個人對台灣的思想史不是很熟，而且是外文系統出身的，思維可能就比較是行走式的。這種行走式的理論是台灣在世界理論國際分工當中身為一個弱勢的成員的狀況下，可能做的事情，因為這種打游擊隊式的做法，會有新的東西創造出來。思想史的整理和建構，固然重要，這種游擊隊式、行走式的理論詞語的創造，有助於給我們一個新的鑰匙去認識台灣的歷史和社會。當然，這種做法的企圖心也可以比較大一點。世界上所有的理論，都是特殊性出發，然後變成普遍的理論，所以台灣的特殊性也是一個理論的資源。行走式的理論企圖心再大一點的話，它就變成可以再生的東西。它要再生，事實上是需要互相引述，這就是從行走到再生的過程。我所說的互相引述指的是，我們在寫論文的時候，引述的對象是誰？這裡牽涉所謂的引述政治（the politics of citation）的問題。我們在寫論文的時候，以前引述的可能是西方理論家的觀點，而不是我們同儕或前輩的觀點，因此所有的論述權威都交出去了，同時又犯了文人相輕的毛病。最近我在寫一篇論文，嘗試只引述女學者的著作，看看行不行得通。因為通常在美國學術界，尤其是文學界，引述的通常是已經去世的白男人——dead white men——而這些理論家是大家共同閱讀的對象。但事實上也有很多很重要的女性理論家、哲學家，她們的東西就常常不被引用。為什麼大家只引同樣的這些男學者，是不是只有這些人的思想、理論才是最重要的？因此這和引述政治有關。你引誰、你的注解注誰，這些都是知識政治（politics of knowledge）的一個面向。假如我們這個關鍵詞計畫做得好，也許就會形成一個我們可以互相引述、互相尊重、互相幫助大家形成一個理論家族的可能。這樣的一個做法或許能

促使台灣在理論領域的國際分工下，也有一個說話的立場和空間。

我個人覺得台灣在國際知識分工下的理論領域中，扮演的角色比較接近拉丁美洲。但是自從他們的解放神學（liberation theology）以來發展成的哲學思維大放異彩之後，拉美的各種文化理論現在慢慢在全世界享有愈來愈大的影響力。它的來源除了解放神學還有所謂的dependency theory——就是經濟上依賴北美的這樣的依賴論——然後演變到現在哲學界出現的一些很重要的著作。他們提出的學院依賴論（academic dependency theory），也值得我們參照，幫助我們反思我們對西方理論的依賴性。我深受拉美例子的啟發，覺得台灣也可以有這樣的一個機會。我們幾個人可以做的事情不多，但是大家一起做的話，還是大有可為的。

那理論是不是一個學科？俊雄你先前講台灣需要一個台灣理論所，我覺得很棒，也許我們真的需要這樣的一個理論所。美國很多大學有這樣的理論所，或者他們有理論夏令營，像台灣人文學社辦的理論營，都已行之有年。那麼，到底理論是一個學科，或者只是所有學科的基底／方法，這兩個方面都可以同時並行吧。我認為理論也可以是一個學科，尤其是朝陽談到的行走式的理論，一種實驗性的類似學科建構的理論研究，我也心儀。我在美國的同事Kenneth Reinhard近十年左右一直在主持一個批判理論的學程，叫「實驗批判理論」（experimental critical theory）。在歐美的人文社會學界，好像大家有同感，對於批判理論在解構主義之後再怎麼走下去，都覺得很疑惑，所以才有「實驗」這樣的命名法。事實上，假如我們說我們還沒有起頭，因此是實驗性的，那麼他們是已經起頭過之後還是要實驗性，因為他們也覺得

不知道怎麼走下去，或者他們希望有更大的機動性。現在在全球的語境裡，批判理論怎麼走下去，還是個很大的問號。在這樣的情況下，我們在台灣創建的理論的詞語，會不會反而會開闢一點空間和有點用處？我們目前已經收到不少的台灣理論關鍵詞的稿件，而且還在等。請容我很快地講一下幾個例子。參加工作坊的人也都聽過傅大為老師講的「基進」這個關鍵詞，就是radical。他從台灣自己本身的系譜、脈絡來談基進的概念，包括的層次就可能和其他地方的基進主義的運作模式不太一樣。傅大為考量的重點，就是基進和群體（collectivity）的問題，還有基進的內容、運作模式、困境等等，我覺得很棒，它雖然是「再生式」卻也是「行走式」的。李育霖老師所談的前沿地帶（frontier）這個關鍵詞，我覺得也非常有趣。他在談語言的前沿地帶時，講到台灣文學裡頭各式各樣語言交錯的空間，就是一個前沿地帶。我以前沒有聽說過用「前沿地帶」這個觀點來切入討論各種語文的互相衝擊、互相影響、同時存在等等的現象。此外，上海紐約大學（NYU Shanghai）一位台灣學者洪子惠所寫的一個關鍵詞，叫做「譯鄉人」，不是我們一般所謂的「異鄉人」。「譯鄉人」的意思是什麼呢？它是指台灣的新住民以及他們的文學創作。因為他們的文學創作大部分是用東南亞的各種語言寫成，所以他們的文學需要翻譯為華文，不然台灣的漢人讀者看不懂。一方面他們要自我翻譯，或者是請別人翻譯，但是他們在台灣的生命的存在也是一種翻譯的存在：他們活在一個翻譯的空間。所以他們的「異鄉人」的身分也是一個翻譯的「譯鄉人」。我覺得這個詞彙非常有創意，基於台灣現實，但是又非常突發奇想。我們還會有很多類似這樣的關鍵詞在我們的書裡，值得期待。

三、理論的大家╱大家的理論

廖：我簡單回應一下俊雄所提到的台灣理論有沒有「大家」的問題。「大家」就是你我**大家**嘛。如果是指所謂 grand master 那一種，我覺得「大家」的時代應該已經過去了。大概從新物質主義興起或再興起的時候開始，我們還是有好的理論的專業論述者，但是基本上都不太能算「大家」了。相對來說，現在的時代環境已經不太能夠產生像 Badiou 那種傳統的、專業的哲學大師。我看到在 *Speculations* 這份 speculative realism 期刊，它的第一卷一開始就標榜說，我們的作者都是部落客。意思大概就是說：那些論述都是從部落格互動、集體交流裡面產生出來的。這當中當然有一些看起來有資格成為大家的候選人，但是那樣的操作方式，就像我剛剛講的，從一對多轉變到可能是多對多、少對少，因此會有很多型態上不一樣的地方。

史：我也補充一下剛才忘記回答的大師的問題。台灣有沒有大師，這是一種提問法。另外一種提問法是，大師怎麼產生的？我覺得這是我們該問的。台灣思想界有沒有大師，這是一種說法；另外一種說法，假如台灣思想界有很優秀的思想家、理論家，他們是怎麼樣才能變成大師？我認為大師是一個產生的過程，並不一定就是一個本質性的。譬如說，我們熟知的一些理論家，他們講的很多話可能已經是有了某種共識之後，大家的心裡頭都已經想到了某些東西，我們在讀他們的東西的時候就已經有了某種共鳴，然後他們就變成大師了。有時候是很常理的、常識性的東西就變成理論、就被認可為理論。所以大師是怎麼產生的這問題，就和翻譯有很重要的關係。那麼台灣的思想有沒有翻

譯，用其他語言在國外推展？我覺得整個大師生產的機制可能都是相關的問題。另外，我特別鍾意朝陽說「大家」（master）應該是「大家」（allofus），這正是我們學群的理念，大家一起共同思考、書寫、創建理論。

李育霖（以下簡稱霖）：謝謝立君邀請我過來講關於台灣與理論的議題，這些問題已經糾纏我們很久了。我有三個一直以來關懷的問題。第一個是為什麼非理論不可？這也就是我們一直在談的，為什麼要理論，而且這個理論還是「自己的」理論？第二個問題是，我們需要什麼樣的理論？是要發明自己的，還是要外來的、翻譯來的等等。第三個問題是，我們要這些理論做什麼？

剛剛幾位專書主編的發言其實已部分回答了這些問題了。由於這些問題比較宏觀，回答起來也很複雜，我想把這些問題聚焦在一個更重要的問題——就是我們講的現實的問題，是worldliness的問題，也是「此時此刻」的問題。換句話說，我們為什麼要現在去整理台灣知識？我們現在為什麼要從台灣出發發明自己的理論？以及我們發明自己的理論希望做什麼？既然剛剛書美其實多多少少回應到我的問題，那我就簡單地追加一個比較特定的問題：因為先前我們也提到韓國研究放到全球知識脈絡去的議題，而廖老師也從德勒茲與瓜達希討論的兩種知識型態切入，認為我們現在這個時代從少數、邊緣出發，正好適合去反省西方的知識系統，亦即從另外一個實驗的或行走式的方向去發明或者創造一個新的理論。我當然是贊同這樣的做法，但我還是要問：台灣適合這樣做嗎？我會問這樣的問題，其實也是因為我察覺到書美的發言背後，有一個很重要、很龐雜的關於被辨識的問題。這不只是從西方的視角來看、來辨識台灣，或者台灣要怎麼回到世界的

舞台去的問題而已；事實上，更深層的焦慮來自於台灣沒有辦法
被辨識（這也許也是我們從一開始講的對理論的焦慮），或者覺
得我們落後於西方，要趕快學習西方、把自己推向西方。在背後
這個很深層的、無法被認可的焦慮中，似乎有個分岔點：廖老師
的意思聽起來是說，我們可以去創造、去走出一個自己的蹊徑或
自己的理解；另一方面，書美老師好像認為只要再推一步的話，
我們就可以去建構一個東西、去產生影響力、去被recognized。
這兩者若以德勒茲和瓜達希的理論來看，事實上是不同的策略或
完全不同的型態。我不知道兩位老師對我這個特定的問題可否放
在此時此刻這樣的一個點上，再討論分享一下？

　　廖：我簡單再補充講一下行走式跟再生式這兩種類型。在德
勒茲他們的許多說法裡面，到後來都會回歸一種循環。也就是
說，問題不是你要選擇A還是B，而是你會不會因為相信A而忘
記了B、把B排除在外。本來正常的情況應該就是不斷地循環：
大家都在行走，走久了就會出現一些可以再生的知識，因為這個
世界的秩序總是這樣，有一些道理可以反覆地在不同的地方出
現。回到台灣跟理論的關係來談的話，如果我們覺得台灣不需要
理論，因為別人都做好了，我們只要拿來用就好，這樣叫做忘記
B，只剩下A。這樣的理論就使用方式、人跟理論之間的關係來
說，基本上就不是一個很正常的狀態，就會有各式各樣知識上的
問題後續會出現。特別是在理論這樣一種深入涉及思維的過程裡
面，比較正常的狀態總是會需要不同層次的區分。底層的活動可
能比較像是在架構一些基礎性的東西，然後在上一層可以自然而
然產生一些經過整理、規範化之後的內容。這些內容還是有可能
變成規範性知識，但在正常狀態下，這種規範性知識就比較不可

能成為僵化、僵硬、暴力、壓迫性的知識。我想，理論的基本機制及其存在的空間應該可以這樣來描述。

史：謝謝育霖提出這個很重要、但是又很難回答的問題。關於此時此刻、關於當下台灣研究、或台灣學術界這種不被認可的焦慮，我認為這當中有兩個層次值得分疏：第一，台灣關鍵詞的建構一方面呼應了在地的需求。剛才家玲提到台文系所和中文系所的理論焦慮，我覺得這是非常切身的、實際的問題——我看見有幾位學者在點頭。包括社會科學在內，大家通常都是用西方的理論，這事實上是兩個再生的過程，先有翻譯為一個再生過程，再有閱讀翻譯的理論再加以運用的再生過程。所以台灣學術界運用的理論往往是這樣一個**雙重再生過程**的產物。我們的計畫和它不同，直接呼應在地的需求，因此是行走式的，希望對在地的學術界和文化界有點用處，更參與我們自己的理論系譜和理論家族的形構。如果我們這樣的一個系譜和家族的形成有點成果，到了另外一個層次，就是所謂境外的認可的問題。我們現在做這個理論關鍵詞的計畫，希望將來可以有雙語版，或者是也有一個英文版。另外，大家不一定知道台灣人文學社的這一群年輕人已經和所謂的批判理論計畫國際聯盟（International Consortium of Critical Theory Programs）接軌上，已經成立 Asia Theory Network，由李鴻瓊來代表大家組織與串連。這是一個重要的方式，而這個模式不是爭取境外認可，而是建立一種橫向的互相認可、橫向聯盟。我很高興在這裡扮演了牽線的角色。我們自己之間也是橫向連結，「大家」一起做。我們不需要大師，那我們至少需要做出一些東西、一些實質的相關論述。我們台灣關鍵詞計畫可以在這樣的脈絡下來看。

　　梅：簡單補充一下我的感想。其實我參加這個工作坊及相關活動，很大的程度上是在學習，就如剛才提到的，無論是中文或台灣文學領域的研究者，理論焦慮向來都非常強烈。所以，在聽了前面幾位很有啟發性的對話之後，我所想到的問題是：就朝陽提到的所謂的理論關鍵詞的再生式跟行走式的區分來說，這兩者會是可以截然分開的嗎？也就是說，當我們在聲稱要從游擊隊性質方式出發，要凸顯我們的創意跟新奇的時候，這樣的操作模式是不是一定完全沒有過去的傳統、或者規範的某些投影在裡面？此外，有不少朋友在看到我們這些關鍵詞之後，他們的疑惑是：這些關鍵詞怎麼都高來高去，完全沒有辦法望文生義，不知道它們要談的是什麼？也就是說，完全沒有辦法去想像這個詞的背後、或者說它指涉的可能的理論內涵是什麼。那麼，我們對於這種關鍵詞的創造發想，一定需要用這樣一種方式嗎？還是說，我們也可以從一個尋常的詞彙當中出發？就像剛才書美所提到的傅大為老師的那個「基進」，這是一個可能大家原先都略有理解的一個語彙，但是他給它賦予了新意，而這個新意恰恰又落實在台灣的一個現實情境以及它的背後的整個歷史進程當中。所以，我們要如何地去構思這樣的理論關鍵詞，然後如何讓它們真的把所謂理論跟台灣中間的空白填補、聯繫起來，或許是我們大家可以再進一步思考的問題。

四、「屬我的焦慮」與引述政治

　　張君玫（以下簡稱張）：謝謝蕭立君老師邀請我來。由於我之前沒有實質參與這個計畫，所以並不是很了解其內容，但是今

天聽了前面的發言之後，就比較知道整個計畫的脈絡。

　　基本上，我認為「台灣沒有理論」之類的提法，本身可能就充滿了陷阱。比如，當大家在談所謂的「理論應用」時，往往呈現出一種身心二元論──理論是心靈的、精神的層次，應用在這個土地上則是身體的層次。這樣的身心二元論不僅一直潛伏在我們的論述當中，也框架了我們對理論的實踐這件事情的想法，所以我通常會排除「理論應用」這樣的詞彙跟預設。如果要問「台灣有沒有理論」，我會回答：「當然有啊！只不過它還沒有被辨識為理論。」假如你在做學術研究，又怎麼可能會沒有理論？沒有理論，也是一種理論，就好像實證主義它背後也有一套理論。所以我們在談的其實並不是「有沒有理論」的問題，而是一個理論為什麼沒有被看出來，為什麼沒有被彼此辨識出來，乃至於為何沒有被另外一些國際學術上的大寫他者辨識出來的問題。

　　今天大家說到「理論的焦慮」，真的不是只有梅家玲老師點名的台文系、中文系而已，所有的科系，包括我們社會科學在內，也一直有很強的理論焦慮。我把這種理論焦慮理解成是一種「屬我的焦慮」，就是「屬於我的」。我們一直在講「有沒有台灣自己的理論」，以及有沒有我們自己的什麼什麼──這些屬我的焦慮本身，從一個後殖民論述的觀點來講，正是一種理論的資源，因為，這正是我們獨特的物質情境。

　　陳東升老師提到他《知識臺灣》這本書裡的〈我們從未後進過〉這篇文章，乃是要打破直線性的現代化框架，並回到自身的立足點。而廖朝陽老師也提到，最理想的狀況是，理論是用生命長出來的東西。這些也是我在學術界不斷在思考的議題。我想，這些親近性所凸顯的是，我們在這座島嶼上共同的理論實踐的問

題意識。我認為這點非常重要。在聽了大家的說明之後，我對關鍵詞計畫的理解是：或許這個實踐本身已經正在打破生長與建構的二元論。那個生長的部分，可以連結到種種的後殖民的情境，或者像 Gayatri Chakravorty Spivak 所言，我們要重新安排我們的欲望，尤其是我們對於「現代性」的欲望。換句話說，她一直強調我們必須不斷持續去批判「我們不能不想要的」，而那個「我們不能不想要的」或許也包括我們想被大家看見、想「跟世界接軌」。

　　史書美老師所談到的「引述的政治」也是大家都很關心的。那麼，我只問一個很實際的問題：大家對於相互引述的部分，為什麼一直無法做到？我們都知道這是一個問題，可是我們一直不願意、或是不能、或不知道為何沒有在相互引述。但相互引述的行為本身，就像剛才史老師引述陳瑞麟老師的文章所指出，其實是我們在理論實踐的場域中，可以真的去深耕，並且從中長出自己理論的必要實踐。可是這些工作我們都很少在做——為什麼？我想要知道大家怎麼去診斷這件事：為什麼我們沒有辦法去進行相互引述這個很重要的理論實踐？

　　史：知識台灣學群的宣言草案裡頭，第一句就說：「台灣沒有理論」，然後提出兩句回應，因為「台灣沒有理論」這個宣稱事實上是一種 provocation，是一個挑釁性的、刺激讀者反應的一句話。因為你對這樣的說法，可以有負面的反應，也可以有正面的反應。負面的反應，就像君玫剛才所提，我覺得是非常準確的。當時的構想就是，假如你是強烈或溫和地反對的話，那個立場指示，本土理論一直都存在，但是在地理論總是被邊緣化，它的系譜也被忽略，所以關鍵任務是要重構本土理論的系譜，而另

一方面又深入到台灣現實當中去建構新的方法與理論。然而不論反對的主張多強烈，西方理論在台灣的廣泛影響是不容否認的，因此在這樣的情況下，台灣的理論已經被西方化了，就好像我們的身體都已經被西方化了，對不對？所以什麼是身體的、什麼是身外的？理論和文本、或社會與文本之間的鴻溝等等，事實上都已經不存在，只是我們認為有這樣的鴻溝。我們到底怎麼去理解這鴻溝是很重要的課題。我認為大家在運用西方理論的時候，這已經是一種理論行為。這方面我覺得君玫講得很好，這真的就是一種屬我的焦慮：什麼東西屬於我們，什麼東西不屬於我們。周蕾早期很有影響力的一本書，叫 *Woman and Chinese Modernity*，談到她媽媽去看義大利導演 Bertolucci 的《末代皇帝》（*The Last Emperor*）的時候就說：那個外國導演講中國的故事講得真不賴啊！周蕾接下來就說，但是我們所謂的華人已經都非常西方化了，到底什麼是西方？什麼是東方？或什麼是中國性？什麼是西方性？事實上這個區分已經很模糊了。當你自己本身已經非常西方化了的時候，什麼是本真？什麼是本土？所以，這個屬我的焦慮也可以被解構：到底我們的西方在哪裡？西方在我們的哪裡？這樣的問法或許就代表西方理論也可以是我們身體實踐的一部分，這不也是值得我們再做進一步的理論性思考嗎？關於引述政治的議題，我非常同意君玫的說法。這也是我在思索的問題：為什麼大家不互相引述，而是都要引述同樣的那些西方理論家？這和整個全球知識權力分配的情況當然有關。台灣可能自以為是在這種知識生產體系的下游，所以大家都是往上看而不是往左右看。事實上，全世界都是這樣，尤其是第三世界，或者是所謂的邊緣或者半邊緣的國家更是如此。這些國家的知識形成或發展模

式，大多都一直是往上游看，將目光投注在西方，而不是往前後左右看。譬如說台灣和東南亞的關係大概如此。台灣和香港之間，以前是大家都不齒相看，現在則是因為香港跟台灣比較有共同命運的親密感，所以最近港台之間的文化界、學術界的來往愈來愈多了。但是以往台灣學界和文化界的人對香港姿態是很高傲的，惹得香港人很反感，覺得你們怎麼跟中國人一樣，來到香港，還自以為高人一等，視香港為文化沙漠。我住在香港較久之後，才慢慢體認到他們為什麼對大家耳熟能詳、在香港住過很多年的台灣作家都有非常負面的批評：他們會覺得你們寫香港竟然只能寫得跟英國殖民者筆下的香港一樣。為什麼香港的歷史就要用一個妓女來作為代表或隱喻？幾乎所有的外人寫香港都是這樣的寫法，如西方的東方主義者寫香港，連台灣作家也如此。最近這幾年來由於太陽花運動、雨傘運動，還有中國崛起之後的整個政經格局的改變，我覺得台灣和香港的關係，包括文化界的關係，就比較是正面的。因為「今日香港、明日台灣」這樣的一個切身的共鳴感讓兩邊能夠彼此相看。

另外，比較籠統地來說，也許是因為文人相輕，台灣學術界會不會覺得我引述了別人，自己就少了一點什麼東西？我引述了我的同仁，是不是我就讓他變得好像比我重要，有沒有這樣的情形？立君在《知識臺灣》的那篇論文，以及書中其他幾篇論文裡都討論到台灣到底是後殖民還是後現代的那個辯論。回顧那個辯論的過程跟脈絡，我觀察到一個很有趣的現象：這當中有一點理論家族形成的感覺，但是那個形式是辯論，是我不相信你，我也不同意你，你也不同意我，不是互相引述。所以，是不是台灣的理論界是需要這樣辯論的形式才有火花，不然大家都不願意引述

對方、引述同樣在台灣學術圈裡頭的其他人？研究生們看來比較
願意引述老師們的著作，是因為學生們比較尊重老師，代代相承
的一種做法，也可以形成一個理論家族。但是當他們變成老師的
時候，我覺得他們還是會引述他們的老師，不一定引述他們自己
同一代的學者們──除非是辯論。當然，辯論也是一個很好的方
式。那麼，大家是不是應該要製造更多的話題、挑戰更多的議
題，以便形成更多的辯論空間？這裡，我們應該警惕的是，辯論
應該是為了深化，不是簡化議題，也不是人身攻擊。

五、理論生態系與思想工程的進程

李鴻瓊（以下簡稱鴻）：我要問的是比較務實的問題。對於
我們的理論關鍵詞的特殊之處，我的理解跟廖老師是一樣的，但
我不是用行走式跟再生式的概念來解釋，而是用另外一種說法，
把台灣理論這個計畫當成是一個思想工程。這個思想工程很長
遠。我們再把思想工程轉一下的話，我會把我們這麼多年來試著
在做的描述成是創造一個思想的生態系。對我來講，我們的關鍵
字不是已經 established 的那些理論知識的 summary，而是我們要
從無裡面去創造屬於我們自己的思想方式。所以我的想法是，我
們需要創造的環境像一個生態池（這是個比喻），讓不同的微細
元素在裡面產生互動，然後可以結成一些鏈──蛋白質鏈、基因
鏈──之後再繼續長，長出昆蟲、小蝌蚪，再繼續長就會出現
魚，會有完整的生態系出現。這個大概可以稍微回答前面有關大
師的問題：我們需要的思想生態池夠厚實的時候，就會長出來那
條大魚。所以我試著把這樣的過程做出來。如果依照思想工程的

打造這樣的角度來理解，我們就該有不同的階段。關鍵詞的階段比較是初步——蛋白質、胺基酸鏈剛開始在長。可是，我們計畫的下一步要做什麼？我們不能一直只行走，一直只長胺基酸跟蛋白質。我們要慢慢地長成蝌蚪，才有辦法談到從蝌蚪長成其他的東西，而這樣也才能夠填補空白。所以，理論跟台灣之間的空白是需要用工程的方式把它填補起來。在今天早上另一個場合，有同仁跟我討論說，你們做的理論關鍵詞目前感覺有點分散、片段。他說他會期待接下來可以大家一起做下一步的複雜化工作，而不是停留在每個人講一點分散的小東西。所以我會比較務實地問，在這樣思想工程的打造過程中，我們接下來要如何形成一個朝向複雜化的思想連結，或思想組織和創造的方式？下一步要構想怎樣的研究計畫或研究活動，可以讓我們從關鍵字的胺基酸蛋白質，走到長成比較複雜的、思想複雜化的樣態？

　　廖：鴻瓊問的問題很複雜，確實也是我們這個學群需要去考慮的、關於未來方向的大問題。這方面我倒是沒有什麼特別的想法，我只能說鴻瓊剛剛這個比喻，有一些不太準確的地方。所有的生態系要怎麼形成，通常都不是無中生有，而是很多系統之間互相糾纏、影響的過程。所以池子裡面沒有魚，我就從其他地方抓一些過來就好了。抓過來以後，它到底是會活還是會死，或是在這個環境裡面跟其他生物形成怎麼樣比較複雜的關係——我們可以去描述或規劃這類後續發展，但是只能從旁扮演某種推動的角色，也就是不太可能去創造一個新的思想體系。這其中有很多需要考量的面向，但有時候也會涉及整個環境或歷史遺留下來的各種條件——這就回到為什麼不相互引述的問題，其實也牽連到很多台灣殖民情境下知識運作型態的問題。另一方面，不互相引

述好像也不是只有台灣，所有的知識界都有這樣的現象。我要引述誰，通常都是我的 buddy 們，或理念及理想抱負上跟我志同道合的人。我記得多年前 Robert Magliola 還在臺大任教時曾告訴我說，美國大型哲學會議的情況是：現象學跟分析哲學的學者從來都不互相交談。這不是只有理論才有的問題，而是所有的知識體系到最後是要建立在社群的關係上；不是一個抽象的引述關係的系統，而是那些引述的動作是建立在底下某種社群關係的基礎上。這個社群關係的知識性如何，是不是裙帶關係或利益關係等等因素是另外一個問題，但是不管在什麼樣的知識情境裡面都會有類似的關係。這個社群關係是從非常日常的層次裡面產生出來的。像東升常說中午跟同事吃飯，同事又告訴他什麼事這樣。這種同事不一定每個人都會有，或許每個領域不一樣，但我想台灣的問題就不只是不互相引述，而是底下的社群關係要怎麼形成的問題。

　　梅：其實我們先前也曾討論過關於下一步要怎麼走的問題。這個主要的發想是從東升老師那邊來的，我就代為把這個初步構想稍微說明：下一步我們如果還要繼續做關鍵詞的話，應該不會再以現階段這種發散式的，每個人做一點點的方式進行；很可能是找一個關鍵詞，但邀請不同學門的朋友們同題共做。就好比「基進」，社會學家怎麼去看，然後外文學門、台文學門、中文學門、歷史學門等等又如何可以在「基進」的理論關鍵詞之下，從各學門看台灣的角度切入，把「基進」的理論性論述發展出來。我們的下一步有可能朝這個方向進行。至少這樣一來，可以藉由一些特定的基點，在不同的學門之間形成相互連結與對話，幫助我們一步步往前推進。

六、理論的情感結構

　　史：理論的建構是一個思想工程，我完全同意鴻瓊這個講法，也喜歡鴻瓊用的生態池的比喻，而且我們馬上就有朝陽對這個比喻的反應，這是互相討論和深化的過程，因為朝陽引用了鴻瓊的比喻。這就是一種有建設性的互相引述。我在此提一個很有趣的現象：我們這次收集到的關鍵詞大部分有某些共同點，這表示大家構想的東西有很多相通、相似的地方。這裡我開始可以感覺到一個新的**理論情緒**（theoretical temper）在這些論述當中浮現。聽聽這些詞語當中是否有一些餘音或相通之處：譬如育霖的「前沿地帶」、劉紀蕙的「符號混成」、還有蘇碩斌的「混昧」、陳瑞麟的「拼裝」、黃冠閔的「交錯配置」等。我覺得這些詞可能指向台灣的理論思維背後一種情感結構，有它們的代表性。它們雖然起先看起來是從不同立場來發想的不相關的關鍵詞，但事實上帶出了育霖所關心的現世的問題。因為台灣的學者們以各式各樣的理論觀點來理解台灣的時候，大家竟然有非常相似的說法，只是用的詞不一樣。「混雜性」（hybridity）是西方後殖民理論的關鍵詞，但那只是一個詞；然而我們的朋友們竟然有那麼多更複雜、切身、精細的理論詞語，而且它們代表了台灣學術界和社會裡頭各個不同層面及現象的一種凝縮。所以，我認為從這些關鍵詞出發，我們就有資源再進一步地發展台灣的理論。剛才家玲說到，同樣的這些關鍵詞我們再找不同領域的學者們參與跨學科的討論，這是一種做法；同時，我們也可以說《關鍵詞》的第一冊出版之後，我們不斷地出第二冊、第三冊、第四冊，希望大家都來參加。這就會慢慢形成了有一點體積的東西，有了實質的

存在，然後再看下一步怎麼做，也希望大家多給一些建議。

　　蕭：書美提到這個台灣學者共有的「理論情緒」，我也感同身受。就我的觀察，即使是其他在字面上看起來不聚焦於有關hybridity議題的關鍵詞，其實和前述那些詞都可能在其他面向或層次上連結。所以書美也間接幫忙回答了我在一開始提出的一個問題：關鍵何在？關鍵不在於哪個個別的關鍵詞，而是引起共鳴的某種理論的情動。**或許我們關心、搜尋的就是這種大於「自己的關鍵字」之總和的「理論情動」**（affectivity of theory）。理論情動即為理論能動（agency）的基礎，卻是經常被忽視的面向。但在我們針對此議題再申論之前，我想先請四位提問人發表一下他們對論壇相關議題的看法。

　　賴：聽完諸位專書計畫主持人的詳細解說，我大概理解其中三位老師對建構「台灣理論」有不同的視野與目的。梅老師的目的很務實──在現有的全球化知識網絡下，台灣該思考與呈現自己的「台灣性」，將台灣本土化的觀點務實地連結出去，參與當前全球理論知識的建構。史老師有一個更大的、更激進的視野與目的。她將此計畫置放在她一直用心推動的「華語語系」概念底下來談──如何在華語語境中建構「台灣理論」？此企圖有一個沒有言說的基底，就是必須「反西方」。我不要西方。我不要只是要A忘了B。那麼我們B在哪裡？B就是自己的華語語境。我們在自己的華語語境裡建構「台灣理論」，所以每個關鍵詞的語境是英文無法去連結的新涵義──「台灣理論」是不是應有這樣一個全新大架構來建構？此格局可能跟梅老師積極參與當前西方主導的「國際化」網絡是完全不同的視野與目的：一個是「順向」操作，另一個是「逆向」操作。廖老師則比較像是理想主義

者，去除那些預設的大框架，我們先實驗、先思考、先書寫、先衝撞、先搞怪看看再說。至於有沒有一個像鴻瓊老師所謂「生態系」工程的規劃以後再說。反正我們先實驗，看看能激盪出什麼「台灣理論」的生成樣態。三位老師對「台灣理論」的建構有不同的視野與企圖，看來並未建立一個共享願景。因此，目前成果有一點鬆散也無法避免。

　　容我直說，此三種企圖的「台灣理論」可被視為一個資本競爭時代「屬我性」焦慮下的產物。焦慮不一定是壞事，能不能將焦慮具體轉化成改善或改變現況的力量才是重點。作為提問人，我進一步反思的提問是：為何當代理論根本沒有「台灣」？理論作為一種「思路」其特色即是「去疆界」──強調一個共通性思想的抽象概念。如果理論是所有學科的基底，它就不適合掛上「屬我性」的「台灣」兩字（或是任何國家的名稱）。「屬我性」會把台灣可能生產的好理論狹隘化為「是我的」與「不是你的」。然而，若真要從「屬我性」理論觀點來思考時，或許「理論台灣」的概念比較可行。易言之，我們自己如何去「理論化」台灣較能被接受與通用的「特殊性」（如「島嶼理論」等），讓台灣屬性的研究與想法拓展出去。否則，理論若放在小小僵硬的「台灣」框架來談時，其「特殊性」就可能削減了理論獨特的生命力──「共性」。如是，或許「華語語系理論」的「大框架」相對有更大的語境多樣性與連結性來開展理論的「共性」。再者，傳統上理論的「關鍵詞」就如同一個「地標」（landmark）。它有兩個涵義：一個是重要性，一個是連結性。必須承認，在21世紀的數位知識網絡中沒有論述平台就看不見具影響性的生產者，個別的理論就很難有重要性。我想，任何具重要性與連結性

的理論也是「平地起」，那麼就先來實驗看看，這應是廖老師所謂「行走型」的企圖與策略。先「搞怪」與「連結」，說不定能連結出一群令人驚豔的「台灣生產」魚群。

必須說，此計畫的社群至少願意嘗試踏出第一步，不一樣的一步，而不是被動地吸收外來的理論。我有感受到這樣一個熱忱，也很佩服。然而，浪漫必須踏在泥土上，必須經得起務實學術場域中的眾多考驗：我們要建構一個「台灣理論」——for what？請想像一下，一個標榜特定國家的理論，如「韓國理論」、「新加坡理論」、「香港理論」、「印尼理論」或任何「國家」的理論能為理論產生多少連結性與影響性？任何貨幣在國際間的通用性有其複雜、動態與實務性的權力機制在決定。同理，理論可被視為一種思想貨幣。它必須在學術市場中被廣泛接受與使用，才能建立起真實價值與功能。黃金成為黃金、美金成為美金，是因為全世界通用。台幣是否有機會在全世界通用？那是台灣的政治與經濟實力的務實面問題。理想上，如果我們有個優質的理論生態環境，大魚小魚就都可能繁衍出來。此時，全世界會用台灣生產的理論——是因為「魚」好，不會是因為魚的額頭上有「台灣」兩字。所以，我很贊同鴻瓊老師「理論生態系」的概念。如剛剛史老師提到，思考如何建構一個此時代性理論的生成生態或許更具挑戰性。

如果台灣生產的理論能夠創造新概念、打開新思路、感動人心，那麼此理論就比較有機會流通國際。阿岡本之所以成為阿岡本，不是因為他強調自己是「義大利人」。德希達、拉岡或德勒茲的重要性不在於他們的理論是「法國的」，而是他們講得有道理、有系統性、有批判性、有啟發性（因此有「共性」）。當然，

好的理論同時具備其普世性與特殊性，但我比較傾向應以前者為先，後者為繼；或者說，先產出阿岡本的普世理論（好魚），再來強調其背後「義大利」的特殊性（產地生態）。總之，是不是能在此「行走型」的實驗中，先磨合出此團隊的共享願景，少一些先行預設「屬我性」的框架制約。看是否能藉由此「先導性」實驗的社群分子化行動，生產出一些能被國際接受與使用的好理論，對我來講是比較務實可行的方法。以上是我個人對此計畫與專書進一步的提問與建議。

　　霖：立君邀我來的時候，希望我談一談台灣人文學社的這個脈絡。我覺得這個脈絡代表我們這個世代對於在地理論的關心。二十年前，就是從1990年代開始，我們一直讀理論，從研究生到進入學界，我們一直在讀理論。大約在2008年左右，那個時候突然發現，人家說理論已經死了，我們也覺得它死了，因為開課沒有人要修，然後學生也不讀了。那個轉折點是我們自己覺得理論已死，至少已進入一個危機的狀態。進入學界之後，我從外文轉到台文所，發現中文、台文系所有很多理論的課程，於是我就負責去教文學理論。大家要讀的、腦子裡裝的當然都是西方理論，但愈教愈覺得不對，因為大家學理論大多是囫圇吞棗，然後便要去應用，中間落差當然非常大，所以後來我就不教了。大約在此同時，我們這一輩的學者組了個理論讀書會，大家有事沒事就聚在一起讀理論，許多知名理論家的書，一本一本地讀。常來關心的邱貴芬老師每次聽完後都一直問，你們這樣讀到底要幹什麼？聽了幾年之後，有一天突然覺得，對啊，我們要幹什麼？所以醒過來後，我們就搞了一個人文學社。

　　簡單講，就是這個不滿或落差，造成另外一個轉折，也就是

我們覺得我們要開始思考怎麼在地化理論，後來人文學社這十年就走向一個比較類似國際連結、跨領域連結的同時去思考在地，將台灣在地經驗理論化的路徑。我覺得至少就我們這一輩對理論的認知而言，這是個重要的轉折。跟俊雄兄比起來，我們似乎更樂觀天真一點。我們不論是談台灣理論或理論台灣，我完全覺得是正面的，因為它對我而言至少有兩個意義：第一，從那個轉折點一直到現在做的就是基於一個不同的思考方向。之前，理論對我們來講，雖然不只是西方的一些知識系譜概念的吸收與理解，或僵化、有壓迫性的a set of principles（剛剛廖老師講的），但它對我來說比較像是一種操作或practice。現在我們想，原來（在地）的東西其實是有理論潛在內涵（就像剛剛君玫講的），而我們做的就是把這個virtual的東西給辨識或表述出來。但是最重要的是（也比較像鴻瓊講的），它啟動一種思考，因為不管是引述或者整合這些理論知識，都必須對現有的東西去思考。

　　所以我的結論是，首先，至少對我來講，我覺得以前我們不思考，我們就是做一個好學生，像日本一樣，模仿西方的東西，但我們又自認比日本差一點，所以更要加緊努力，希望能夠趕上他們，結果卻發現韓國從後面趕過我們。現在我認為我們不是要做這樣的好學生——那個斷裂點促使我們要開始思考。所以我們思考，理論就開始生成、發展了，開始有胺基酸，也許會開始長成生態系。第二個層面是，我很贊同書美老師所說的，台灣的確不能關起門來，自己思考就好。我們真的要把我們的理論思考放回更大的脈絡去，放回到亞洲、華文或世界的更宏大的脈絡中，讓我們不斷去做一種橫向的連結，包括我們自己的社群跟類似社群去做連結。這樣形塑出來的理論環境應該感覺上會比較健康，

既不是身心分離，也不是上下從屬的關係。所以在這兩個意義上，我很贊同、也很熱心參與這樣的計畫，並且從中獲得體認到學術生命以及個人生活上的成長。

七、有機的理論與分子化翻譯

　　張：我稍早講過，在理論應用這部分，我一直認為預設了某種身心二元論。我想去批判的除了身心二元論，還有文化整體論——所謂西方文化、東方文化，或是西方文化、中國文化這類的巨型框架。對我們從事的知識工作而言，這些往往是不必要的框架，而且也無法如實地掌握我們的知識實踐。我一直認為，與其說是「理論的建構」，我自己更喜歡的是比較有機的比喻，將理論看成是有生命的，然後去談理論的生成或養育；但同時，這當然也不是一個狹隘的有機體比喻。就像 Donna Haraway 所指出的，生物學跟化學的界線在 20 世紀中已經慢慢產生內爆，它們的界線已經重組。我們現在談生物學，不可能不談化學，也就是說，化學、生物學是緊密連結在一起的，有機體的概念也隨之改變，跟我們在古典社會學裡面所談的有機體比喻有很大的差別。在社會學理論的發展過程中，至少在上個世紀中以前就對有機體的比喻提出非常深刻的批判，認為它和保守社會勢力之間有某種連結關係。然而，這個批判在 20 世紀末又開始改觀，因為有機體的概念發生改變。現在，有機體和我們所講的複雜系統之間有更親密的連結。無論是複雜系統或有機體，都是強調，不管你用怎麼樣的方式去劃定一個範圍，一個生態系可以是微生態系，也可以是更大的生態系，但我們要看的都是生態系其中的各個成分，

包括生命的成分跟非生命的成分之間的動態關聯，這些才是決定這個系統會怎麼運作的關鍵，就像剛剛李鴻瓊老師講到生態池的比喻（不過，你跳太快了嘛！怎麼可能從胺基酸、蛋白質就跳到蝌蚪？要先有藍綠藻，才能有其他的東西啊！）從一個動態連結的觀點去理解，理論乃是生成的。但就像我剛剛提問時所講的，到最後，這個計畫早已正在實作中去跨越與批判「養育」跟「建構」之間的對立，而此一對立很可能是另外一種身心二元論。

我再簡單談一下立君希望我講的「翻譯分子化」或「分子化的翻譯」（molecular translation）的概念。我自己做過很多翻譯的工作，我的博士論文也是研究所謂中文的語言現代性（linguistic modernity）的問題。在語言現代化的過程當中，我們看到包括魯迅在內的許多譯者，他們的翻譯被嚴詞批評為亂譯。可是，魯迅他自己有一套翻譯的理論。他認為我們不只是在翻譯字詞而已，我們翻譯的也是外語的語法或文法，因為語法不僅是語法，更是邏輯和思考的方式。然而，魯迅的論述仍陷於文化整體論的框架內──亦即假設存在一個好像大寫的、整體的、歐洲的文化或當時所稱的泰西文化（西方文化），和與此相對應甚或對立的中國文化。所以，這些文化運動者和翻譯者在最基進的時候，是主張要把漢字全部廢掉的。為什麼？因為他們認為，漢字這個語言不僅是在形式上沒有邏輯，內容上講的都是四書五經這類八股落伍的想法。扣連到當時快要亡國的焦慮，便可以歸因到這套不科學的語言的病灶。這類論述，其實在背後預設了一個貌似無法跨越的文化整體論，而你只能選其中一個。因此，接著在1930年代會發生所謂的「全盤西化的論戰」。有一派的人主張要全盤西化，包括你跳的舞、穿的衣服、所有的理解都必須是西方的，才能真

正進步；另外一派則認為萬萬不可，那樣會因此失去自我。換言之，那種「屬我的焦慮」存在很久了，無論在中國，或在台灣。台灣的後殖民情境以及殖民的歷史又更加多重與複雜，但是，屬我的焦慮一直延續至今。而我們也仍在這個現代化的過程當中，去承接，並用我們自己的方式去處理這樣的焦慮。我先前強調，「屬我的焦慮」本身可以是一個很重要的理論資源，前提是你要去正視它，你要看到這個焦慮，然後去拆解這個焦慮，釐清它是發生在一個怎樣的動態生態系統中，以及如何運作。至於生態系統的定位，如前所述，永遠是取決於你現在正在討論與處理的議題。它可以是一個微生態，或者是更大的一個生態。以陳東升老師剛才講的台灣研究為例，你把台灣放在東亞的、或東南亞，或是全球不同的範圍中，都可能是一個具有不同意義的、不同scale的生態系統。而且，你必須更動態地去加以看待。

　　回過頭來談「分子化的翻譯」或「翻譯的分子化」的動態過程。基本上，這可以說是我個人作為一個學術人，在日常學術活動中從事理論知識的思考與建構，以及在翻譯、教學時的體會。事實上，我認為這不僅是我的體會，應該說它本身就是我的體現經驗（embodied experience）。對我而言，我們學術人在日常生活中一直在進行分子層次的翻譯。那麼我為什麼會講「分子」？我想要強調，雖然我們實際上好像常因為語言的方便，仍會使用西方、東方這類詞彙，但我們或多或少知道，這樣的詞彙本身是有問題的。我們實際上是穿梭在一個更細微的層次當中，一方面跨越著，一方面也在這些大寫的二元架構底下，進行界線重組的、且更動態的生命的連結。此外，我發現不僅是作為後殖民知識主體的我們會有這樣的體悟。比如，美國的Sandra Harding是女性

主義立足點理論的重要思想家，至少她在1990年代末就講到，我們常常假設歐洲是自己發展出自己的啟蒙、文藝復興和其他獨特性，歐洲的文化被理解成或被建構成是一個自足的、一個大寫主體的發展。但事實上，歐洲在漫長的歷史過程中，早已不斷在吸收許多非歐洲的元素。Edward Said也在他的著作中提出類似的問題。所以，大寫的歐洲／非歐洲，或西方／非西方，作為一個方便或權宜的語言，或許是我們不得不去使用的，可是我們也必須看到，就算是歐洲主體本身的建構，也早已在歷史過程中包含了很多分子層次的跨越與連結，也就是比那些大寫的、整體化的範疇更小、更細密的動態交換。透過翻譯分子化的概念，我主張用一個比較生態的、更貼近有機生命的觀點去看待相關的理論議題。

八、臨界理論與理論的邊界

鴻：我想從「何謂理論」及「為何理論」的面向切入來補充一些想法。我們是接觸到一整個理論的套裝知識，可是根據Foucault對現代哲學系譜的考察，他點出從康德開始延伸出來兩個思想的脈絡，一個是分析哲學，另一個是批判哲學。Foucault說批判哲學這個脈絡是建立在知識分子面對「actuality」的知識實踐。從這個角度看，就比較能夠理解西方現代思想的前進是從啟蒙時代開始感受到一個變動世界的出現，因而需要有一種思想的方式來因應變動所產生的新變化。所以**「批判理論」的「批判」這個詞不該只是單純批判的意思，而應該帶有「臨界」的含意**，也就是當前的思想、社會面臨到變動，既有結構消解重組的臨界

狀態。一個社會總有危機出現，但若沒有進入自我臨界、變動的狀態，危機就不會啟動這個社會各方面的自我轉變或突變的種種實踐。所以我覺得理論的產生，是因為人面對變動的世界，需要從思想上找到理解、回應變動的需求。這個需求不只發生在思想的層面。例如社會上在這段期間一直在討論，到底台灣應該要有什麼樣的產業、什麼樣的民主。這些問題為什麼會在全球化的時代發生，是因為大家普遍感覺到這個需求。這個時代的變動已經到了不容許我們不去回應的狀態，我們面臨到必須去做突變、轉變，才能夠在經濟、政治或是思想層面上回應、處理現實。

這樣對批判理論的講法就能接連上亞洲的狀況。我們如果問亞洲的現代理論從什麼時候開始？應該是船堅炮利的西方打進來，讓原來做傳統儒學的知識分子突然發現他們不自我思想分子化是不行的。這才能夠解釋為什麼我們會有理論的焦慮。所以理論不是哲學，因為哲學的時間性是過去式，如黑格爾說的，哲學是天黑了才起飛的貓頭鷹。我們人類白天在活動，哲學家則晚上把這些活動做一些思想上的整理，累積出一些基本的原則。但是理論的時間性就在日正當中，而 prophet 的時間性在天未亮之前，因為那是剛萌而未萌的狀態。可是理論一定是你面臨到真正在變動的世界的時候，你之前的思想沒有相對應的知識可以去 make sense of 正在發生跟變動的世界，這時你會感覺到「該怎麼辦」？所以理論的焦慮本身跟一個社會、文化、學科的存活是有關係的，這是焦慮的源頭，也解釋了理論跟其他的知識類型有差別。我們如果從這個角度來看，就比較能理解什麼叫「創造屬於台灣的理論」。如果理論不是在一個個真實的地方被創造的，那麼理論能在哪裡被創造呢？只不過理論在一個個地方被創造，是

個別地方依照自己的狀況所做出的回應，但同時必然涵蓋這個理論本身涉及的外部複雜整體。更簡單說，理論對我來講就是思潮的意思，也就是說我們面對新的時代必須在思想上去理解發生什麼事情，才能夠找到回應的方向，所以它是有意義的。育霖在最近一次的關鍵詞工作坊裡提出「前沿」的概念，那時我用了一個比喻來延伸。「前沿」可以想像成兩個鋒面的交接面，比如說季節交替時，冷鋒帶進入碰觸到熱鋒帶，這兩個鋒面相接的部分就會開始分子化，熱鋒碰到冷鋒會分子化，反之亦然，所以是兩邊同時在分子化，進入臨界狀態。因為來臨的、變動中的現實不是我們所熟悉的，所以它必然是以不定的狀態入侵進來，當我們的社會充滿這些不確定性的狀態時是沒有辦法不面對的，所以說理論跟死亡有關係——這一點廖老師已經講了很多。這個社會既存的知識跟各種運作遇到這些未知的變動，兩者之間便產生一個交接的空間，在這個變動的時間點上，我們要有能力找到連結的方式，建立接面或介面，要不然這種變動就會對任何的社會、文化或生活方式造成破壞性的效果。**回應這樣的臨界狀態是回應很真實的生命需求**，所以這個焦慮跟本體是相關的，只不過這個本體不只是「我的身分是誰」的問題。

　　就個別學科來講，即使是做傳統的學問也都有所謂的理論焦慮，因為那是知識更新的需求，而知識更新的底層就是文化更新的問題，就是某種生命的力量需要尋找自我改變，就像是環境突然變化的時候，生物會突變，譬如會長出鰓來，要不然它就無法存活。所以鰓就是動物的理論。我們要有類似的實踐，才能在這個變動的時代，為我們社群本身，也希望為其他社群提供一個值得參考的回應方式。對我來講，這是理論的一個很重要的意義

──回到為什麼要理論的問題，也就是如何面對一個變動中的現實，然後去創造一個理解它的方式。當然這可以進一步延伸。就我們剛才討論的理論台灣跟台灣理論來說，我認為理論台灣是第一步：要經過理論化、分子化的過程才能回來處理個別情境的問題，這時候我們就會產生台灣理論，不過那是另外一個問題了。我的想法是，我們如果是因為知識的本身需要經過自我的分子化跟拆解的過程，也就是要去掉過於套裝的東西、而非直接拿來切割或套入現實的話，那我們必須要培養或者找出可以讓雙邊進行分子化，進而產生連結或觸接面的可能形式。用比較具體的方式來講，我們的關鍵詞計畫可以轉一下：計畫中有一些比較像是把西方理論的關鍵字──那當然是非常經典的概念──拿過來用在台灣的情境上。我們可不可以反過來做，試著去解釋一些現在正在發生的事情？比如說，人文思想要怎麼樣去解釋人工智慧？這樣我們才有辦法在思想上找到回應一個正在發生中的現實的方式。所以它一方面具有現在性、日正當中的意思，另一方面它可以為未來指出一些方向，而且我們如果繼續做下去，就能厚實我們思想中有活力的東西。用生態系的比喻來說，我們的工程可能要做好幾代，等到生命鍊結、複雜化到某個程度之後，我們可能就真的長出大魚來，甚至可能就是一池大魚。

廖：關於我們學群的工作的問題，我想所謂「在地化」應該不完全是只有「屬我」的焦慮。雖然說如果整個大環境已經有這樣的傾向的話，那麼我們身在其中從事理論工作難免也會有這個問題。但除此之外，主要應該還是要從類似生態系這樣，更大的架構去考慮。

我先簡單回應俊雄的問題：如果我們去讀阿岡本，讀到的只

是一個世界的阿岡本，而沒有讀到一個義大利的阿岡本，我覺得
這個是非常不充分的讀法。因為這背後有它的整個網路，有很複
雜的各式各樣的連結。即使我們把他當成世界的阿岡本，如果我
們不能掌握他背後的連結的話，他的世界性大概會因此而受到很
大的影響。所以我覺得這兩個部分不太能夠分開。同樣地，理論
跟台灣的關係大概也是一樣，不是類似身心二分這樣的關係，而
是非常複雜的、緊密的連結。有很多東西，如果沒有掌握在地情
境，背後的理論意義就不太能夠充分呈現。

　　我另外提一個問題，希望對鴻瓊做一點模糊的回應。大家可
以來想想看。剛才現場發問也提到，把這整個情境搬回到日本跟
唐朝的關係，在互動或分子化的過程及後續發展中，唐朝的文化
如何轉化為日本的。[4]也就是說，我們面對的問題顯然不是只有在
現在這個所謂不斷變化的時代才發生。我的問題是：我們如果把
儒家思想也講成儒家理論，那我們覺得可不可以接受？這就涉及
我們對理論的觀念或想法。儒家思想也是因為春秋戰國時代環境
產生很大變化，所以它也是從思想上面去做一些改造的工作，回
應那個時間點的變局。大家可以想一下，我們如果把它講成儒家
理論，這需要什麼樣的條件，或者我們認知上需要怎樣調整？這
或許會跟鴻瓊所談的問題有點關係。

　　蕭：謝謝廖老師提出這個大哉問。與其直接面對儒家思想的
內容與「理論」間的類似性或不可類比性，我想要從另一個類比
來切入探討這提問背後涉及的、跟這個論壇有密切關聯的議題。
酒井直樹（Naoki Sakai）在他的 *Translation and Subjectivity* 這本

4　這是師大英文系蘇子中教授在現場提出的問題。

書提到，日本在維新西化時期興起的日本思想史研究，是基於他們對一種和西方哲學「等值對稱」（symmetrical and equivalent）的思想之需求、假設或期待。當然，積極參與研究、追尋「日本版西方哲學」的日本知識分子往往也感嘆，日本沒有值得稱為「哲學」的學問，雖然他們覺得應該要有。酒井要批判的是這種「模仿慾」，但我想聚焦在「等值對稱」這個預設上。簡單講，模仿及尋求在地的 equivalent 不見得是問題；一定要模仿得維妙維肖，或假設一定有一個在地的 symmetrical equivalent 可能才是比較大的問題。許多跟歐美有直接殖民關係的前殖民地知識分子早已深刻體認到以那樣的尺度來衡量自己的危險，Santos（Boaventura de Sousa）甚至稱之為「認知層次上的自殺」（epistemicide）。回到台灣的脈絡，並用我自己在理論關鍵詞工作坊所談的詞彙來說，台灣一直以來與世界「無縫接軌」的夢想往往遮蔽了面對自身文化之「內建斷層」的視野，因為這種慣性、不自覺的「自我清空」、然後無縫接軌的想像，跟異文化間完全不可能相容的假設一樣，是種迷思。在微觀層次上，我們翻譯西方理論語彙時經常遇到的「找不到對應詞」的困境，或可視為一個「轉接點」，提醒我們自己要「轉」一下（可能同時包括原知識系譜和譯入語境）才能「接」得起來；有縫的、非對稱性的「轉譯」或許才是賦予移植來的理論關鍵詞一個在地理論生命的契機（當然，我知道這又是個說來容易做來難的挑戰）。宏觀來看，我們要尋求或建構一個「台灣版的理論」絕非要重複 19 世紀日本的思想進程，因為「理論」同時具有的外來性和內蘊可能性會使得它呈現出來的不只是一個西方理論的在地對稱性投影。它和西方理論──或任何從境外引進的套裝知識體系──之間是一

種折射的、而非投射的關係，除非你真的因為相信Ａ而忘了Ｂ。上述個別理論詞彙的轉譯也將因這種折射關係而牽動到參考座標的位移；也就是說，它扣連的同時是在地與外來的知識系譜，兩者──甚至多方──折衝、轉接之後所佔據的應該是一個多維相關、但須重組的系譜位置。書美稍早提到的在地「理論家族」因此也是極具必要性和重大意義。這家族建構出來的不會是個自足或孤立的生態系，也不僅止於一個對稱性的抗衡功能；它有助於我們梳理多重糾連的參考座標，摸索出一套認知在地理論意義和價值的思維方式，甚至進一步探究「理論」本身必然指向的、不限於「一時一地」之面向。

　　不管是「理論與台灣」或「理論與儒家學說」之間的不搭或鴻溝，乃至於**「理論的在地話」**這個詞本身潛藏的矛盾性，都可以促使我們思及「什麼是理論」──這個很根本的、但幾乎不可能有定論的問題。廖老師和賴老師都曾在《中外文學》「理論系列訪談」的版面上提供他們精彩且深刻的回應。他們在這方面的實踐也見證了，致力開發台灣的思想思源，或立足於台灣學界，仍可深入探究不僅限於台灣特殊情境的「理論」問題。我自己也曾在《知識臺灣》的論文中探討相關議題，但我認為最重要的不是我們能否抵達一個自認是最佳答案的「終點」，而是這樣的過程本身即是深化我們的理論思維並實踐理論在地化的途徑。我個人對於台灣理論／理論台灣是否能有在地脈絡之外的理論意義和貢獻，是比較樂觀的（其意義與貢獻能否被辨識則是一個須另闢版面討論的問題）。如果我們觀察西方知識傳統的系譜關係，某些分岔點上新理論語彙或舊詞新解的出現，不見得就只是為了與既有典範別苗頭，或沒有現成的關鍵詞或詮釋堪用；所以，即使

是形貌相似的概念，我們自行研發在地語彙有何不可？更何況必然有一些別人不會幫我們設想好的、無法完全疊合或等值對稱的情境需要我們自己去面對與思索？

　　最後，容我也以模糊的方式簡短回應育霖關於台灣人文學社的描述。我對於那個理論讀書會的經驗至今仍記憶猶新的，不是個別的理論書籍內容，而是林建光（中興外文系）講過的一句玩笑話：以前（理論的黃金年代）我們問的是what（這個理論在講什麼？），現在問的是so what？這「so what」當然有其他詮釋的空間，但在此我想將它連結到我之前提到的「**理論情動**」問題。理論的知識惑魅的消退可能是另一種理論的焦慮，但它是在理論知識已佔有一個建制化的位置的情況下出現的徵狀。我並不認為理論的情動力是完全出自於其內容的優異或內緣的「感染力」，建制化的institutional force至少會有加乘的效應；然而，「理論」若僅靠著近年來資源大幅縮減、又沒有理論情動作為其能動性基礎的學術建制力在苦撐，或無法回應一些很真實的生命需求（特別是在地脈絡下）時，這能動力單薄的理論情感結構就「不能動」了。

　　《中外文學》辦這個論壇，主要目的就是刺激大家的理論思考，讓一些還在發展當中、或沒有辦法在正式論文裡面現身的觀點，可以在這樣的場合與他人的論述互相琢磨、激盪。至少就這期間來回的討論看來，這個目的是達到了。非常感謝各位的參與。

作者簡介

王驥懋

目前任職於輔仁大學社會學系。研究興趣主要在於關注台灣鄉村在新自由全球化下的政治、文化以及生產體制變遷。在後結構主義取徑以及人類學理論視野的啟發下，其研究聚焦在新自由主義治理術如何和在地人／非人行動者協商並生產出矛盾且複雜的主體。研究成果發表在 *Journal of Rural Studies*, *Journal of Peasant Studies* 以及 *Journal of Agrarian Change* 等期刊上。

史書美

美國加州大學洛杉磯分校亞洲語言文化系、比較文學系、亞美研究系合聘教授，香港大學中文學院兼任陳漢賢伉儷講座教授，國立臺灣師範大學臺文系榮譽講座教授。主要華文專書包括《視覺與認同：跨太平洋華語語系表述，呈現》及《反離散：華語語系研究論》，另合編《知識臺灣：臺灣理論的可能性》等，為「知識台灣」學群發起人之一。

李育霖

中央研究院中國文哲研究所研究員。主要研究領域包括台灣文學、電影研究、生態批評、翻譯研究與德勒茲研究等。近期著作

包括《翻譯閾境：主體、倫理、美學》、《擬造新地球》，另編有《賽伯格與後人類主義》、《帝國在臺灣》與 *Deleuze and Asia* 等書，並翻譯《德勒茲論文學》與《德勒茲論音樂、繪畫與藝術》等。目前研究除聚焦華語語系研究外，也探索數位科技帶來的後人文狀況。

周素卿

國立臺灣大學地理環境資源學系教授。專長與研究興趣，在都市地理部分，包括：都市空間發展與規劃、都市更新與再發展、都市政治與政策研究、都市與區域治理、永續城市的地理；在經濟地理學的部分，包括：科學園區的發展與規劃、高科技產業的組織與地域網絡特性、台商在東南亞與大陸的投資與發展；在跨領域的部分，近年開始從事有關智慧生活的跨領域人才培育和研究，主要的研究重點集中在政策的演進、智慧家庭技術發展的進程，以及科技與生活的展示與再現。

林亞婷

美國加州大學河濱校區舞蹈史暨理論博士，國立臺北藝術大學舞蹈研究所副教授兼舞蹈研究所所長。*Sino-Corporealities Contemporary Choreographies from Taipei, Hong Kong, and New York* 專書作者，其他文章收錄於 *Identity and Diversity: Celebrating Dance in Taiwan*、*Routledge Dance Studies Reader*、*Danses et identités: De Bombay à Tokyo*、《舞蹈研究與台灣》，並主編與合著《碧娜‧鮑許：為世界起舞》等。前台新獎聯合主席及 Society for Dance History Scholars 理事，現任「台灣舞蹈研究學會」理事長。

林芳玫

美國賓夕法尼亞大學取得社會學博士學位，主修文學社會學。曾擔任國立政治大學新聞系副教授與教授。目前任教於國立臺灣師範大學臺文系，教學與研究領域包括：文學社會學、文化認同與民族主義、台灣歷史小說。曾出版《解讀瓊瑤愛情王國》、《女性與媒體再現》、《永遠在他方：施叔青的「台灣三部曲」》等專書。

林建光

國立中興大學外文系暨外文所副教授，專長科幻小說研究、後現代小說與理論、法蘭克福學派批判理論、台灣電影等。論文發表於《中外文學》、《英美文學評論》、《文山評論》、《電影欣賞》、*Evil and Ugliness: Across Literatures and Cultures* 等中外學術期刊及專書。曾主編《賽伯格與後人類主義》（與李育霖合編）、《新空間・新主體：華語電影研究的當代視野》（與江凌青合編）、《一位年輕藝術家的畫像：江凌青得獎文集》等書籍。

邰立楷（Nicolas Testerman）

美國加州大學洛杉磯分校（UCLA）比較文學系博士候選人，現任美國培普丹大學（Pepperdine University）國際研究和語言學系的客座講師，授課領域包括中文和華語的現代及後現代文學和美學、佛學與中文教學（TCFL）。目前研究著重中文、華文與法文的現代主義，探究其中之唯生論、現象學、認識論、存在主義、美學及政治。

洪子惠

上海紐約大學文學助理教授，研究現當代英語和華語語系文學、全球華人移民史及文化網絡、後殖民論述、比較族裔學和多元文化論述。目前兩專書計畫皆以亞太地區移民為題，其一探討20世紀東南亞土生華人的文化生成與身分書寫，其二以21世紀的台灣為場景，將原住民和新住民的經驗並置，反思多元文化主義國族化的問題。

紀大偉

國立政治大學台灣文學研究所副教授。美國加州大學洛杉磯分校（UCLA）比較文學博士。著有學術專書《同志文學史：台灣的發明》（2017年OPENBOOK年度好書；2017年鏡週刊年度好書），小說集《膜》、《感官世界》等等。英文期刊論文發表於*positions: east asia cultures critique, Tamkang Review, Modern Chinese Literature and Culture*等等。科幻小說作品法文版和日文版已經在法國、日本Amazon展售。

夏曼·藍波安（Syaman Rapongan）

1957年生，蘭嶼達悟族人，國立清華大學人類學研究所碩士、淡江大學法文系畢業。集文學作家、人類學者於一身，以寫作為職志，現為專職作家，島嶼民族科學工作坊的負責人。著作包括《八代灣神話》、《黑色的翅膀》、《冷海情深》、《海浪的記憶》、《老海人》、《天空的眼睛》、《大海之眼》等等。《大海浮夢》入圍2015年聯合報文學大獎。

珊卓拉‧哈定（Sandra Harding）

美國加州大學洛杉磯分校教育與性別研究傑出教授。主要研究範圍為女性主義與後殖民理論、認識論、研究方法論、科學哲學等領域。著作包括 *Objectivity and Diversity: Another Logic of Scientific Research*（Chicago: University of Chicago Press, 2015），*Sciences from Below: Feminisms, Postcolonialities, and Modernities*（Durham, NC: Duke University Press, 2008），亦編有 *The Postcolonial Science and Technology Studies Reader*（Durham, NC: Duke University Press, 2011）等學術專書。

孫松榮

法國巴黎第十大學表演藝術研究所電影學博士，國立臺南藝術大學動畫藝術與影像美學研究所教授兼所長，現任《藝術觀點ACT》主編。主要研究領域為現當代華語電影美學研究、電影與當代藝術，以及當代法國電影理論與美學等。著有《入鏡—出境：蔡明亮的影像藝術與跨界實踐》（2014）。

張君玫

東吳大學社會學系教授。求學時期開始從事社會科學的理論翻譯工作，博士論文研究華文現代性的相關論述，一向主張跨科際的研究取向。研究與教學領域為社會學理論、後殖民論述、女性主義理論、生態與動物研究等。主要著作包括《後殖民的賽伯格：哈洛威和史碧華克的批判書寫》（2016）和《後殖民的陰性情境：語文、翻譯和欲望》（2012）。

梅家玲

國立臺灣大學中國文學系特聘教授兼中文系主任、文學院臺灣研究中心主任。研究領域兼括中國近現代文學、台灣文學與漢魏六朝文學。曾先後擔任捷克查理大學、中國清華大學、德國海德堡大學、香港嶺南大學、上海交通大學客座教授。著有《從少年中國到少年台灣——20世紀中文小說的青春想像與國族論述》、《性別，還是家國？——五〇與八、九〇年代台灣小說論》、《世說新語的語言與敘事》、《漢魏六朝文學新論——擬代與贈答篇》等。

陳東升

國立臺灣大學社會學系教授，研究主題跟隨著台灣社會變遷而形成，從解嚴後政商關係與都市發展、產業轉型的社會學分析，進入到直接民主的探究與倡議、另類經濟體系形成的可能性分析。理論的發展是必須要連結到台灣社會的情境，並且提出實踐的可能性。

陳國偉

國立中興大學台灣文學與跨國文化研究所副教授。現任台灣人文學社理事長、文化研究學會常務理事。曾任日本東京大學訪問學人、香港嶺南大學人文學科研究中心榮譽研究員（Affiliate Fellows）。研究領域包括台灣現當代文學、大眾文學、推理小說、流行文化、族群論述等。著有專書《越境與譯徑：當代台灣推理小說的身體翻譯與跨國生成》、《類型風景：戰後台灣大眾文學》、《想像台灣：當代小說中的族群書寫》，主編韓文專書《台灣文學：從殖民的遊記到文化的平台》（韓國外國語大學出版）。

陳瑞麟

國立中正大學哲學系講座教授。現任 Asia-pacific Philosophy of Science Association 委員會主席、PSA 議程和 ISH 發展委員會成員。曾任台灣科技與社會研究學會理事長（2013-2016）、《科技、醫療與社會》期刊主編（2006-2012）、國內外期刊編委。專長為科學哲學、科技與社會研究、自然哲學與科學史，也探索台灣思想史。著有國內、國際期刊與專書論文近七十篇，以及七本著作如《認知與評價：科學理論與實驗的動力學》（2012）。近來與 Otavio Bueno 和 Melinda B. Fagan 合編科學形上學專書 *Individuation, Process, and Scientific Practice*（OUP, 2018）。

傅大為

國立陽明大學科技與社會研究所榮譽教授。研究主題為科學史、科技與社會研究（STS）、性別與醫療、台灣近代文化史等。近十多年來的代表作為《亞細亞的新身體：性別、醫療、與近代台灣》（2005），最近則著力於 STS 研究的系譜史，還有致力於東亞的 STS 研究與發展，即將於 2019 年春出版《STS 的緣起與建構》（臺大哈佛燕京叢書 08）。早年曾透過台灣社會運動的經驗與反省，出版了如《基進筆記》、《知識與權力的空間》等文集，思考基進的「邊緣戰鬥」等意義。

辜炳達

英國倫敦大學學院（University College London）英國文學博士，論文題目為 *Quotidian Micro-Spectacles: Ulysses and Fashion*。現任國立臺北科技大學應用英文系助理教授。研究領域包括詹姆

士・喬伊斯、20世紀跨大西洋英語現代主義、台灣當代小說與建築書寫。學術研究之外，也正在進行台灣小說家駱以軍巨著《西夏旅館》的英譯工作。

黃宗慧

國立臺灣大學外國語文學系教授，曾任 *NTU Studies in Language and Literature* 及《中外文學》等學術期刊之總編輯。主要研究領域為精神分析、動物研究、當代文學理論。相關論著曾刊登於 *Concentric: Literary and Cultural Studies*、《文化研究》、《中外文學》等刊物。著有《以動物鏡：12堂人與動物關係的生命思辨課》（2018）；合譯有《拉岡精神分析辭彙》（2009）；編有《台灣動物小說選》（2004）、合編有《放牠的手在你心上》（2013）。

黃冠閔

法國巴黎索爾邦大學哲學史博士，現任中央研究院中國文哲研究所研究員、國立政治大學哲學系合聘教授。著有《在想像的界域上：巴修拉詩學曼衍》、*Un autre souci de soi. Le sens de la subjectivité dans la philosophie chinoise antique*。研究領域為德意志觀念論（謝林）、現象學、當代法國哲學、比較哲學、風景哲學。

黃英哲

日本立命館大學文學博士、關西大學文化交涉學博士，曾任美國哥倫比亞大學訪問學人，現任日本愛知大學現代中國學部暨大學院中國研究科教授。主要研究領域台灣近現代史、台灣文學、中

國現代文學。中文專著有《「去日本化」「再中國化」：戰後台灣
文化重建（1945-1947）》（2007年初版，2017年第三版）、《漂泊
與越境：兩岸文化人的移動》（2016）。日文學術著作多部。

黃涵榆

國立臺灣師範大學英語學系教授、英美文學學會理事，曾任台灣
人文學社理事長與 *Concentric: Literary and Cultural Studies* 主編，
研究興趣包含附魔、後人類、生命政治、精神分析、恐怖文學
等。近期出版包括《跨界思考》（2017）與《附魔、疾病、不死
生命》（2017），目前正在進行佔領運動與安那其的研究和撰寫計
畫。

楊乃女

國立高雄師範大學英語系副教授，學術專長為烏托邦文學、女性
科幻小說以及後人類理論，對台灣電影的研究稍有涉獵。已發表
的學術論文大部分關注英美的烏托邦和反烏托邦文學，也曾研究
過台灣的紀錄片和台語科幻片，近年來轉向後人類論述的研究。

詹閔旭

國立中興大學台灣文學與跨國文化研究所助理教授，曾任北京大
學中文系訪問學人（2010）、美國 UCLA 大學亞洲語言與文化系
訪問學人（2012-2013）。著作《認同與恥辱：華語語系脈絡下的
當代台灣文學生產》（2013），譯作《搜尋的日光：楊牧的跨文化
詩學》（2015，與施俊州、曾珍珍合譯）。

廖勇超

國立臺灣大學外國語文研究所博士。現任臺灣大學外文系副教授以及《中外文學》總編輯。研究專長為喬伊斯研究、大眾文化研究、性別理論與怪物研究。近年來研究方向專注於怪物在流行文化以及批判理論中的收編與介入性。歷年來著作刊登於《中外文學》、《文山評論》、《臺灣文學研究集刊》以及 *NTU Studies in Language and Literature* 等期刊，討論議題含跨瑪丹娜、後人類科幻動漫、怪物文學以及電音三太子等等。

廖朝陽

美國普林斯敦大學東亞研究博士，回國後在國立臺灣大學外國語文學系任教，目前為外國語文學系特聘教授。主要的研究範圍包括文學與文化理論、比較文學、精神分析理論、科技與文化、後人類理論、電影與介材研究、佛教思想等。研究成果多發表於學術期刊。

劉紀蕙

國立交通大學社會與文化研究所講座教授，文化研究國際中心主任，臺聯大亞際文化研究國際學程主任。研究領域包括當代歐陸政治哲學、東亞現代性與政治思想、精神分析與批判理論、台灣文化研究、視覺文化研究，近年專注於邊界政治、不平等公民、亞際社會內部殖民結構等議題。代表性著作有《心之拓樸：1895事件後的倫理重構》，《心的變異：現代性的精神形式》，《孤兒‧女神‧負面書寫：文化符號的症狀式閱讀》，及近百篇中英文學術論文。

蔡林縉

國立成功大學中文系學士、現代文學研究所碩士，現為美國加州大學洛杉磯分校亞洲語言文化系博士候選人。

鄭惠雯

國立臺灣師範大學翻譯研究所碩士、臺灣大學外文所博士。現為自由譯者、國立清華大學外語系兼任助理教授。

蕭立君

國立臺灣大學外國語文學系暨研究所副教授，曾任《中外文學》總編輯。研究領域包括後殖民理論、加勒比海文學與文化、精神分析、種族論述、台灣現代文學，以及東亞脈絡下之批判理論等。目前正在撰寫有關台灣的「冷戰現代主義文學」之英文專書。已出版之專書篇章收錄於 Comparatizing Taiwan（Routledge）及 Representing Humanity in an Age of Terror（Purdue UP）；期刊論文曾發表於《中外文學》、Concentric: Literary and Cultural Studies 及 M/MLA Journal 等國際期刊；亦曾擔任英文專書 "This Shipwreck of Fragments": Historical Memory, Imaginary Identities, and Postcolonial Geography in Caribbean Culture and Literature 之主編。

謝若蘭（Bavaragh Dagalomai）

西拉雅族，美國亞利桑那州立大學司法正義學哲學博士，現任國立東華大學族群關係與文化學系教授兼任原住民族國際事務中心主任。研究專長為司法正義學理論、法律與社會、人權理論、性

別／族群／階級、集體認同與社會運動、傳統知識與智慧產權、原住民族教育、環境正義等。著有專書 *Collective Rights of Indigenous Peoples: Identity-Based Movement of Plain Indigenous in Taiwan*（2006/2010），以及《在，之間。in between 認同與實踐之間的學術研究儀式》（2017）。

蘇碩斌

國立臺灣大學臺灣文學研究所教授。原為都市空間、媒介文化研究的社會學者，目前在文學領域發展文學社會學議題，著有《看不見與看得見的臺北》、主編《旅行的視線》等書，近年在推動台灣「非虛構寫作」實踐，並由師生以集體書寫方式出版《百年不退流行的台北文青生活女內帖》、《終戰那一天：台灣戰爭世代的故事》。

聯經文庫
台灣理論關鍵詞

2019年3月初版　　　　　　　　　　　　　　　　定價：新臺幣520元
2019年4月初版第二刷
有著作權・翻印必究
Printed in Taiwan.

	編　　者	史　書　美
		梅　家　玲
		廖　朝　陽
著者： | | | 陳　東　升 |
王驥懋、史書美、李育霖、周素卿、林亞婷、林芳玫、 | 編輯助理 | 蔡　林　縉 |
林建光、邱立楷、洪子惠、紀大偉、夏　曼・藍波安、 | 著　　者 | 王　驥　懋　等 |
珊卓拉・哈　定、孫松榮、張君玫、梅家玲、陳東升、 | 叢書編輯 | 張　　　擎 |
陳國偉、陳瑞麟、傅大為、辜炳達、黃宗慧、黃冠閔、 | 校　　對 | 謝　麗　玲 |
黃英哲、黃涵榆、楊乃女、詹閔旭、廖勇超、廖朝陽、 | 封面設計 | 兒　　　日 |
劉紀蕙、蔡林縉、鄭惠雯、蕭立君、謝若蘭、蘇碩斌 | 編輯主任 | 陳　逸　華 |

出　版　者　聯經出版事業股份有限公司　　　　總編輯　胡　金　倫
地　　　址　新北市汐止區大同路一段369號1樓　　總經理　陳　芝　宇
編輯部地址　新北市汐止區大同路一段369號1樓　　社　長　羅　國　俊
叢書主編電話　(02)86925588轉5321　　　　發行人　林　載　爵
台北聯經書房　台 北 市 新 生 南 路 三 段 9 4 號
電　　　話　(0 2) 2 3 6 2 0 3 0 8
台中分公司　台中市北區崇德路一段198號
暨門市電話　(0 4) 2 2 3 1 2 0 2 3
台中電子信箱　e - m a i l：l i n k i n g 2 @ m s 4 2 . h i n e t . n e t
郵 政 劃 撥 帳 戶 第 0 1 0 0 5 5 9 - 3 號
郵 撥 電 話　(0 2) 2 3 6 2 0 3 0 8
印　刷　者　世 和 印 製 企 業 有 限 公 司
總　經　銷　聯 合 發 行 股 份 有 限 公 司
發　行　所　新北市新店區寶橋路235巷6弄6號2樓
電　　　話　(0 2) 2 9 1 7 8 0 2 2

行政院新聞局出版事業登記證局版臺業字第0130號

國家圖書館出版品預行編目資料

台灣理論關鍵詞/史書美等編．王驥懋等著．初版．
新北市．聯經．2019年3月（民108年）．436面．14.8×21
公分（聯經文庫）
ISBN　978-957-08-5265-3（平裝）
［2019年4月初版第二刷］

1.關鍵詞　2.台灣研究

733　　　　　　　　　　　　　　　　　108001013